東京下町の開発と景観

古代編

谷口榮 著

雄山閣

はじめに

本書は、二〇一四年九月五日に駒澤大学に提出し、二〇一五年三月一六日に博士（歴史学）の学位を授与された学位請求論文『東京低地の古代・中世の開発と景観―主に東京低地東部（葛西）を中心に―』に基づき、その後の研究成果などを踏まえ、旧稿に加除筆及び補訂を加えて一書にまとめたものである。本書を上梓するにあたり、学位請求論文のご指導を賜った主査の酒井清治先生、副査の久保田昌希先生、同じく副査の寺前直人先生に、心より感謝申し上げたい。

本書の舞台となる東京低地は、河川に沿って自然堤防が形成され、旧海岸線沿いには砂州などの微高地が発達している。これらの微高地は縄文海進後に形成されたもので、東京低地で暮らす人々が集落を営む舞台となるところである。東京低地という用語は馴染みが薄いかもしれないが、武蔵野台地と下総台地の間に広がる、現在の東京の下町と呼ばれるエリアとほぼ同じの範囲となる。下町の範囲は、時代によって相違しているため、時間の新旧に影響されない範囲を示す地理学用語の東京低地を本文では用いている。

東京低地の歴史認識は、「昔は海だった」とか、「洪水の頻発地域」というイメージが強く、この地域が発展したのは徳川家康の江戸入部によってなされたと理解している。しかし河川についても、洪水というマイナス面だけが強調され、歴史的に河川がいかに当該地域の開発や景観と関わっているかを積極的に語ろうとはしてこなかった。

東京低地の歴史研究を進めるには、そのような先入観を払拭して、当該地域に関わる資料を基に歴史事象を点検していく必要があると考えた。そこで本書では、まず東京低地の形成の状況を地質学・地理学の成果を確認し

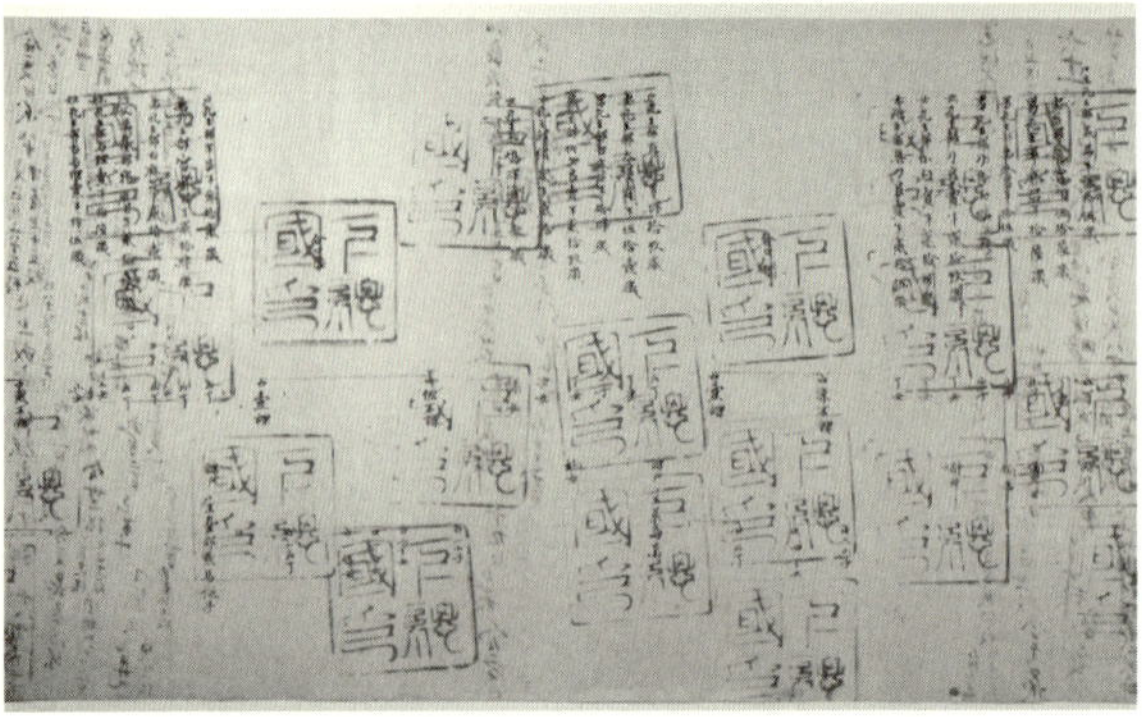

養老五年下総国葛飾郡大嶋郷戸籍（部分）

た上で、考古資料や文献史料など歴史学的な調査成果を重ね合わせ、東京低地の環境の変化と人間活動との関わりについて注目し、その諸相について筆を進めている。

対象とする時代は、縄文海進後の東京低地の形成によって、そこに営まれる人間活動の始まりから中世までとするが、天正一八年（一五九〇）の小田原北条氏滅亡で終わるのではなく、一七世紀代の様相を概観して筆を置いている。なお、中世以降については、主に東京低地東部の旧葛西地域を対象として論を進めている。

一般的に歴史研究は時代ごとに区切って調査研究される。しかし、地域の歴史を調査研究する場合、ある時代で切り取るのではなく、重ね合わせ、通史的に見ることで地域のもつ普遍的な歴史的特性が見えてくるはずである。本書によって、江戸・東京の下町とされる地域の徳川家康江戸入部以前の様相の一端を読み取っていただき、この地域の重層的な歴史を前提として近世都市江戸が築かれていくことに気付いていただければ幸である。

なお冒頭で一書と記したが、刊行にあたっては、今後の東京低地の調査研究の利便を考えて、古代編と中世編の二分冊として刊行することにした。東京低地の概観と古代の様相を上巻（序章・第一～四章）、下巻に主に中世の様相（第五～七章・終章）を収めている。

東京下町の開発と景観　古代編　目　次

中世編集録内容

序章　東京低地と人間活動の諸相

本書では、武蔵野台地と下総台地の間に広がる東京低地を舞台として、古代から中世までの人間活動が環境との関わりのなかでどのように営まれたかを考察したものである。

東京都区部の地形は、崖線下を南北に通過するJR京浜東北線を境に、西側の丘陵を武蔵野台地、東側に東京低地と呼ばれる低地帯が広がる。東京低地とは、北区赤羽から台東区上野公園に至る武蔵野台地の東縁から、千葉県松戸市から市川市へのびる下総台地西縁に挟まれた沖積地を指し、南側が海に面する、関東平野の最南に位置している。

東京低地という言葉は、一般にはあまり馴染みがないかもしれないが、東京の「下町」という地域とほぼ同じ広がりを持っている。下町という町場は、近世の初めの頃は江戸城から隅田川までの範囲とされていたが、近世の終わりの頃になると隅田川を越え中川西岸辺りまで広がり、さらに近代以降、関東大震災、東京大空襲による災禍とともに町場が拡大し、その範囲を広げてきた。それ故、下町という言葉を使うのには難しい問題がある。隅田川沿岸部、特に西岸部に居を構えている人は、「川向こう（隅田川東岸）は下町じゃない」と言い切る人がいる。どうも歴史研究者や下町にこだわる人々は、隅田川よりも東側に広がる旧葛西地域（東京都葛飾・江戸川・墨田・江東区域）を下町とは呼ばない傾向があるようだ。

その一方で、映画「男はつらいよ」や漫画「こちら葛飾区亀有公園前派出所」の影響もあって、葛飾区の柴又や亀有辺りを下町の範疇でとらえる人もおり、テレビや雑誌などでも隅田川以東の地域を東京の下町として紹介する番組や記事が目につく。

現在では、一般的には隅田川から江戸川にかけての低地帯も含め下町の範囲としてとらえている場合が多く、歴史的な下町の範囲とは明らかにズレが生じている。下町を歴史研究の用語として使う場合は、対象とする時代や時期を設定しないといつの下町の範囲か曖昧になってしまう。

東京東部に広がる低地帯を地理学では「東京低地」と呼んでいるが、東京低地の範囲は、時代・時期に縛られるものではなく、かつ江戸、そして東京の下町の範囲を包括している。東京低地を冠して当該地域の歴史研究を進める理由はそこにある［谷口一九九五］。

東京低地の歴史を調べると、必ず「昔は海だった」とか、「洪水の頻発地域」ということを見聞きする。識者も含め多くの人が、東京低地は人が住みにくいというイメージを強くもっていて、この地域の発展は徳川家康の江戸入部によってなされたと理解している。しかし東京低地が海だったのは、東京に人々が暮らしはじめた旧石器時代から現在に至る長い時間の中でも、今から六・七〇〇〇年前から二〇〇〇年前頃までのことである。河川についても、洪水というマイナス面だけが強調され、河川による恩恵については積極的に語られてこなかった。

東京低地の歴史研究を進めるには、そのような先入観を払拭して、当該地域に関わる資料を基に歴史事象を点検していく必要がある。そこで本書では、文献や考古資料だけでなく、まず東京低地の形成過程を地質学・地理学の成果を基に確認した上で、考古資料や文献史料など歴史学的な調査成果を重ね合わせ、東京低地の環境の変化と人間活動との関わりについて注目し、その諸相を明らかにしたいと考えている。

以下、本書を進めるにあたり、各章で検討する内容について概括的に述べておきたい。

第一章　東京低地の形成と環境変遷

一　東京低地の形成

東京低地は、全国的にも屈指の河川集中地帯として知られている。隅田川、中川、江戸川、荒川（放水路）、新中川（中川放水路）などの河川が流れ、江戸時代に行われた利根川東遷以前は利根川も東京低地を南流していた。東京低地は、武蔵野台地と下総台地によって扇の要のように絞り込まれるような地勢を呈しており、関東地方の諸河川はその扇の要へ流れ込むように東京低地に集められ、東京湾へと注いでいる。

東京低地の地形は、北側と武蔵野台地と下総台地に沿った東西側に標高の高い地域があり、南部にかけて標高が低くなり、荒川下流部沿いの江東区や葛飾区、江戸川区にはゼロメートル以下の地域が分布している。東京低地は、比較的平坦で起伏がないように見えるが、河川に沿って自然堤防が、旧海岸線沿いには砂州などの微高地が発達している。

本項では、東京低地形成後に微高地上を居住域として利用し、河川や海、後背湿地などをどのように生活領域に取り込み、活用していったのかを知るために、東京低地の形成過程を述べている。寒冷期である旧石器時代から温暖期となる縄文時代への移行に伴い、武蔵野台地と下総台地の間の東京低地がどのような環境変遷を経て現在に至るのか、特に、東京低地で確認された波食崖や波食台を手掛かりに、縄文海進と海退後とではどのように環境が変わり、陸化が促されたのかを述べている。

二　東京低地の景観と環境的特徴

東京低地は、全国的にも屈指の河川集中地帯であり、河川景観に特徴があった。また、南側に海をひかえているために、潮の干満によって河川の水位も変わる臨海部であることも見逃してはならない。東京低地に見られる「汐入」「汐留」などの字名も、そのような潮の干満の影響を受ける環境を物語る地名といえよう。

また、古代の人々は、東京低地の河川に沿って発達した自然堤防や、旧海岸線沿いに形成された砂州などの微高地上を居住エリアとして、また畠などの耕地として利用し、その周辺の低湿地には水田が広がるという景観であった。

本節では、東京低地の環境的特徴を説明するために、まず近世以前のこの地域に関する古典作品や紀行文などを基に論を進めている。

まず古代においては、『更級日記』に、「濱も砂子白くなどもなく、こひぢのようにて、むらさき生ふと聞く野も、蘆おぎのみ高く生いて、馬に乗りて弓持ちたる末見えぬまで、高く生ひ茂りて」という描写があり、東京低地の景観を記録した最も古い史料として注目される。中世には、永正六年（一五〇九）に連歌師の宗長《そうちょう》が著わした紀行文『東路のつと』に、東京低地の景観が記されている。これらの史料からは、低地ならではの蘆荻《あしおぎ》が繁茂する風景が描写されている。例えば、森林が発達しない薪資源の乏しい低地では、繁茂する蘆荻が燃料として利用されていることがわかる。そして、宗長の頃には大きな堤防が築かれていて、開発が進んでいたことも確認できる。

次に、江戸の人々がどのような眼差しでこの地域を見ていたのか、隅田川西岸は近世都市江戸の開発によって、近世以前の自然景観が失われているため、隅田川東岸の葛西地域を対象に東京低地の景観的特徴を探ってみた。

近世の『新編武蔵風土記稿』や『葛西志』などの地誌によると、葛西は開けた肥沃な土地で、水利も良く水田が多く、江戸に近いため五穀の他にも蔬菜類を栽培している。土地が低いために、洪水の憂いはあるが、水陸の便が良いと記している。江戸に近く、低地ならではの平らな地勢に特徴があったことがわかる。

また作者不明ながら寛政一二年（一八〇〇）の『鹿島詣文書』にも、葛西について「打闢きたる曠地は、諸国になきよし承る」と、眺望の利く「打闢きたる曠地」も葛西の景観的な特徴であったことがわかる。

葛西の「打闢きたる曠地」では、寺社の杜や銘木などの樹木は旅人にとってランドマークの役割を果たし、その樹下は遮るもののない低地にあって休息の場ともなった。さらに、十方庵敬順の『遊歴雑記』と村尾正靖の『嘉陵紀行』などを通して、葛西における川沿いの風景など葛西の「天然」が江戸の人々に好まれていることも知ることができる。

一八世紀以降、葛西は江戸庶民の「延気」の場として『江戸名所図会』の中でも紹介されるようになり、江戸の人々を受け入れるために、寺社仏閣や信仰面だけでなく、茶屋などの休み処が設けられ、菓子や川魚料理などの名物を用意したり、花名所を整備したり、行楽地としての様々な舞台装置が整えられていったのである。

しかし近代以降、関東大震災と第二次世界大戦という二つの災害を契機として、荒川放水路沿岸地域に人口が集中し、都市化という波にのまれながら、江戸の人々に愛された葛西の風景は、天空の視界も狭めながら、川の汚れとともに失われていくのである。

第二章　東京低地への考古学的関心

一　近世の文献に記された地中の歴史

東京低地に関連する遺跡や遺物などの考古資料は、近代以降に採集されたり発掘調査された資料だけでなく、近代以前に地中から発見された資料などが地誌や紀行文などに紹介されているものがある。近世の文献史料は、それらの資料について重要な情報を記している場合があり、東京低地の歴史研究を進める上で見落としてはならない情報源といえる。

安永九年（一七八〇）に起稿された『武蔵演路』の青戸村の項には、享和二年（一八〇二）に起こった洪水の際、青戸村の土手が切れたため、「城跡と云地の土地を取り、土手築直造作ありし也」と青戸の古城跡地の土を使って土手の修復をしたとある。この土取りの時に、古銭が多く出土したことが記されており、「青砥村古城跡といへるニ残れる古碑の図」として文亀三年（一五〇三）の板碑の図が掲載されている。また、『武蔵国旧蹟』には、文亀三年だけでなく、延徳三年（一四九一）に二枚の板碑が出土したことが記されている。

これらの史料により、享和二年の洪水による土手の修復によって、葛西城の跡地から古銭や板碑が出土することなどが知られるなど、東京低地において近世から地中から発見される古物について関心が寄せられていたことがわかる。

この他、『新編武蔵風土記稿』の青戸村御殿跡の条や、『天野政徳随筆』に記されている亀戸香取明神近くに立っていた大永七年（一五二七）の板碑などを紹介し、江戸の人々の地域の歴史に対する興味や眼差しの一端を紹介した。

葛西古城から出土した二点の板碑や、大永七年の板碑は今は所在が確認できていない。今では伝世せずに所在が不明となってしまった資料などは近世の史料に記録されている場合があり、本地域の歴史研究を進める上で重要な知見を提供してくれるのである。

二　『武蔵野』と関東大震災

明治一九年（一八八六）一一月、第二四回東京人類学会で若林勝邦氏が「石棒ノ比較ニ就キテ」という題で講演を行ったのが、近代における東京低地に所在する遺物・遺跡について考古学的関心が持たれるようになった嚆矢と見られる。若林氏は、武蔵国葛飾郡立石村（現在の東京都葛飾区立石）の熊野神社に御神体として安置されている一個の石棒を紹介批評して、「此近傍ハ近代迄海底タリシヤ明カナリ」と述べ、この地域は最近まで海の底であり、その新しく形成された低地に存在するということで疑問視している。この石棒の真偽は別にして、東京低地の古い時代に対するイメージは当時このような認識であったことが、この報告から知ることができる。

大正時代から昭和の初め頃になると、山中笑、鳥居龍蔵、村高担風、小松真一、大里雄吉等の諸氏によって東京低地に関する考古学的な調査研究が進められ、主に雑誌『武蔵野』の誌上に発表されてきた。特に、本地域の考古学的研究の先駆的な役割を果たしたのは鳥居龍蔵氏であった。その調査研究の成果は、『武蔵野』に発表され、昭和二年（一九二七）にそれらをまとめた『上代の東京と其周圍』として上梓されている。

鳥居氏の研究の足跡のなかで、関東大震災後の調査研究の成果も看過できない業績であろう。東京市中は、明治以降の近代化によって開発され、建物が建ち並び旧景や土地の起伏が覆われてしまった。そこに関東大震災の災禍が襲い、建物が倒壊したり焼失したりしたために視界が開け、元々の土地の起伏が露呈するなど近代以前の景観が姿を現すことになった。鳥居氏は、その状況を調査研究の好機ととらえ、浅草寺境内、妙亀塚、本所牛島の業平塚、梅若塚などの東京低地や武蔵野台地上の塚や古墳を踏査しており［鳥居一九二四］、現在ではそれらの旧景を窺うことのできる貴重な資料となっている。

三　戦後の研究

東京低地が考古学研究者に注目され活発に調査研究されるようになったのは、戦後になってからである。昭和二〇年代から三〇年代にかけて、東京低地でも本格的な考古学的調査が始動する。そのなかで台東区の浅草寺や江戸川区内の調査、足立区の伊興遺跡などが代表的な調査事例としてあげることができる。また、可児弘明氏の調査研究の業績も注目される。可児氏は、本地域に所在する遺跡や採集される遺物とともに、墨東五区が共有している低地帯という自然環境に早くから着目している。

昭和四〇年代、東京低地の東部も高度経済成長による開発の波にのまれ、遺跡の調査が増加してくる。なかでも昭和四七年から実施された葛飾区の葛西城の発掘調査は、東京低地の考古学研究に新たな一頁を加えることになった。調査の結果、戦国時代の葛西城の存在が明らかにされ、古墳時代と中世を中心とした遺跡であることが判明したのである。葛西城跡が低地に所在し有機質の資料が朽ちずに遺存するために、台地上の遺跡では残らない衣・食・住などに関する様々な資料が出土することから戦国時代の暮らしぶりを復元する上でも貴重な遺跡として、また中世考古学を代表する遺跡として知られている。

昭和五〇年には、近世考古学が全国展開する切っ掛けとなった千代田区都立一橋高等学校の発掘調査が行われている。このように昭和四〇年代以降、考古学史を飾る遺跡の発掘調査が東京低地で行われているのである。

第三章　低地の開発と古墳の造営

一　東京低地への進出

縄文時代以降、東京低地で人間活動が活発になるのは、弥生時代末から古墳時代前期にかけてである。東京低地西部では、北区豊島馬場遺跡をはじめ、最近、荒川区町屋四丁目実揚遺跡など当該期の遺跡が発掘調査されている。東京低地東部では、葛飾区御殿山遺跡、江戸川区上小岩遺跡、足立区伊興遺跡などが発見されている。江戸川区上小岩遺跡からは、弥生時代中期の甕形土器の底部破片が採集されており、現時点では東京低地における最も早い人間活動の痕跡となる。

しかし、土器のみの出土という点は注意を要しよう。東京低地の遺跡からは、次の時期の弥生時代後期に相当する資料が得られているが、やはり土器のみの出土で住居跡などいわゆる遺構を伴わない。このことは、東京低地が弥生時代中期以降に人間活動の場として取り込まれるようになったが、定住にはまだ適さない環境だったことを示すと思われるのである。東京低地で安定した生活環境が整ったのは、低地に住居や井戸、墓、畑跡などが造られムラを形成する弥生時代終末から古墳時代前期頃と考えられる。

東京低地に所在する弥生時代終末から古墳時代前期に営まれた遺跡から出土する土器を観察すると、S字甕に代表される東海系をはじめとする外来系土器の出土が顕著に認められる。東京低地から出土する外来系土器に注目することで、弥生時代以降に東京低地が沖積化して陸域が広がったからといって、下総台地や武蔵野台地の人が低地に下りてきて生活の場を求めたという単純な状況ではないことがわかる。東京低地という新たに出現した未開の地の開発の諸相について、外来系土器をヒントに探ってみた。

二　集落の展開と水辺の生活

弥生時代の終わりころから古墳時代初めにかけて、東京低地に主に東海地方をベースにする人々が集落を営み開発が促されたが、次の古墳時代中期になると東京低地のなかでも異なる動きがみられるようになる。大きく見ると中期の遺跡は、隅田川西岸地域の東京低地西部や東京低地北部では確認されているが、東岸地域の東京低地東部では中期の集落は確認されず、空白期となってしまう。

しかし、古墳時代後期になると葛飾区鬼塚遺跡や本郷遺跡・古録天遺跡ではカマドを備えた竪穴建物が発掘されており、隅田川東岸の東京低地東部が空白期を経て再び生活の舞台として利用されるようになる。興味深いのは、東京低地北部の足立区域ではそれ以前から継続して後期の時期も集落が営まれているが、東京低地西部の北区の低地部や荒川・台東区域からは今のところ浅草寺や周辺地域から遺物の出土は見られるものの、当該期の明確な集落は確認されてはいないのである。東京低地という地域のなかでも、古墳時代だけ見ても東部、西部、北部と地域的に様相を異にしていることに注目したい。

東京低地の古墳時代の生業活動を示す考古資料として管状土錘がある。古墳時代前期から網漁を主とする漁労が行われてきたが、古墳時代後期末（七世紀後半）になると大型の管状土錘は姿を消してしまい、海を舞台とした集団的漁法は解体してしまう。奈良時代以降には、小型の土錘が僅かに出土する程度で、集団的漁法に代わって河口部や河川・沼などで行う小規模な網漁しか行われなくなってしまう。奈良時代の東京低地東部では、もはやムラをあげて集団で漁労に勤しむ姿は見られなくなるのである。

一方、農耕はすでに古墳時代前期から畑作が行われており、漁労活動とともに継続して行われていた。奈良時代以降は、漁労活動の衰退とは逆に、農耕が生業活動のなかで大きな比重を占めていくものと考えられる。

三　東京低地の古墳の様相

古墳は、広い東京低地の中で足立区と葛飾区に存在が確認されるだけで、他の区域は未確認である。古墳時代後期に武蔵野台地東部や下総台地西部に古墳が築かれ、隅田川の東部にも後期の集落が展開し、古墳が造営されるのに対して、隅田川の西部は集落も古墳も確認されていないのである。

東京低地の古墳を考えるとき、東京低地では集落の展開が北部、西部、東部とでは異なっており、古墳も片寄りをみせている。東京低地に営まれた古墳を理解する上で、重要なのは低地だけを対象とするのではなく、低地近くの台地の存在、つまり台地上の古墳や集落との関係に注意する必要があろう。東京低地の古墳の様相を明らかにするためにも、その前提として本節では、東京低地を眼下に望む武蔵野台地と下総台地の古墳のあり方を概括的におさえておきたいと思う。

四　柴又八幡神社古墳をめぐる諸相

柴又八幡神社古墳は、東京低地において現存する石室を備えた唯一の古墳であり、前方後円墳という墳形も現在までのところ他に確認されていない。東京低地の場合、古墳の石室石材が身近に入手できる地域と異なり、「石」は地域の歴史を探る重要な情報源となる。また、柴又八幡神社古墳の埴輪や副葬品、立地環境などにも注意しながら、この古墳の特徴と被葬者像を追ってみた。

まず柴又八幡神社古墳の石室石材をめぐる先学の研究と自然科学分析の解析データも参考にしながらいわゆる房州石と呼ばれる石材について、次節で石室石材を歴史資料として取り上げるための整理をしている。

柴又八幡神社古墳の埴輪は、下総型埴輪に属し、その分布圏の西端に位置している。下総型埴輪や下総型埴輪を樹立する古墳について、犬木努氏［犬木二〇一一］や日高慎氏［日高二〇一三］の研究を基に、柴又八幡神社古墳における下総型埴輪の特徴や時期的な問題、さらに、副葬品も含めその特異性について注目した。

下総型埴輪を樹立している古墳からは馬具の出土が極めて少なく、古墳の墳丘規格も日高氏の下総型埴輪類型（高野山類型）に属するが、柴又八幡神社古墳は主体部の石室と副葬品について異質な面を有しているのである。

柴又八幡神社古墳の立地環境についても、自然化学分析や地図情報を解析して、柴又八幡神社古墳が造営されている柴又微高地の形成過程や、造営当時の環境復元を試みている。その結果、東西方向に発達した砂州の北側に突出した場所に古墳が造営され、古墳時代後期には砂州の北側の旧河道や上流部の水域は干潟となり、南側に海が広がる景観が復元でき、柴又八幡神社古墳周辺は港として機能していたと推察される。

このような柴又八幡神社古墳をめぐる諸相を紐解きながら、最後に柴又八幡神社古墳の被葬者について、低地にあって交通の要衝を直接的に管轄するだけでなく、生業活動など低地開発の最前線をも管轄した人物とみられ、出土した朝鮮半島の影響を示す帽子を被った人物埴輪の頭部や手付鉢土師器から渡来文化も享受できる人物でもあったことを述べている。

五　大嶋郷戸籍前夜の動向

大嶋郷戸籍が作成される前夜の東京低地東部では、五世紀の空白期を経て、六世紀になると新しい集落が営まれ、古墳も築かれるようになることを先述した。東京低地東部を眺望できる下総台地西南部も、四・五世紀には古墳群の形成はみられなかったが、六世紀に入ると栗山古墳群や国府台古墳群を形成し、後期の集落も営まれるようになる。他の地域でも、平野部とそれを望む丘陵上の古墳との関係が語られているように、下総台地西南部の古墳群とその眼下に東京低地東部が広がるという位置的な関係は、下総型埴輪やいわゆる房州石を用いた古墳造りなどからも両地域が別個に存立しているのではなくて、密接な関係を有していたことを示していることがうかがえる。

ここでは、六世紀における東京低地東部への進出と、下総台地西南部での新勢力の出現とは切り離しては語ることができない問題であることを確認し、六・七世紀の大嶋郷戸籍が作成される前の地域的様相の一端を明らかにしたい。また、房総における国造や部民の問題についても視野に入れ、古墳の石室として用いられる石材の動きと、「高橋氏文」にみられる房総地域と武蔵地域との関係などにも注目して、本地域とヤマト王権との関わりなどについても探ってみた。

第四章　大嶋郷戸籍と集落

一　大嶋郷戸籍の研究

奈良東大寺の正倉院に伝わる「養老五年（七二一）下総国葛飾郡大嶋郷戸籍」（東大寺正倉院文書）は、古代東国の集落や家族構成を研究する上で欠くことのできない貴重な史料として、古代史のなかで重要な位置を占めている。

従来の大嶋郷研究を概観すると、大きく三つに分けることができる。ひとつは幕末の国学者清宮秀堅氏や、明治の地理学者吉田東伍氏以来続けられている大嶋郷及び各里の位置の比定といった歴史地理的な研究。それから昭和になって石母田正氏をはじめ藤間生大氏、岸俊男氏、門脇禎二氏等による古代の家族構成や村落構成を究明するための研究史料として注目した古代史学的研究。そして和島誠一氏、小林三郎氏による考古学資料を取り扱った考古学的な研究である。

ここでは、大嶋郷戸籍の研究史を概括的に整理し、新しい視点の研究状況なども紹介する。なお、これからの古代戸籍や大嶋郷戸籍の研究は、郷戸実態説や郷戸擬制説どちらかに収斂されるべき性格ではなく、これまでの研究史を踏まえつつ、「戸籍の編戸による擬制があることを認めながらも、その編戸作業の前提となった家族の実態の考察が求められている」という荒井秀規氏の提言〔荒井二〇一二〕は、大嶋郷戸籍だけの問題ではなく、これからの古代戸籍研究の新しい展開を導くものとして注目されよう。

二　大嶋郷推定地内の遺跡

古代史のなかで重要な位置を占める大嶋郷戸籍も、今までその確証となる生活の跡が発見されず、実態が不明なままであった。どちらかというと研究の主流は、フィールドに重きを置かず机上で展開されてきたと言っても過言ではない。しかし、昭和の末年頃からにわかに大嶋郷問題が考古学的に注目されるようになる。葛飾区で奈良・平安時代の遺跡の調査が行われ、当該期の考古資料の発見が相次いだ。また、江戸川区上小岩遺跡でも下水道工事に伴う調査などが行われ、徐々に大嶋郷推定地における奈良・平安時代の考古資料が蓄積されてきたのである。

大嶋郷があったとされる奈良・平安時代の遺跡分布の状況は、葛飾区域では大きく柴又を中心とする地域と、立石・奥戸を中心とする地域の二地域にまとまっている。柴又帝釈天遺跡、古録天遺跡、古録天東遺跡などの柴又地域の遺跡は、江戸川西岸から高砂に向かって東西方向に延びる微高地上に占地している。立石・奥戸地域の遺跡としては、中川東岸に中川の蛇行に沿うように形成された微高地上に、鬼塚遺跡・本郷遺跡などが分布している。

江戸川区域の奈良・平安時代の遺跡は、まだ学術的な調査が十分とは言えないものの、江戸川西岸の上小岩遺跡から江戸川区南部の海浜部や小松川境川と一之江境川流域に分布する傾向がある。

結論として三里については、確認されている遺跡の分布状況などから、甲和里を江戸川区小岩から南側の小松川境川流域から海岸線までの地域を甲和里と想定した。嶋俣里については、柴又微高地を中心とした地域と想定され、今まで諸説出され不明だった仲村里については、中川沿いの葛飾区立石・奥戸地域の遺跡群をもって仲村里の有力な候補地と考えている。

従って大嶋郷の範囲は、想定した甲和、仲村、嶋俣の三里を合わせた地域ということになる。現状の遺跡分布からすると、北側は葛飾区柴又、東側は江戸川、西側は葛飾区立石・奥戸、南側は海岸線までの地域を想定することができるが、中世村落の展開や微高地の発達などからすると、葛飾区の金町や水元地域や隅田川から中川の間の地域にまだ確認されていない大嶋郷時代の遺跡が所在する可能性は高いと思われる。今後の調査の進展によっては、大嶋郷は後の時代の葛西御厨の範囲とほぼ同じ広がりを示すものと考えている。

三　発掘された大嶋郷

大嶋郷は低地帯に占地しているため、昔は一般的な台地上の集落とは異なった様相を呈しているものと考えるむきもあった。しかし、東京低地東部の御殿山遺跡・本郷遺跡・古録天遺跡からは、奈良・平安時代よりも前の古墳時代前期・後期の竪穴建物や掘立柱建物が発見されている。まだ奈良・平安時代の竪穴建物を一軒まるごと検出した例はないが、柴又八幡神社遺跡では平安時代の竪穴建物の一部と、柴又帝釈天遺跡や古録天東遺跡からは奈良・平安時代の掘立柱建物が発掘されている。これらの事例から、本地域では古墳時代前期から台地上の集落と同じように竪穴建物と掘立柱建物とを構えていたことが発掘調査の結果から明らかとなった。

現在のところ調査件数も少なく、調査した面積も限られているので、奈良・平安時代において、ひとつの微高地上に同時期の竪穴建物や掘立柱建物がどれだけ築かれていたかは把握することはできない。しかし、奥戸地域や柴又地域での調査状況からすると、遺構・遺物の集中する地点と稀薄な地点とが認められることと、大嶋郷時代の遺跡の分布などからすると、大嶋郷は小林三郎氏が「大嶋郷推定地付近に、いくつもの住居群が密集していたのではなく、数キロメートルずつ離れて単位住居群が存在していた可能性が強くなる」［小林一九七二］と指摘されたように、ひとつの微高地に住居が集中して里を形成しているのではなく、微高地上に数軒から数十軒の集落が営まれ、それらの微高地上の集落がいくつか集まって里が構成されていたと考古学的な調査結果からは考えられる［谷口一九九〇a・b］。

四　大嶋郷内の儀礼

大嶋郷を構成すると思われる遺跡からは、溝・井戸を儀礼の場とする例や、牛馬を供えるものなど、郷内で行われた儀礼行為を示す資料がいくつか見付かっている。

牛馬を供えた儀礼は、いままで雨乞いなどの祭礼と考えられてきたが、最近の研究では必ずしも祈雨に限られるものでないともされる。しかし、大きくは農耕を背景とした祭礼であることでは変わらないようである。大嶋郷内で確認された牛馬を用いた儀礼行為は、奈良時代以降の生業活動において、農耕の占める割合が高くなってきた状況を物語るものと思われる。

また井戸埋めの儀礼が認められた井戸のうち、古録天東遺跡の井戸からは瓢箪と刀の形代が出土しており、注目される。瓢箪は、容器として利用されるばかりでなく、古くから神霊や霊魂の宿るものとして神霊視され、さまざまな儀礼や呪術に使用されており、『日本書紀』や『延喜式』鎮火祭祝詞などには瓢箪と水神の関係を示す記述がみられる。井戸埋めに伴って埋納されたものとみられる。また、一緒に出土した巡方も極めて出土例の少ない遺物なので、流れ込みとは考えにくく、井戸埋め儀礼に伴う供え物と考えた。さらに、この井戸の井戸側は取り外されていることから、井戸廃棄あるいは井戸埋めに伴って壊されたのではないかと推察される。

井戸内からの刀の形代とみられる資料も、古録天東遺跡以外の柴又帝釈天遺跡でも出土している。古録天東遺跡例は平安時代、柴又帝釈天遺跡例は奈良時代であり、刀の形代を井戸に納める行為が継続していることが注目される。刀の形代は、鎮魂祭の採り物に剣や鉾などの武器が登場するが、刀には瓢箪と同じような悪霊払い、邪気を清める呪力を仮託したのではないだろうか。水神あるいは地霊を祝い鎮めるために供えられたものと考えられる。そのほか、大嶋郷内の儀礼行為とみられる調査事例を紹介し、大嶋郷で暮らした人々の心象を少しでも描きだそうと試みている。

五　大嶋郷と古代東海道

東京低地の東側にそびえる下総台地上には、下総国府（千葉県市川市国府台付近）が置かれ、東京低地の西側を画する武蔵野台地上には武蔵国豊島郡衙が設置されていたことが想定され、古代東海道が武蔵国豊島駅から下総国府へ東京低地を通過して連絡するであろうことは坂本太郎氏をはじめ、多くの研究者や自治体史などで古くから文章や図で紹介されてきた。しかし、図示されたルートは大きな縮尺の地図上に下総国府と豊島郡衙あるいは豊島駅推定地を印し、両者の区間を直線で結んだだけのものであり、どのような根拠に基づいてそのルートを採用したのか、また具体的に東京低地のどこを通っていたかを示した詳細な研究はなかった。

昭和五十八年（一九八三）、東京の古代史を研究する上で重要な発見がなされた。豊島郡街と推定される北区御殿前遺跡の発見［中島一九九五］である。豊島郡衙の発見によって、古代官道が武蔵国から下総国府を目指して東京低地、つまり大嶋郷を横切ることがほぼ確実となったのである。

本節では、東京低地を通る古代東海道の研究史を整理した上で、「大道」や「立石」地名を基に墨田区墨田から葛飾区立石を通って江戸川区小岩へ通じる「立石道」と称する直線的な道を武蔵国から下総国へ連絡する古代東海道の推定路として具体的に提示した［谷口一九九〇ａ］。

中島広顕氏は、東京低地を通る東海道は、豊島郡衙に関わる遺構などの検討から豊島駅が八世紀中頃から九世紀代には豊島郡衙に併設されており、豊島駅（豊島郡衙）から荒川区町屋～足立区千住～葛飾区堀切～葛飾区青戸～江戸川区小岩を経て下総国府へ至るルートを想定し、『延喜式』以降には豊島駅が移ったことによって「立石道」のルートが設けられたものであるとする。つまり大嶋郷を東西に横断する二つの駅路推定ルートが示されることになったのである。

従来の大嶋郷の研究には、古代官道との関わりについて関連付けた研究は行われてこなかったが、先に述べた如く、古代東海道が大嶋郷の故地を東西方向に貫いていることが考えられている。承和二年（八三五）の太政官符には、下総国「太日河」と武蔵・下総国「住田河」の古代東海道筋の渡し場があったことが記されており、大嶋郷の東端を太日川（江戸川筋）、西端を隅田川で画されているため、郷の東西に渡し場が存在することが想定されるのである。

さらに『伊勢物語』や『更級日記』などの古典作品も参考にすることで、渡し場の推定地や孝標の女一行が太日川から隅田川に至るルートなどについて検討した。大嶋郷の東西の端には、一般的な集落とは趣の異なる交通の要衝であり繁華な「場」が存在していたこと〻みることができ、それらの両岸を含めた地域が、中世において都市的な場へと発展することは興味深い。

六　古代葛飾郡の地形と空間領域

大嶋郷が属した下総国葛飾郡は、太日川の両岸を括って設けられた郡域で、上流部は茨城県南西部の古河市まで及ぶ南北に長い広大な範囲を領域とする。葛飾郡の「かつしか」という地名は、奈良時代の史料に確認される古い領域を示す地名であるが、「かつしか」地名の語意については、古来より諸説があり、定説はない。本節では、まず「かつしか」という空間領域に注目して、地名の由来を探っている。

南北に長い郡域であるが、太日川の西岸には低地、東岸には下総台地が連なり、西岸と東岸とでは地形的に異なった景観を呈していることに注目した。「かつしか」は「かつ」と「しか」から構成されており、前者は崖や丘陵などを表し、後者には砂州などの低地を意味する語意が含まれており、古代葛飾郡の領域の地形的特徴と合致している。

そして、この丘陵と低地という葛飾郡の地形的特徴は、『続日本紀』和銅六年（七一三）五月二日条や『常陸国風土記』にみられる「原」と「野」の使い分けから、まさに「葛飾野」と「（葛飾）原」から構成されていると読み解くことができる。つまり、古代の葛飾郡は、太日川を背骨にして右岸に低地、左岸に下総台地が広がるという対照的な地形景観を呈しており、「かつしか」という領域名はその地形的特徴から名付けられたと考えるのが、最も「かつしか」らしい語源と考えられるのである［谷口一九九三］。

また、『常陸国風土記』や『万葉集』を読むと地名の由来は、本来の意味とは別に、著名な人物を登場させたりして物語風に伝説化するものであることがわかる。関和彦氏は「かつしか」は、「潜ぐ鹿」からきていると説明しており［関一九九六］、「かつしか」についても風土記編纂の頃には、本来の地名の由来とは異なる風土記や万葉集的な地名譚として「潜ぐ鹿」が伝説化されていた可能性も考えられる。

さらに、『万葉集』『風土記』や考古学的な資料も用いながら大嶋郷や渡し場、下総国府周辺の歴史風景の描写を試みている。

大嶋郷は下総国葛飾郡のなかでも最南端に位置し、郷の西側が武蔵国の国境となる境界地域に位置しており、大嶋郷の東西を古代東海道が貫くことから、「下総国の玄関口」に位置する。そして、東西方向の古代東海道と南北に河川が流れる水陸交通の結節点で「水陸交通の要衝」であったことは、従来の戸籍研究からは導き出せなかった歴史風景であり、古代東海道と大嶋郷との関係が今後の大嶋郷研究に新たなイメージを加えることになろう。

第五章　葛西郡の成立と葛西御厨

一　葛西郡と葛西氏

平安時代後半になると葛飾郡は、他の地域と同じように荘園の開発が進行し、郡が解体して地域が再編成される。葛飾郡南部の臨海部は、太日川を境に、東岸地域が葛東郡、西岸地域が葛西郡となった。葛東郡は、千葉県市川・松戸・船橋市など現在の千葉県側である。一方、葛西と聞くと、一般的に東西線葛西駅がある江戸川区と思いがちであるが、葛西郡は葛飾・江戸川区と墨田・江東区の一部を含めた隅田川以東の東京都東部である。

この葛西郡に入部して支配をしたのが、後に鎌倉御家人となる葛西氏である。葛西氏は、秩父平氏の流れを汲み平安時代末期頃から入間川沿いに勢力を張った河越・畠山・江戸・豊島氏とは同族関係にある。葛西氏は、この下総国葛西郡を本貫地とし、名字とした武士で、葛西氏のなかでも葛西三郎清重は、源頼朝の側近くに仕えて幕府創設に尽力した人物として知られ、清重をもって関東葛西氏の初代とされる。

この葛西清重の父豊島清元は、武蔵国豊島郡を本貫地としながら下総国一宮の香取社の遷宮に関わる下総国の有力者でもあった。「香取神宮文書」などの検討から遅くとも治承元年（一一七七）の段階には、下総国での遷宮に携われる有力者としての地位にあったことがわかる。そして、豊島清元の下総国への進出と下総国での地位が確立される背景として、葛西郡が大きな役割を担ったものと想定される。清元の下総進出の足場となった葛西郡を父から継承したのが息子の清重であった。

二　葛西氏と所領支配

葛西氏の本貫地は、下総国葛西郡であるが、その他にも葛西清重は治承四年（一一八〇）の源頼朝の挙兵後の数々の功績により、各地に所領を授かっている。その経緯を『吾妻鏡』から抜粋すると、治承四年一一月一〇日に、佐竹攻めの功績により、葛西清重は源頼朝から武蔵国丸子庄（神奈川県川崎市）を賜っている。文治五年（一一八九）の奥州合戦の功績により、陸奥国伊沢・磐井・牡鹿郡ほか数箇所を拝領しており、葛西氏は本貫地の葛西のほかにも、武蔵国や奥州、讃岐などに所領を持っていたことが『吾妻鏡』などの史料からわかる。奥州平泉の中尊寺所蔵の「正応元年（一二八八）関東下知状」（中尊寺文書）からは、葛西氏は青戸二郎重茂らを代官として平泉に派遣していることが知られ、葛西氏が遠方の所領維持のために家臣を代官として派遣し管轄していたことが確認できる。

葛西氏は、本貫地葛西に館を構え、源頼朝の鎌倉入部以降鎌倉にも屋敷を設けて幕府に仕えていた。本貫地葛西に構えられていた館について、考古資料の分析や周辺の歴史・地理的要素を踏まえ、葛西氏の信仰する熊野神社が鎮座する立石遺跡（葛飾区）や、葛飾区柴又の古録天・古録天東遺跡を有力な候補地として取り上げた。また、『吾妻鏡』に記述されている「鷺沼御旅館」「大井の要害」についても、葛西氏の本貫地にその所在を求め考察を行っている。

さらに『吾妻鏡』治承四年一一月一〇日条の丸子庄拝領の記事から、源頼朝の側近く仕えた葛西清重の治承・寿永の内乱期の役割のひとつとして、武蔵国の東西の要衝をおさえる責務を負っていたことを指摘した。

三　葛西御厨と郷村

葛西清重が治めた葛西郡は、後に伊勢神宮に寄進され葛西御厨と呼ばれるようになる。一般的に、葛西御厨が成立したのは一二世紀後半ないし一三世紀初頭と考えられてきた。しかし、建久三年（一一九二）「神領注文」に葛西御厨の記載がなく、建久四年（一一九三）の『神鳳鈔』に見られることから、建久四年からそう遠くない時期の成立とする考え［鈴木一九九八］や、頼朝の挙兵時に清重のもとに遣わされた中（大中臣）四郎惟重が伊勢祭主の永江（大中臣）蔵人頼隆の子であることから、両者との関係を想定し、当時すでに葛西御厨は成立していたものとする考え［今野一九九八］などが提示されている。葛西御厨の成立については、建久四年以前に葛西御厨が成立していた可能性も否定できないと考えられるが、先学の研究を踏まえ、今後とも追究していく必要があろう。

葛西氏は六代清貞の頃、本貫地の葛西を離れて北遷し、奥州に本拠を移す。その後の葛西御厨は、至徳四年（一三八七）に室町幕府三代将軍足利義満が上杉憲方に葛西御厨内の所領を安堵する文書が確認できることから、山内上杉氏が葛西の地を支配していることがわかる。その後も葛西御厨は山内上杉氏によって継承されるが、東国が戦乱の渦にのまれる享徳の乱前後には伊勢神宮の関与は弱まり、小田原北条氏が葛西に進出した頃はすでに御厨は形骸化していた。天文二二年（一五五三）に、再び葛西御厨の支配権を回復しようと神宮側が動き出すが、その背景には、その前年に父の古河公方足利晴氏から家督をゆずられ後に公方に就任する梅千代王丸の葛西御座があり、それを好機ととらえたものと推察される。

葛西御厨或いは葛西地域における郷村や開発については、湯浅治久、長塚孝、中野達也三氏の先行研究［湯浅二〇〇五、長塚一九九五、中野一九九五］の整理を行い、応永五年（一三九八）「葛西御厨田数注文写」（鏑矢伊勢宮方記）と「小田原衆所領役帳」［佐脇一九九八］の二つの史料を基に中世葛西の郷村や開発の状況を探ってみた。また、「葛西御厨田数注文写」に書かれている郷村の順序や位置関係に注目して分析を試みている。併せて地名にも注目して、転訛と地名の持つ意味から郷村の風景を探っている。

四　水環境と生活

下総国一宮の香取社は、文和元年（一三五二）から応永一四年（一四〇七）の間、古利根川筋に猿俣関（葛飾区水元）、その上流部に大堺関（埼玉県八潮市）、戸崎関（埼玉県三郷市）、太日川筋に行徳関（千葉県市川）と長島関（東京都江戸川区）を置き、河川交通の管理を行っていた。しかし一五世紀になると次第に鎌倉府による支配が強まり、香取社の関与は弱まっていく。葛西における鎌倉府の河川管理の状況を応永三三年（一四二六）「藤原（奥津）家定寄進状」（浄光寺文書）と、同年の「上杉憲実浄光寺別当職補任状」（鶴岡八幡宮文書）の二通の文書を用いて指摘した。

低地という立地環境にあって、開発を進めるには堤をめぐらせることが基本的な手法といえよう。湯浅治久氏は、葛西地域は古利根川中流域での村落景観と同様に大河川の間の低湿地に形成された自然堤防上に村落が展開するもので、堤が村落形成と開発に果たした役割について注目している［湯浅二〇〇五］。ただし、湯浅氏は葛西における人工堤防の構築は史料的には戦国期に確認できるのみで、鎌倉時代までさかのぼる可能性については否定的な見解を示している。

しかし、新史料の発見によって、葛西氏一族は築堤や修固などの土木技術を持った武士であり、実際に葛西の上流部にあたる太田荘と下河辺荘で工事に携わる立場にあったことが判明した［畠山二〇〇二］。太田荘と下河辺荘における灌漑技術や堤の修固に関わる労働編成や課役体制が成立していたとする指摘［鈴木二〇〇五］などを踏まえ、中世の葛西における景観の構成要素となる堤と、築堤による低地開発は、葛西氏によって少なくとも鎌倉時代には行われていたと推察される。また葛西清重が源頼朝から武蔵国丸子庄を拝領するのも、丸子庄のような河川沿いの低地の開発や河川管理を行うためのノウハウをすでに持っていたためと考えられるのである。

そのほか、葛西地域の水環境の問題として、葛西浦と呼ばれる南面に広がる海や河川などの淡水域を漁場とする漁労活動も本地域の重要な生業活動であり、南部では貝塚などの形成がみられることから漁村的風景が強かったものと思われる。また、低地に繁茂する蘆荻と生活との関わりや、災害についても文献史料と考古資料を用いて解説している。

第六章　戦国の地域社会と葛西城

一　葛西城の発掘調査

昭和四〇年代、東京都による大森・高円寺・長島を結ぶ環状七号線道路建設工事計画が策定された。この道路建設予定地に中世城館所在の伝承を有する青戸御殿山が含まれることがわかり、昭和四六年（一九七一）葛飾区教育委員会・東京都建設局・東京都教育委員会の三者で、その対応についての協議が持たれ、翌年、葛西城の範囲を確認すべく確認調査が実施されることになった。その結果、小規模な発掘ではあったが、中世の城館跡が確認され、それ以後、昭和五一年の第五次に至る予備調査が行われ、昭和五五年から翌五六年にかけて本調査として第六次調査が実施された。

台地上に立地する遺跡では、通常、有機質の遺物は朽ち果ててしまうので出土することは稀であるが、葛西城は低地に所在するいわゆる低地遺跡であるため、衣食住などに関する有機質の資料が良好に保存されていた。戦国時代の多種多様な資料が豊富に出土する葛西城は、当時の人々の暮らしを研究する上で貴重な遺跡として注目を集めた。また、この葛西城の発掘調査は加藤晋平氏の指導によって進められ、東京都内における中世考古学の先駆けともなるもので、学史的な意義についても紹介している。

環状七号線道路開通後には道路に沿って西側に御殿山公園、東側に葛西城址公園として葛西城跡の主郭部の一部が保存され、平成一一（一九九九）年に東京都の史跡指定を受けている。葛西城の発掘調査は、現在でも建設工事などに伴い行われており、少しずつではあるが、かつての葛西城の姿が明らかになってきている。

二　葛西城をめぐる攻防

享徳三年（一四五四）、享徳の乱の勃発により、関東は旧利根川を挟んで西岸に上杉・幕府勢力、東岸に古河公方勢力が対峙する状況となり、関東は極度の軍事的緊張状態に陥る。隅田川西岸には扇谷上杉氏、東岸には山内上杉氏が勢力を張っており、東京低地は、太日川（後の江戸川）を挟んで古河公方足利成氏勢力と睨み合う上杉氏の最前線となった。このような状況下に葛西の要として葛西城が築かれ、幾度となく攻防が繰り返されながら小田原北条氏が滅亡する天正一八年（一五九〇）まで戦国の城として存続した。

ここでは小田原北条氏が天文七年（一五三八）に奪取する前の上杉氏時代の葛西城について、大永五年（一五二五）三月に扇谷上杉氏の家臣三戸義宣が越後の長尾為景に宛てた「三戸義宣書状」（上杉家文書）から、小田原北条氏が武蔵進出を企てる中で、いかに葛西城が戦略的にも重要な位置を占めていたのかを確認した。

小田原北条氏奪取後は、天文七年の第一次国府台合戦後の古河公方家と小田原北条氏との接近、梅千代王丸誕生と葛西城御座など、従来あまり語られることがなかった関東公方と葛西城との関係について触れている。

永禄三年（一五六〇）、長尾景虎が関東に出陣し、反北条勢力を結集して北条氏の本拠地である小田原城下まで軍を進駐する。この進攻によって葛西城は落城し、反北条勢力下に置かれてしまう。永禄四年（一五六一）に景虎が越後へ退去すると、北条氏の反攻が開始され、永禄五年（一五六二）四月二四日には葛西城攻略に成功する。この間の経緯を「本田文書」で確認を行った。

永禄七年（一五六四）、葛西城攻略に軍功のあった太田康資が里見方に寝返り、第二次国府台合戦となる。小田原北条氏は、この戦に勝利するも葛西地域はまだ上流部に憂いを抱えていた。それも天正二年（一五七四）、下総関宿城を小田原北条氏が攻略したことで、ようやく解消された。この戦以降、葛西地域は完全に小田原北条氏の領国として、天正一八年（一五九〇）、北条氏滅亡まで維持されていくことになる。豊臣秀吉による小田原攻めの時の葛西の状況については、「葛西神社文書」から村の対応と、「戸田忠次家伝」から抵抗する葛西城の姿を紹介した。

三　葛西城の縄張りと構造

昭和四七年（一九七二）から実施されてきた数度にわたる調査の結果、多くの遺構がそれも錯綜した状態で発見されている。すでに紹介したように、時代的に見ても、古くは古墳時代前期の集落（御殿山遺跡）が確認されており、その後も葛西城が築かれ、近世には青戸御殿が設けられているのである。

葛西城に関わる遺構だけあげても、小田原北条氏時代の大規模な堀や、堀がめぐる郭内には井戸や土坑と呼ばれる穴跡、溝、建物の柱や柵列などの小穴といった様々な遺構が、それも重複して築かれている。特に本丸南側のⅣ区の堀などは、複雑に切り合っている。それだけ城の改変がなされたということを如実に物語っている。

それらの重複した遺構は切り合い関係が認められるように、すべてが同時期に存在していたわけではない。重複した戦国期の遺構群は、何よりも葛西城をめぐる攻防を物語るものと思われる。葛西城が城という役割を保持するために、遺構が構築され、廃棄され、また構築し直されるということを繰り返した営みの結果なのである。

葛西城を掌握して改修する背景には、敵に備えた防御性とともに、居住性や葛西地域の統治機関として施設の拡充、そして関東公方の御座所普請などがあったものと考えて、改修の時期等を考察した。

四　葛西公方足利義氏と葛西城

天文七年（一五三八）から天正一八年（一五九〇）までの小田原北条氏時代の葛西城について、文献史料からみると天文七年から永禄二年（一五五九）の「小田原衆所領役帳」までの二〇年余りの葛西城についての史料はなく、葛西城の状況は不明であった。天文七年から天正一八年の五二年という歳月からすると、二〇余年というのは大きな空白期といえよう。

一方、環状七号線道路建設に伴う昭和四七年から昭和五六年まで断続的に行われた一連の発掘調査からは、一五世紀後半から一六世紀代の遺物や遺構が確認されており、先の文献からみられる空白期の考古資料も確認されている。また、考古学側からは葛西城から出土している遺物のなかに、威信財と呼ばれる武士社会にとってのステイタスシンボルが認められることから、従来の葛西城の歴史的位置付けとのギャップが存在した。それまでの葛西城は、規模の小さな砦的な施設と見られていたからである。

そのような従来の文献史料からの見方と、考古資料からの葛西城の見方の溝を埋める研究が佐藤博信氏によって発表されることになる［佐藤二〇〇二］。佐藤氏は、古河公方の血筋を引く足利義氏が葛西城に御座していたことを明らかにされた。二〇余年の葛西城の歴史の空白期のなかに、公方足利義氏との関係が浮かび上がってきたのである。

五　御座所葛西城の格式と天文事件

佐藤氏の研究によって葛西城から出土した威信財は、公方の御座所としての葛西城を肯定する資料として注目される存在となったのである。しかし、威信財の出土ということをよくよく考えてみれば、そこには権威ととももに失われた権威ともいうべき矛盾する問題を抱えていることになろう。なぜならば威信財は武家社会のステイタスシンボルとして重要な財産であり保持する武家に継承されなければならない代物なのであり、それが遺物として出土するということは、本来あってはならないことではないだろうか。

その変異の背景として、天文二三年（一五五四）に起こった足利晴氏が葛西城から脱出して古河城に籠り、小田原北条氏に反旗を翻した天文事件との関わりを想定してみた。

葛西城本丸の第八四号土坑から出土した優品の数々は、それを保有できる武家（人物）が葛西城に居たということを物語っている。また、葛西城からは威信財とともに、当時としては桶が備わる最新の技術で造られた井戸が二基確認されているが、この井戸の存在も城の格式を物語る資料として注目される。現段階では、これらの優品や新技術を直接足利晴氏や義氏と関連付ける史料的裏付けが確認されておらず短絡的に結び付けることはできないが、義氏の御座と時期的に合致していることは重要であり、看過すべきではない。義氏の葛西御座を示す史料が佐藤氏の研究によって明らかとなったが、史料だけでなく、出土した遺物や遺構からも十分な内容を備えていることが考古学からも指摘することができるのである。

六　小田原北条氏の葛西支配

文献史料と考古資料から小田原北条氏と葛西との関係を探っている。永禄二年（一五五九）に作成された「小田原衆所領役帳」によると、葛西地域の所領のほとんどは江戸衆の筆頭である遠山丹波守をはじめ、江戸衆がおさえ、葛西地域の要である葛西城も遠山丹波守の一族遠山弥九郎が在城していた。葛西地域は、大きく見ると江戸城を本拠とする江戸衆の管轄下にあって、先学が指摘するように地域的には江戸の一部に組み込まれ、なおかつ遠山氏の強い影響下に置かれていたことがわかる［長塚一九九三、黒田一九九五］。

役帳作成後の葛西地域も、一時、反北条勢力に制圧された時期を除いて、基本的に江戸衆、とりわけ遠山氏が大きな力を及ぼしていた。そのことは早稲田大学図書館が所蔵する「遠山文書」に船橋や葛西堤に関して、遠山氏が関わることからも確認することができる。

また交通の面では、葛西新宿に注目した。伝馬制度が整備され、小田原から江戸を経由して房総方面を繋ぐ役割だけでなく、上流部の関宿や佐倉や臼井などへの舟運など、下総内陸部への玄関口として葛西新宿が重要な役割を担っていたと結論付けた。

考古資料では、小田原の影響のあるかわらけの存在と漆器に描かれた鶴や亀などの絵柄のなかに小田原城出土のものと酷似する資料があることに注目した。

小田原系と呼ばれる北条氏の本拠小田原から搬入された手づくねかわらけと、小田原のロクロかわらけを在地で模倣したかわらけが葛西城から出土している。手づくねかわらけの時期は、小田原での研究から天文末から永禄の初め頃に位置付けられる。小田原北条氏の領国においては、小田原系の手づくねかわらけが小田原以外で出土するのは、天正期に入ってからが一般的であり、葛西城の資料は比較的古い出土事例となる。おそらく本資料が葛西城にもたらされる契機は、手づくねかわらけの儀礼性や時期的にも足利晴氏・義氏との関わりが考えられる。小田原のロクロかわらけを在地で模倣した行為も、小田原を強く意識してのことだと思われる。漆椀は、塗り師などの職人が小田原と葛西間を行き来したものか、あるいは製品が流通していたことが考えられる。

このほか葛西城の堀からは箱根など小田原以西にしか自生しない白い花を付けるヒコサンヒメシャラの種子が出土している。このように葛西城が小田原北条氏方の城であったことを、文献だけでなく、遺物などの考古資料からも裏付けることができた。

第七章　中世の終焉と近世の始まり

一　近世葛西と青戸御殿

天正一八年(一五九〇)、葛西落城とともに葛西地域における戦国の世は終わりを告げる。小田原北条氏に代わって関八州の新しい覇者徳川家康が江戸に入部、江戸城とその城下の整備に取り掛かる。

新しい時代の幕開けを視覚的に葛西の人々に知らしめたのは青戸御殿ではないだろうか。家康は、落城した葛西城を御殿に取り立て、徳川将軍家が鷹狩りの際に御殿に訪れている。文禄や慶長期には、まだ瓦葺ではなく、葛西古城に手を加えた程度の施設であったと思われるが、家康や秀忠が鷹狩りに幾度となく葛西に訪れたこと自体に葛西の人々は驚かされたであろう。特に、慶長八年（一六〇三）に家康が征夷大将軍に任じられ、江戸が幕府の本拠となってからはなおさらのことである。青戸御殿の出土遺物のなかで、新しい時代の幕開けを印象付ける資料として、葵の御紋の瓦とスッポンを紹介した。葵の御紋は、徳川将軍家の権威の象徴であり、関東では早い時期のスッポンの出土も東海から移ってきた徳川家の御殿ならではのものととらえられよう。

葛西の人々は、次第に整備されていく江戸城や城下の姿を見聞していたであろう。慶長一二年には、江戸の市中にそびえ建つ江戸城天守閣も葛西から目視できたはずである。初めて瓦葺の天守閣を仰ぎ見た葛西の人々は、見たこともない当時の最先端の構造物に驚き、そして新しい時代の到来を再確認したのではないだろうか。

二　中世から近世的風景へ

青戸御殿の裏御門に面したⅣ区堀でのかわらけ溜りをはじめとする遺物の一括廃棄は、もはや戦国ではない近世的風景としてとらえた。青戸御殿における堀への遺物の一括廃棄は、饗宴や儀礼に伴う行為ということだけでなく、廃棄する場所の機能を停止せしめる行為となる点も注意されるからである。つまり、堀の防御機能の面からすると遺物の一括廃棄はそれを否定する行為となろう。

さらに葛西地域では、上千葉遺跡、柴又帝釈天遺跡、鬼塚遺跡という三遺跡の調査事例ではあるが、一七世紀中頃に溝や井戸が廃棄され、ほとんどの場合、再び同じ機能を有する遺構の構築がみられなくなる。つまり、区画や用水として使われた溝や飲料水を供した井戸などが、埋め戻されて機能を停止し、異なった土地利用が行われ、景観的にも変化を生じるようになった。土地利用の変化が一七世紀中頃に求められる点は、単なる偶然とは思われない。

葛西地域における中世の終焉のイメージは、それら遺構に廃棄される遺物にも反映しているように思う。特に、中世的なかわらけや内耳土鍋はこの時期に姿を消していく。

近世都市江戸が拡充されるなかで、葛西地域は次第に中世以来の政治・経済的な地域的特性は薄れていき、江戸の周縁・近郊地として再整備されていくことになる。

終章　新たな東京低地の歴史像を求めて

本書は、武蔵野台地と下総台地の間に広がる東京低地を舞台に、主に東京低地東部の葛西地域を意識して、東京低地の形成から人間活動の始動、古墳時代における諸相、大嶋郷戸籍と集落の問題、葛西御厨と郷村、葛西城を取り巻く在地社会について論じ、そして、最後に中世の終焉と近世の始まりについて、その見通しを述べた。

東京低地という、東西に台地がそびえ、平坦で見通しが利き、海に面し、河川が集中する環境のなかで、人間活動が時代ごとにどのように展開し、歴史的景観を育んできたのか考察を試みたものである。

地域の歴史をある時代で切り取るのではなく、重ね合わせ、通して見ることで地域の変わらない歴史的特性が見えてくるはずである。東京低地の場合、地域と地域を結ぶ交流の場であり、また地域を隔てる境界性であろう。この両義的な様相を東京低地の歴史的な特性としてとらえた。そして、この地域が海と関東の内陸とを結ぶ玄関口であることを終章で論じた。

参考文献

荒井秀規　二〇一二「古代戸籍研究と大嶋郷戸籍」『東京低地と古代大嶋郷―古代戸籍・考古学の成果から―』名著出版
犬木　努　二〇〇一「Ⅲ章　3．柴又八幡神社古墳出土埴輪について」『柴又八幡神社古墳Ⅷ（第2分冊）』葛飾区郷土と天文の博物館
木下　良　一九七六「立石考―古駅跡の想定に関して―」『諫早史談』四　諫早史談会
黒田基樹　一九九五「江戸城将遠山氏に関する考察」『戦国史研究叢書1　戦国大名北条氏の領国支配』岩田書院
小林三郎　一九七二「土師時代集落把握への小考」『駿台史学』三一号　駿台史学会
今野慶信　一九九八「鎌倉御家人葛西氏について」『第2期関東武士研究叢書　葛西氏の研究』名著出版
佐藤博信　二〇〇二「古河公方足利義氏論ノート―特に「葛西様」をめぐって―」『日本歴史』第四六四号　吉川弘文館
佐脇栄智校注　一九九八『―戦国遺文後北条氏編―別巻　小田原衆所領役帳』東京堂出版
鈴木哲雄　二〇〇五「中世香取社による内海支配」『中世関東の内海世界』岩田書院

鈴木敏弘　一九九八「下総国葛西御厨の成立と伝領」『第2期関東武士研究叢書　葛西氏の研究』名著出版（初出　一九八七『日本社会史研究』日本社会史研究会）
関　和彦　一九九六「古代葛飾・原風景―葛飾『真間』と手児名―」『高岡市万葉歴史館紀要』第六号　高岡市万葉歴史館
谷口　榮　一九九〇ａ「下総国葛飾郡大嶋郷の故地」『東京考古』八　東京考古談話会
谷口　榮　一九九〇ｂ「大嶋郷の復原と住人の生業活動」『古代王権と交流二　古代東国の民衆と社会』名著出版
谷口　榮　一九九三『かつしかブックレット2　葛飾遺跡探訪』葛飾区郷土と天文の博物館
谷口　榮　一九九五「東京低地の中世遺跡」『東京低地の中世を考える』名著出版
長塚　孝　一九九三「戦国期江戸の地域構造」『江東区文化財研究紀要』四号　江東区教育委員会
長塚　孝　一九九五「鎌倉・室町期の葛西地域」『東京低地の中世を考える』名著出版
中島広顕編　一九九五『御殿前遺跡』北区教育委員会
中島広顕　一九九七「武蔵国豊島郡衙と豊島駅」『古代交通研究』第七号　古代交通研究会
中野達哉　一九九五「東京低地の耕地と集落」『東京低地の中世を考える』名著出版
鳥居龍蔵　一九二四『武蔵野及其周圍』磯部甲陽堂
畠山　聡　二〇〇二「中世東国の開発に関する一考察―武蔵国太田荘に関する新出史料の検討を中心に―」『板橋区立郷土資料館紀要』一四　板橋区教育委員会
日高　慎　二〇一三『東国古墳時代埴輪生産組織の研究』雄山閣
湯浅治久　二〇〇五「第五章　中世～近世における葛西御厨の「郷村」の展開」『中世東国の地域社会史』岩田書院

第一章　東京低地の形成と環境変遷

一　東京低地の形成

1　関東平野最南端の東京低地

東京都区部の地形は、崖線下を南北に通過するJR京浜東北線を境に、西側の丘陵を武蔵野台地、東側に広がる低地帯を東京低地と大きく区分することができる。

東京低地とは、武蔵野台地の東縁の台東区上野公園から北区赤羽に至る崖線と、下総台地西縁の千葉県松戸市から市川市へのびる崖線に挟まれた沖積低地のことで、南側は海と接する臨海部にあり、関東平野の最南端に位置する（図1）。

東京低地の地形は、北側と武蔵野台地と下総台地に沿った東西側に標高の高い地域があり、南部にかけて標高が低くなり、江東区や葛飾区の西南部には〇メートル以下の地域が分布している。東京低地は、見た目に比較的平坦で起伏がないように思われがちであるが、河川に沿って自然堤防が形成され、旧海岸線沿いには砂州などの微高地が発達しており、その微高地上は古代から居住空間や畠地として利用されてきた。

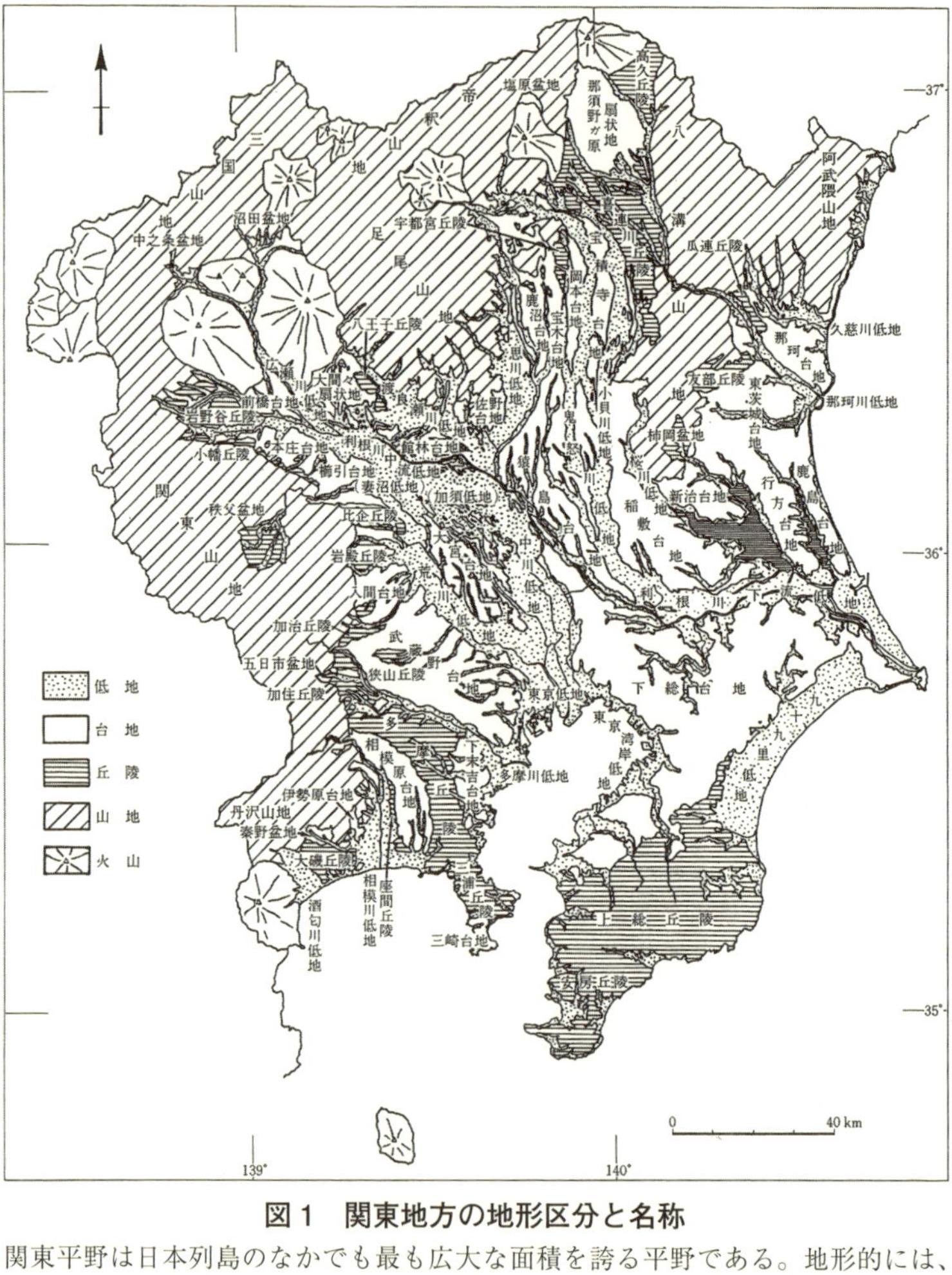

図1　関東地方の地形区分と名称

関東平野は日本列島のなかでも最も広大な面積を誇る平野である。地形的には、平野の周辺には丘陵が広がり、平坦で広い台地、そしてそれらを開削して形成された低地に区分される。関東の諸河川は東京低地に集中し、海へと注いでいる。

東京低地は、全国的にも屈指の河川集中地帯として知られている。隅田川、中川、江戸川、荒川（荒川放水路）、新中川（中川放水路）などの河川が流れ、江戸時代に行われた利根川東遷以前は利根川も東京低地を南流していた。東京低地は、武蔵野台地と下総台地が張り出す関東平野が扇の要のように絞り込まれるような地勢を呈しており、関東地方の諸河川はその扇の要へ流れ込むように東京低地に集められ、東京湾へと注いでいる［長塚一九九五］。

東京低地を流れる古隅田川から隅田川筋は、古代から中世の武蔵と下総の国境となった河川で、近世以降は江戸川（旧太日川）が武蔵と下総の国境へと替わり、近代以降も東京都と千葉県の境となっている。このように東京低地は、境界地域という地政的特徴も有している。

東京低地の範囲を行政的にみると、中央・墨田・江東・足立・葛飾・江戸川区域と千代田・台東・荒川・北区などの低地部が該当する。本書では、便宜的に、およそ隅田川以西の旧武蔵国豊島郡に属する千代田・台東・荒川・北区域の低地部を東京低地西部、隅田川から古隅田川以東の旧下総国葛西郡に該当する葛飾・江戸川・隅田・江東区域を東京低地東部、隅田川と古隅田川の間に位置する旧武蔵国足立郡に属する足立区域を東京低地北部として呼び分けて所論を進めていきたいと思う。

2　下町と東京低地

東京低地には、いわゆる下町と呼ばれる地域が広がっており、武蔵野台地の「山の手」に対して「川の手」とも呼ばれる地域でもある。その下町の範囲は、時代とともに変化していることに留意しなくてはならない。

江戸時代の下町は、はじめ神田、日本橋、京橋を中心とした隅田川西岸地域の一部を指していたが、江戸時代も後半になると次第に下谷、浅草も下町に組み込まれ、さらに隅田川東岸の本所、深川までも含めた地域を呼ぶようになった。近代になって隅田川以東の市街地化が進み、現在では葛飾、江戸川、足立区を含めた地域も下町として包括されている。つまり、現在では江戸時代に下町に含まれなかった都市周辺部の近郊農村地域が、江戸東京の都市拡張に伴い下町の範囲に組み込まれたことになる。

平成二四年（二〇一二）の東京スカイツリー開業以来、東京下町という言葉が宣伝等で強調されているが、今日的な下町地域とは、地理学的な区分によるところの「東京低地」と呼ばれる低地帯とほぼ同じ広がりを持っている。東京低地という名称については、下町低地とか東京下町低地、東京東部低地とも呼ばれることがあり、混乱が生じているようである。

貝塚爽平氏によると、東京東部は地理的に江戸城をとりまく武家屋敷と寺社がしめる山の手と、町屋がひしめく下町からなり、地形的には「山の手台地」と「下町低地」からなり、さらに「下町低地」が明確でないので、その範囲について「武蔵野台地と下総台地にはさまれた低地を東京低地、多摩川ぞいの低地を多摩川低地、武蔵野台地と大宮台地にはさまれた荒川ぞいの低地を荒川低地と呼ぶことにする」［貝塚一九八七］と述べているように、下町低地、東京下町低地、東京東部低地などと呼称するのではなく、「東京低地」と呼称すべきである。

江戸時代以降、下町の範囲は拡張し続けており、歴史的に下町をテーマに研究する場合、あらかじめ何時の時代・時期の下町を取り扱っているのかを明確にする必要が生じる。歴史的に下町の範囲を扱うには、そのような繁雑さが伴うため、東京低地という地理学の用語を用いることにしている［谷口一九九五］。

3　縄文海進と失われた台地

東京低地が形成されたのは、今から一万五・六〇〇〇年程前、日本では土器と弓矢が出現し、旧石器時代から

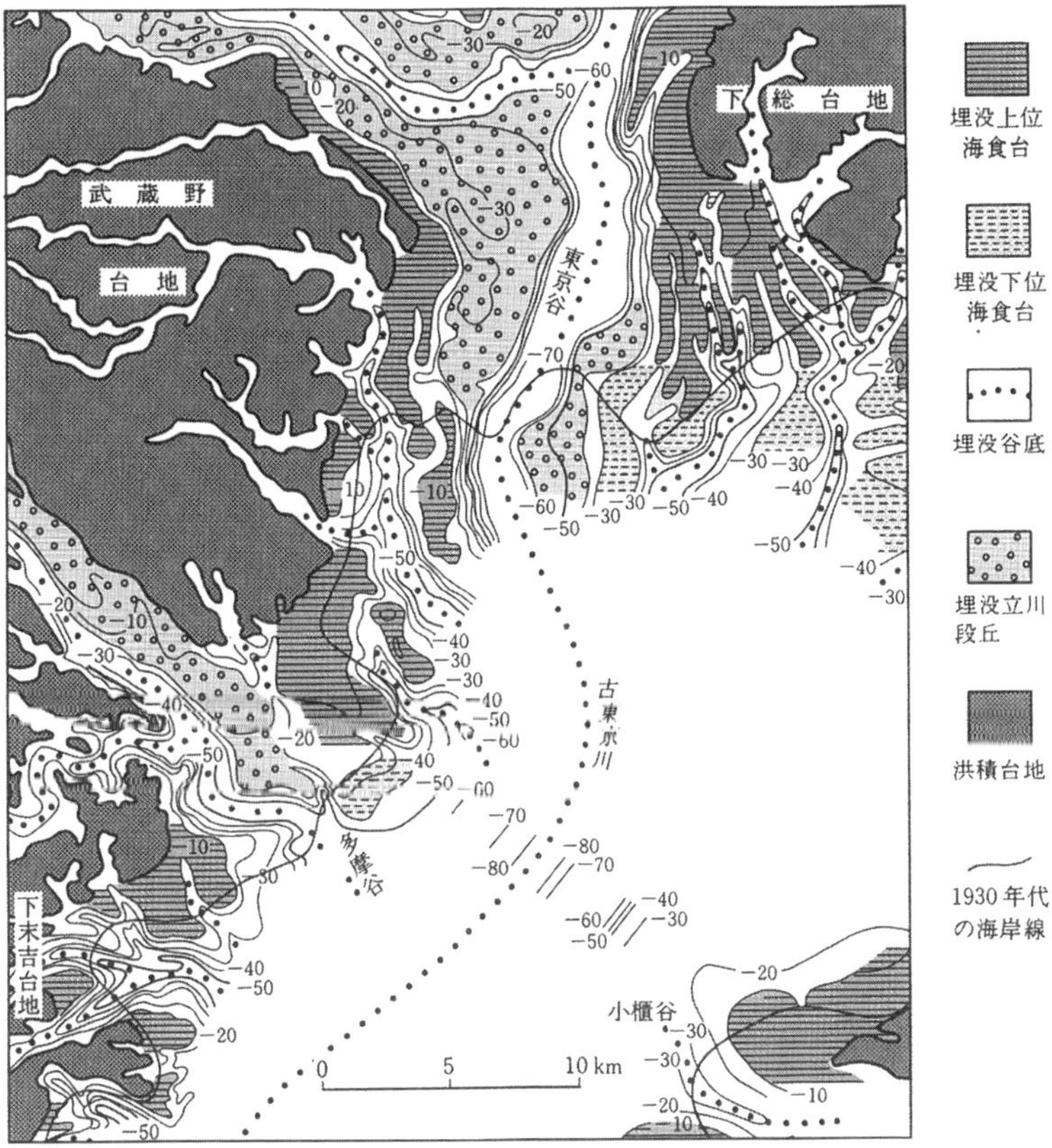

図2　東京湾岸の沖積層基底の埋没地形図

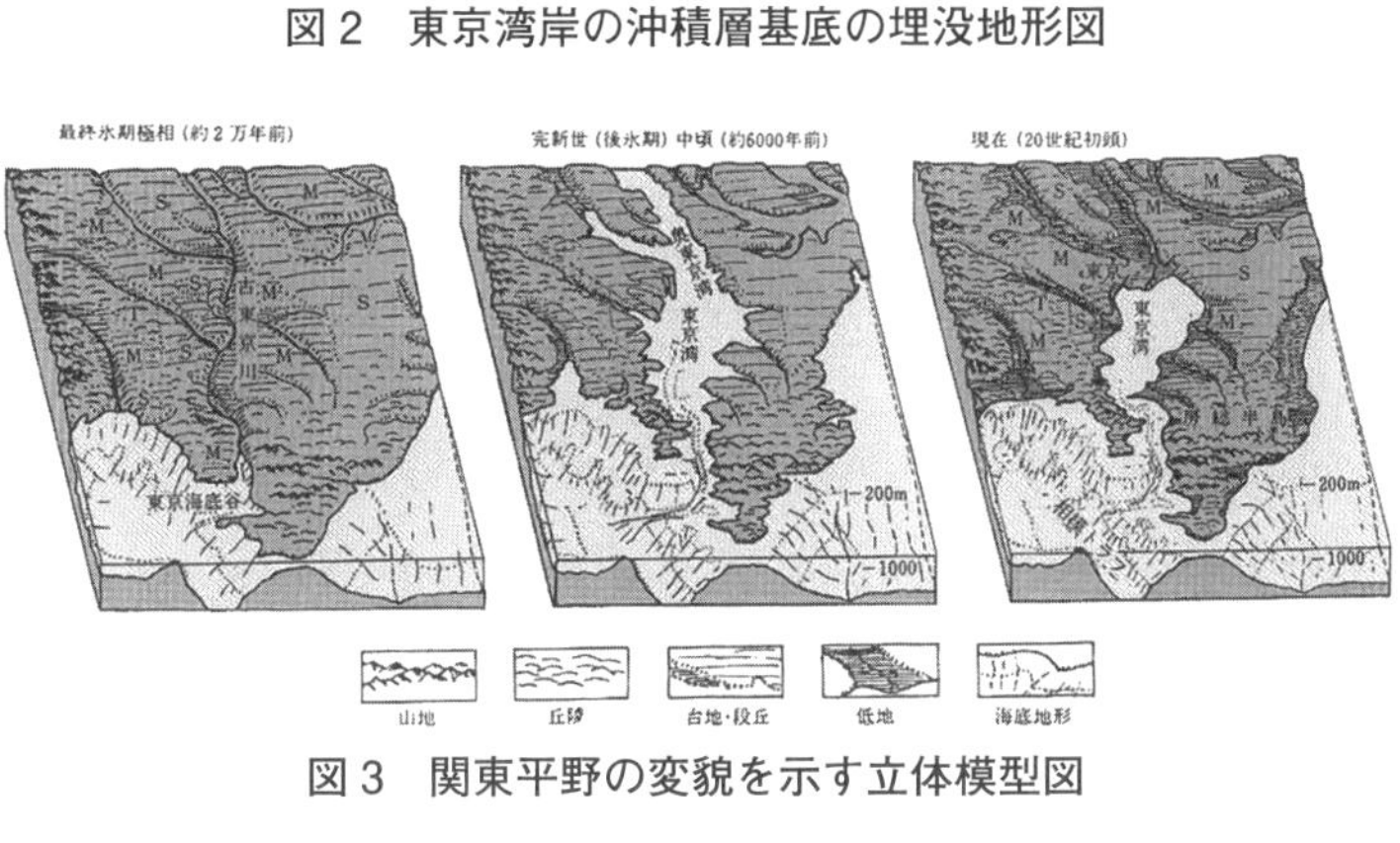

図3　関東平野の変貌を示す立体模型図

図４　江戸川区興宮から出土した縄文土器と自然遺物

中村進氏によって昭和25年に中川放水路開削工事中に採集された資料。縄文早期末葉の条痕文系土器（左上２点）のほか、シカ下顎骨やクルミなどがある。

縄文時代へと移行してからである。縄文時代以前の旧石器時代には、東京低地は形成されておらず、葛飾区の荒川放水路辺りで現在の地表から地下五〇～六〇メートルの所が当時の地表面であった。今から二・三万年前頃は、地質学でいう第四紀更新世の最終氷河期にあたり、地球規模で海水面がおよそ一〇〇メートルも低下したといわれている時代である。今の東京湾は海水で満たされた湾ではなく、大きな谷地形を呈し、谷の底には関東各地の河川から水を集めた古東京川が流れ、現在の浦賀水道あたりで海へ注いでいた（図２・３左）。

その後、地球の気候は温暖化に向かい、それと共に海水面が上昇し、海岸線が徐々に内陸部へ入り込んでいった。この海水面の上昇に伴う海岸線の進行を縄文海進と呼んでいる。今から七〇〇〇年前の縄文時代前期にはそのピークを迎え、埼玉県川越や茨城県栗橋の川筋まで海水が浸入し、関東地方の奥まで海が入り込んで奥東京湾を形成する（図3中央）。縄文海進により海水面は、場所によっても数値は異なるが、三メートル以上も上昇し、この頃には、東京低地の地域は海原となっていた。しかし、旧石器時代から急に海に没したわけではない。縄文時代の始まりから縄文時代前期までの長い時間をかけて海水面が上昇したのである。

その辺りの状況は、江戸川区興宮（図4）、葛飾区柴又河川敷遺跡、北区中里遺跡、港区汐留遺跡などが物語ってくれる［谷口一九九七］。江戸川区興宮からは、縄文時代早期末葉の条痕文系土器が出土しており、後に東京低地が形成される地域でもすぐに海の影響が及ばず、その頃までは生活の場として利用できる場所が存在していたことが推察される(1)。

また、葛飾区柴又河川敷遺跡（図5）、北区中里遺跡（図6）、港区汐留遺跡（図7）からは、縄文海進によって削られた波食台や波食崖が発見されている。これらの波食台や波食崖のうち、柴又河川敷遺跡は下総台地、中里・汐留遺跡は武蔵野台地の基盤層であり、旧石器時代から縄文時代早期頃まで、両台地が東京低地側に張り出していたことを示している。

葛飾区辺りでも、江戸川西岸の柴又まで張り出していたことが判明しており、波食台は江戸川河川敷西岸のグランド付近で地下二メートル前後の深さに位置している。縄文海進による影響は海水面の上昇による海岸線の進行だけでなく、台地を浸食し、武蔵野台地東縁の上野から赤羽、下総台地西縁の市川から松戸に見られる直線的な崖線を形作ったのである。

図５　柴又河川敷遺跡で露呈した波食台

図７　汐留遺跡の波食台

図６　中里遺跡の波食崖

4　縄文海退と東京低地の形成

縄文時代前期を過ぎると、地球の温暖化現象は安定し、次第に気温を下げ、海水面が低下して海岸線が後退していく。それとともに、河川の上流から土砂が運ばれ、海だったところを埋めていく沖積化が促される（図3右）。この時代を地質学的には完新世と呼んでいる。東京低地は、この沖積化によって陸化が促されて形成された（図8）。

武蔵野台地直下の北区中里貝塚の発掘調査によって、海進後の環境変遷が明らかになっているので、ここではその調査成果から陸化の様子を確認しておきたいと思う［北区二〇〇〇］。武蔵野台地東端部では、縄文海進によって波の浸食により波食台が形成されたが、中期の初め頃、海退によって海が退き、泥っぽい干潟となり、カキ礁が形成される。中期の中頃になると、海岸線に沿ってカキ主体の貝塚の形成が始まり、中期後半から後期初めにかけて貝塚が形成されている。

今のところ、中里貝塚などから隅田川以西の東京低地西部では中期に海退による海岸線の後退による陸域の広がりに伴い、生業活動の場として取り込まれていく様子が確認されているが、低地に集落を営むことはせずに台地上を居住空間としていた。

縄文時代後期には、東京低地西部だけでなく、東京低地北部の縄文時代後期以降の遺物の出土が認められており［佐々木二〇〇二］、後期以降に陸化して活動領域として組み込まれていくことがうかがえる。しかし、遺物のみの出土で、遺構の確認はされていない。中里貝塚に比べると、その活動のあり方は希薄といえる。

縄文の海退以降、海岸線が後退し、徐々に陸域を広げつつあった東京低地であるが、陸化を促したのは、主に上流部から土砂を供給した利根川と荒川という二大河川の影響が大きいといわれている。利根川と荒川は、地殻

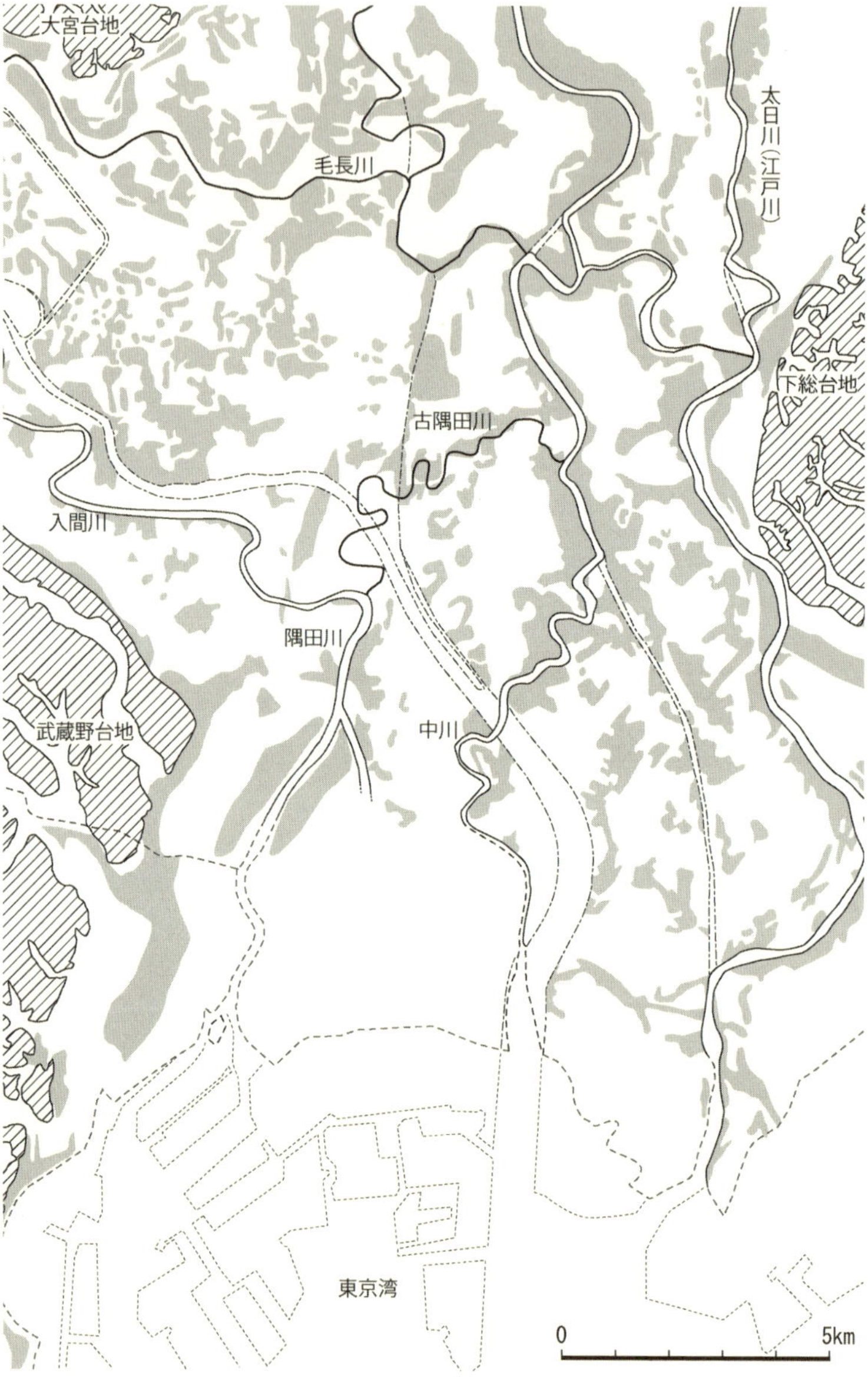

図 8　東京低地の地形分類図（アミの部分が微高地を示す）

変動や海面変動の影響を受けながら土砂を下流へと供給して陸域を広げ、東京低地の上流には、大宮台地の北に加須低地、西側に荒川低地、東側に中川低地が形成される［大矢二〇〇三］。

中川低地には、利根川筋、元荒川筋、江戸川（太日川）筋が流れ、下流部に自然堤防を形成する。時代とともにこれらの河川は流路を替えていくが、自然堤防の形成する安定した時期の河道を復元すると以下のように考えられている。利根川筋は、埼玉県川俣で三つに分流し、南側を流れる会ノ川が幹流であったと推定されている。会ノ川は、埼玉県加須から埼玉県川口を経て、古隅田川筋に入り、埼玉県杉戸・春日部を流れて、埼玉県吉川で元荒川と合流し、葛飾区亀有で中川筋（葛西川）と古隅田川筋に分流し、古隅田川は足立区三俣で入間川と合流して隅田川となって海に注いでいた。

江戸川筋は、渡良瀬川が古河から権現堂川、そして今の江戸川筋（太日川）へと連絡し、庄内古川を経て金杉で江戸川に流れ、浦安の先で海へ注いでいた。

荒川低地では、荒川に沿って自然堤防が形成され、毛長川流域に大きな自然堤防が発達している。近年の土壌分析等で、この自然堤防の土壌のなかに利根川上流の赤城・浅間を起源とする火山噴出物が含まれていることが確認されている［大矢二〇〇三］。利根川筋は、時には氾濫などによって、ある時期には加須低地や元荒川筋へ流れることもあった。

荒川や利根川の上流からの土砂の運搬によって、今から二〇〇〇年前の弥生時代には、東京低地東部も陸化が進行したと考えられている。葛飾区葛西城跡青戸七丁目一四番地点において微高地の基盤層を成す粘土層の年代測定を行なった結果、一九二〇±一二〇（A.D.三〇）の年代値が得られている［谷口一九八七］。年代測定を行ったサンプルの粘土層は、中央が植物等の有機質が分解してできた黒色を呈し、その上下が灰色を基調とするサンドイッチ状のもので、中央の黒色部分を試料とした。今からおよそ二〇〇〇年前に植物が繁茂できる環境が形成されてきた様子が明らかとなった。微高地の基盤となる粘土層の上には、陸域の地表面を形成する酸化が進んだ黄色味を帯びるシルト層が堆積している。葛西城跡の下には、御殿山遺跡と呼び分けられている古代の遺跡が所在しているが、御殿山遺跡で人間活動が開始される生活面は、このシルト層上面であり、その時期は弥生時代終り頃から古墳時代前期頃、つまり三世紀頃にあたる。

東京低地東部で人間活動が活発になるのは、御殿山遺跡と同じ弥生時代末から古墳時代前期にかけてである。葛飾区鬼塚遺跡、江戸川区上小岩遺跡、墨田区国技館などから当該期の資料が発見されている［谷口一九九七］。江戸川区上小岩遺跡からは、弥生時代中期の甕形土器の底部破片が採集されており［熊野・秋元一九九九］、現時点では東京低地東部における最も早い人間活動の痕跡となる(2)。また、同遺跡や御殿山遺跡から弥生時代後期に相当する資料が得られているが、土器のみの出土で住居跡や井戸などいわゆる遺構を伴わない。

このことは、東京低地東部が弥生時代中期以降に人間活動の場として取り込まれるようになったが、住居などを造って定住するまでには至らなかったことを示していよう。つまり、定住にはまだ適さない環境を呈していたものと理解したい［谷口一九八八・一九九七］。

東京低地東部で安定した生活環境が整ったのは、弥生時代終り頃から古墳時代前期頃と考えられる。御殿山遺跡では住居や井戸、畑跡などが造られムラが形成されている。

5　人間活動の空白期と平安海進

東京低地東部は、古墳時代前期以降、連綿と断絶無く人間の営みが続けられてきたわけではない。古墳時代中期の遺跡が東京低地東部には確認されていないのである。興味深いのは、東京低地北部と西部では、北区神谷遺跡や足立区伊興遺跡など古墳時代中期の遺跡が確認されており、隅田川を挟んで当該期の遺跡の分布が極端な様相を示していることである［谷口一九八八］。

東京低地東部に遺跡が見あたらないというのは、古墳時代中期の生活の営みが今のところ認められないということになる。その要因については、現段階ですぐに答えを用意できないが、葛飾区御殿山遺跡での古墳時代前期の遺構内の埋没状況は、その鍵を握るものかもしれない。遺構内の土層を観察すると、土砂が短時間に流入して埋没した状況がうかがえるものがいくつか認められ、恐らく洪水等によって被害を被ったものと考えられる。上流部の火山噴火も含め、災害や河道変化等によってもたらされた洪水によって、生活環境が悪化したことが、ムラの終焉に至った可能性は無いだろうか。この問題は、当然のことながら政治的な面も含め多角的な議論が必要であるが、「災害」という問題を空白期が生じた要因を解くひとつのキーワードと考えたいと思う。

次の古墳時代後期になると、再び東京低地東部でも微高地上にムラが営まれ、葛飾区立石や柴又地域に古墳が造営されるようになる。一方、東京低地北部では足立区域のみ古墳時代後期の集落や古墳が確認されているが、東京低地西部では、当該期の土師器や埴輪片などの出土は知られるが、今のところ明確な古墳は低地部では確認されていない。集落についても台東区浅草寺や三好町遺跡から当該期の遺物が比較的まとまって出土している以外［谷口二〇一五］、考古資料は希薄である。

続く奈良・平安時代頃には、かなり陸化が進んで江東区亀戸、江戸川区葛西辺りまで海岸線が後退したと考えられる。奈良・平安時代も古墳時代後期と同様に、東京低地東部と北部は、引き続き微高地上を居住の場として集落が営まれているが、東京低地西部の中里遺跡では、奈良・平安時代の生活の痕跡は薄く、集落は未確

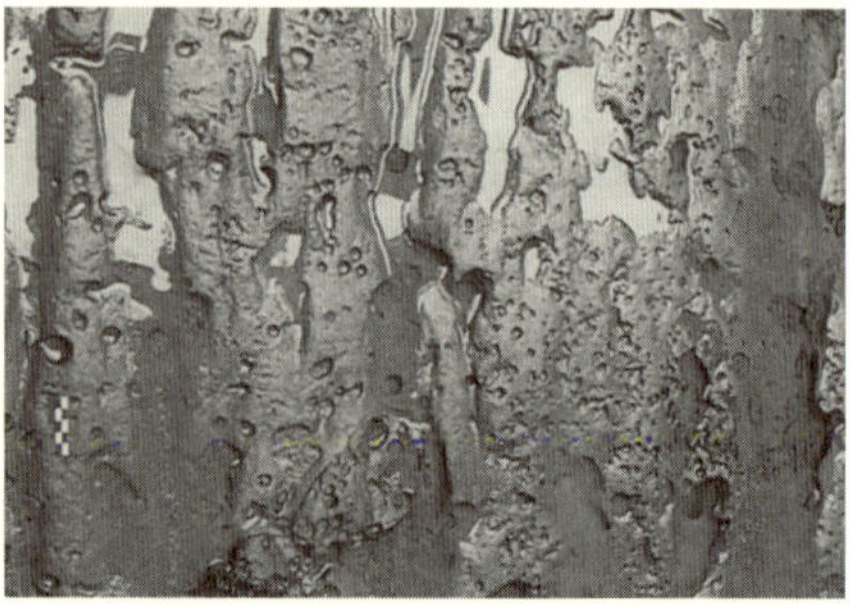

図９　柴又河川敷遺跡の波食台の表面に認められる下刻作用

認である。(3)

平安時代には、一時期海水面が上昇し、海岸線が入り込む平安海進が起こったとされている時期である。東京低地において、直接平安海進を裏付けるデータは薄いが、先に紹介した柴又河川敷遺跡の埋没波食台の表面には、下刻作用によって刻まれた南北方向の無数の溝が認められる（図９）。平安海進によって海岸線が太日川（現在の江戸川筋）をさかのぼって、柴又河川敷遺跡辺りまで入り込んでいたことを示すものとして注目される［谷口一九八九］。

６　中世以降

中世前半には、東京低地の大半が陸化をしたと考えられる。平安時代末から中世前半にかけて東京低地には、秩父平氏の流れをくむ武士団が進出している。東京低地西部は江戸・豊島氏、北部は足立氏、東部は葛西氏が開発を進めている。

中世後半になると、東京低地は隅田川以西の東京低地西部に扇谷上杉氏、以東の東京低地東部に山内上杉氏が勢力を張るが、一六世紀に入ると、東京低地は相模から進攻してきた小田原北条氏の勢力下に組み込まれ、北条氏の領国として開発される。天正一八年（一五九〇）八月、徳川家康の江戸入部によって戦国の世に幕が下ろされ新しい時代を迎える。

中世までは、河川による上流からの土砂の堆積によって陸化が進行したが、近世になると、江戸城と近世都市

図10　東京低地周辺の地形段彩図
今も埋め立てによって人工的な海岸線が形成されている。

江戸の建設が推し進められ、人工的な埋め立てによる造成工事や巨大都市江戸から出されるゴミ等も加わり、海岸線の改変が著しくなる。近・現代になって江戸が東京に変わっても都市生活に伴う大量のゴミ等の処分のため埋め立てが継続しており、陸域を拡大させている（図10）。

二　東京低地の景観と環境的特徴

1　孝標の女や宗長の見た風景

縄文時代以降に沖積化して形成された東京低地の景観を、人々はどのようにとらえていたのであろうか。ここでは古典や地誌を参考にして近世以前の古代・中世頃の東京低地の景観を探ってみたいと思う。

東京低地の景観について記した最も古い史料として、平安時代後期に著された『更級日記』

をあげることができる。

今は武蔵の國になりぬ。ことにおかしき所も見えず。濱も砂子白くなどもなく、こひぢのようにて、むらさき生ふと聞く野も、蘆おぎのみ高く生いて、馬に乗りて弓持ちたる末見えぬまで、高く生ひ茂りて、中をわけ行くに、竹芝といふ寺あり。

『更級日記』は、菅原孝標《たかすえ》の女によって書かれたもので、父の菅原孝標が上総国の任期が終えたので帰洛のために東海道を使った一行の旅の様子がつづられている。先の抜粋は、寛仁四年（一〇二〇）に下総国から武蔵国へ至る際のもので、これといって地形的にも面白味のなく、浜の砂も白くなく、武蔵野の名物のむらさきが生い茂ってもいないと落胆した筆運びである。ここでは、すでに知られているように、作者は武蔵と下総の国境となる川筋を間違えて、武蔵国へ入ったと思い込んでいるが、実際は太日川（現在の江戸川筋）から隅田川へ移動している時のものである。つまり、むらさき茂る野ではなく東京低地東部を道行く描写である。

メリハリのない地形は、まさに低地の地形そのものであり、東京低地の浜は白くはなく、黒い土壌である。それに武蔵野ではなくムラサキも生えていない。かわりに蘆荻が騎馬武者の持つ弓の高さまで生い茂っているという、およそ一〇〇〇年前の東京低地の景観が描写されているのである。

中世においても、永正六年（一五〇九）に、連歌師の宗長が著わした紀行文『東路のつと』に当時の東京低地の景観をうかがうことができる［長塚ほか一九八九］。

あしの枯葉の雪のうちはらひ、善養寺といふに落つきぬ、おもしろかりし朝なるべし、此処は炭薪などまれにして、芦を折りたき豆腐をやきて一盃をすすめしは、都の柳もいかでをよぶべからんとぞ興に入侍し、けふの暮程に会田弾正忠定祐の宿所にして、夕めしの後も色々のことにて夜更ぬ、明日廿五日とて連歌の催しに、「堤行野は冬かれの山路かな」市川・隅田川ふたつの中の庄也、大堤四方にめぐりて、おりしも雪ふりて、山路を行ここち侍りし也

このくだりは、宗長が舟で江戸から今井の津（江戸川区）へ赴き、葛西を訪れた際の記事である。市川（江戸川）と隅田川に挟まれた葛西には四方に大堤が築かれており、雪の降る堤を歩いた宗長は、川辺ではなく、まるで山路を歩いているかのように感じたようだ。この記述から当時の葛西は輪中のように堤に囲まれ、開発が進んでいたことがわかる。堤は洪水を防ぐだけでなく、堤上は道としても用いられ、低地にあって景観的には堤は目立った存在であったことがわかる。

2　「打闢きたる曠地」

次に、近世の地誌や紀行文から東京低地の景観について整理してみたい。ただし、天正一八年（一五九〇）の徳川家康の江戸入部以来、隅田川は以西の東京低地西部は近世都市江戸の建設により、開発が著しく進んだため、主にあまり開発の進んでいない東京低地東部、当時の武蔵国葛飾郡葛西領を舞台とした景観について考えてみたい。江戸時代、葛西の土地柄について、二島政行が著した『葛西志』（「葛西領総説」巻之一）に以下のようなことが記されている。

図 11　歌川広重『絵本江戸土産』「堀切の里花菖蒲」
あたり一面に咲き誇る花菖蒲は、絨毯のように平たく開けた土地に色を添えた。何も隔てるものがない眺望の利く景観が、この地域の特徴だった。

> 葛飾郡は、山林高低くなく、おしなべて水陸のうちひらけ、数里の間一望して盡すべし、もとより川にそひたれば、用水にとぼしからず、されば水田のみ多くありて、陸田は少なし、また土性肥たれば糞芥の力をかるに及ばず、中にも葛西の地は、御城下に近ければ、五穀の外にも菜蔬を植て、江戸にをくる、その利もまた少しとせず、か、る便利の地なれど、その地の高からざれば、夏雨秋霖の比は、や、もすれば水溢の患ひをまぬかれざるも、また利中の不利といふべし、なべてこの地水陸の便あり

『新編武蔵風土記稿』にも『葛西志』と同じようなことが記されており、葛西は開けた肥沃な土地で、水利も良く水田が多く、江戸が近いために五穀の外にも蔬菜類を栽培して

いると述べ、『葛西志』では土地が低いために、洪水の憂いはあるが、水陸の便が良いと記している（「葛飾郡之一　総説」『新編武蔵風土記稿』巻之二〇）。『葛西志』や『新編武蔵風土記稿』からも、葛西の土地柄は江戸に近く、低地ならではの平らな地勢に特徴があったことがわかる。

作者不明ながら寛政一二年（一八〇〇）の『鹿島詣文書』［葛生一九九五］にも、葛西について「打闢きたる曠地は、諸国になきよし承る」と記している。東京低地東部の葛西の景観的な特徴として、景色を隔てる障害もない土地の起伏の乏しい開けた土地、つまり「打闢きたる曠地」であることが指摘できる（図11）［谷口二〇〇四］。

3　「天然」を求めて

一八世紀以降、江戸に暮らす人々による江戸近郊への行楽が盛んになり、葛西と呼ばれた隅田川以東の地域にも多くの人が訪れるようになった。このような江戸で暮らす都市民が行楽によって気晴らしする行為を加藤貴氏は「延気」という言葉を用いて表している。加藤氏は、江戸近郊への行楽が盛んになる背景として、「一八世紀以降の江戸市民の広範な行楽行動の展開の背景には、江戸の都市化の問題と、都市民の自然観や都市的な信仰形態があった」と指摘し、「名所は、自然との交流や神仏との交感をつうじて、江戸市民に「延気」を約束してくれた」と述べている［加藤一九九九］。

葛西ならではの「打闢きたる曠地」が、江戸の都市民に好まれ、「延気」のために多くの旅人が杖を曳いている。『遊歴雑記』［葛生一九九五］を著した十方庵敬順は、葛西の景観を以下のように賞している。

「川を見、耕地を過、遠く望ミ近くながめ、天然の風景一品にして賞すべきの土地なりき」（初編之上　拾五　杵川浄光寺の御寿像）

「四方只深田のミにて、眺望又一品ありて面白し」（弐編之中　六〇　葛飾郡亀有村の引ふね）

「渺茫と打はれて目に障るものなく、田に畑に耕地の風色一品にして」（五編之下　三拾貳　葛飾郡新宿の駅川添の風景）

障害物もなく見晴らしの良い「打闢きたる曠地」に広がる耕地や景色など葛西の「天然」を褒め、「その土地〳〵の風色一転して道すがら鳥に愛花に浮れ、思いよらぬ勝景に慰ミてハ、寿命も延ぬべくと覚ゆ」（弐編之中六十　葛飾亀有村の引ふね）と遊歴の真理を披瀝している。

葛西は釣り場としても江戸の庶民に親しまれていた。例えば、天保四年（一八三三）に出版された『江戸名所図会』には、中川の春鱚《はるきす》釣りが江戸名物の一つとして、その情景を挿絵入りで掲載している。挿絵の上段には、春というのは寛文の頃、上総の伍大力の船頭仁兵衛がはじめたもので、その後、岩崎兵太夫という人が継承し、春鱚釣りが広く世間に広まったこと。鱚について、海に産するものを白鱚、川に産するものを青鱚ということ。型の大小によって名前があり、九寸以上を鼻曲がり、尺を越えるものを寒風と漁師が呼んでいることなど解説文が添えられている。春鱚釣りは、産卵のために浅瀬に来た鱚に竿を向けるもので、鱚は敏感な魚で魚信もさほど強くなく、それがかえって江戸の釣人を虜にした。江戸では秋鱚釣りも盛んに行われるなど、鱚釣りは江戸の勝れた娯楽として武士から庶民に至るまで親しまれていた。

中川は、春鱚以外にも江戸の人々にとって良好な釣場として知られていた。江戸時代の釣場ガイドブックともいうべき『東都釣案内図』（著者不明　天保四年）には、中川の両岸に沿って、ナ・ス・イ・マ・コ・シ・フ・ハ・ウ・テ・チ・タ・キ・ク・ホ・セと記号が書き込まれている。ナはナマズ、スはスズキ、イはイナ、マはマルタ、コはコイ、シはシラウオ、フはフナ、ハはハゼ、ウはウナギ、テはテナガエビ、チはコチ、タはタナゴ、キはキス、クはクロダイ、ホはボラ、セはセイゴの略で、どの魚がどこで釣れるのかを示したもので、多くのポイントが中川に所在していたことがわかる。

『釣客伝』〔岩本一九八〇〕にも、クロダイの釣場として、「立石」「木下川」（現在の東四つ木付近）「曲金」（現在の高砂付近）の地名が見え、江戸の川柳にも「かめ有へ行た釣人の菜を提げて」（「相合袴」一八ウ）、「鯰扣きの廻る木下川」（ケイ二七三一ウ）など、葛西での釣り風景を詠んだものが残されている。

図12　『江戸名所図会』「新宿渡口」

　また『江戸名所図会』の「新宿渡口」の挿図（図12）には、「此所を流れる丶は中川にして鯉魚を産す、尤も美味なり」と、名物として鯉が記されている。この葛西新宿は鯉だけでなく、文化一四年（一八一七）の村尾正靖の『嘉陵紀行』「半田いなり詣の記」〔葛生一九九五〕によれば、葛西新宿では中川で鱸もとれて客に出されていた。

『東都釣案内図』に見える魚類の多く

も汽水産であり、葛西の河川は潮の満干の影響によって汽水と淡水とが混じる水環境であった。南側を海に接している臨海部に位置する東京低地ならではの環境的特徴といえよう。

4　蘆荻と松

河川の多い東京低地では、葦（蘆・芦）は川辺の植生を代表する植物であり、先に紹介した『更級日記』にも記されていたように、古代から東京低地の景観を特徴付ける植物であった。また、宗長も「あしの枯葉の雪のうちはらひ」と枯れた葦の姿が寒々とした冬の川辺の風景を伝えている。さらに宗長は、『東路のつと』のなかで、「此処は炭薪などまれにして」と森林資源の乏しさを記している。享保一八年（一七三三）に加藤敬豊が隅田川の東岸地域の名所・旧跡・神社・仏閣などを見聞したものをまとめた『雨の舎』〔加藤一九九七〕にも、以下のような描写がみられる。

> 此辺の秋のけしき、ことに勝れて哀もふかく、淋しさも増りてこそ見ゆれ、武蔵野の草の原には様かハりて、田顔かち成野辺なれば、千草の花もすくなくして、虫の声さへたへ〲也、森林のまれなる所にて、隈なき月の田面に移りて心もすみ、穂に出る芦は尾花にまがひ、真菅に至る露の玉、袖吹かへる川風に、鳴子の音高く聞へ、雀の驚く、早田刈取し跡に、所得かほる仮の郡《ママ》、さながら写し絵にひとしきけしきなり

古刹浄光寺（木下川薬師）の所在する木下川周辺の描写がなされ、「森林のまれなる所にて」とあり、葛西は森林が発達しにくい低地ならではの環境であったことがわかる。

また、地形が平らなため、妨げるものがない見通しの利く景観であるがゆえ、木立が一際目立ち、江戸の旅人の目を止めたようだ。天保一二年（一八四一）に著わされた友田次寛の『小金紀行』〔葛生一九九五〕には、「皆田なり、はるかに木立ち見ゆ」と記し、文政五年（一八二二）の高田与清による『鹿島詣文書』〔葛生一九九五〕には、「葛西の浮洲の森を標的に」舟を漕いでいるとある。

『遊歴雑記』や『嘉陵紀行』によると、寺社には松や杉の他、木下川薬師近くには桜が植えられ、葛飾区金町の金蓮院には、南天の奇木や槙の大木など、寺社地やその周辺の樹木のことが記されている。これらの寺社の杜は、自然に森林が発達しにくい土地柄にあって、人為的に維持管理された樹木環境といえよう。

葛西には、寺社の杜とともに、臨海部の沖積地というこの地の風土に合った黒松などの銘木も存在していた。文化九年（一八一二）頃に著された『埋木花』〔葛生二〇〇〇〕には、「本所四ツ記通り上水堀　くよふの松」の大きな枝振りが絵入りで紹介されている。曳舟川沿いを通行する旅人にとって、「くよふの松」は良い目標物になったことであろう。目標物の定め難い平坦な低地にあって、葛西では銘木や寺社の杜は遠くからも見通すことのできる地域のランドマークとしての役割を果たしていたのである。

5　近代化と変貌する景観

江戸近郊の行楽地として、人々は「延気」を求めて葛西へ足を運んだ。しかし、江戸の人々を魅了した葛西の「天然」も、近代以降、都市域の拡大首都東京の近接地として都市化の波にのまれていくことになる。特に、明治四四年（一九一一）から計画が始まる荒川放水路の開削による沿岸地域のインフラ整備、大正一二年（一九二三）の関東大震災、さらに昭和二〇年（一九四五）三月一〇日の東京大空襲をはじめとする戦災からの復興などによって、東京低地北部や東部の開発は急速に推し進められることになる。

この近代以降の開発について景観的な視点を加味すると、東京低地の東部は大阪・名古屋とともに地下水の過剰揚水による地盤沈下地域として知られ、昭和四〇年代から高潮対策事業として防潮堤の建設がすすめられた。その結果、『東路のつと』とは異なる四方をコンクリートの堤防に囲まれた近代的な輪中地域という景観が形成される。

高度経済成長期までは、東京低地東部の輪中内は農耕地・池沼を保有する農村的景観を残存し、特に低湿地では蓮田や金魚の養殖池などが分布する東京都区部のなかでもユニークな景観が存在していた［舛田一九七〇］。しかし、高度経済成長期以降、高層建物の建設とともに宅地化が劇的に進行し、今では蓮田や金魚養殖池は江戸川区の一部に残存するだけで、農村的景観も葛飾・江戸川区内に島状に散在するまでに面積を狭めてしまった。


〈註〉
（1）発見当初は、研究者は上流から流れてきたものと注目しなかった資料である。所蔵されていた故中村進氏のご厚意により卒業論文作成時に実見する機会をいただいた。条痕文系土器の破片を観察すると、右手の破片の表面は磨滅しているが、左手の破片の遺存状況は良好であった。土器とともにシカの下顎骨やクルミなどの自然遺物がまとまって出土していることは、上流からまとまって流されてきた所産とは考えられず、発見された場所に埋没していたことを物語っている。縄文時代になってすぐに海水面が下総台地と武蔵野台地の間に侵入してきたのではなく、縄文早期末葉の頃にはまだ陸域が残され、生活の場として利用されていたことをこの興宮出土の資料は教えてくれている。奥東京湾が形成される前の東京低地の状況を知ることのできる貴重な資料といえよう。
（2）最近の調査で、台東区三好町遺跡（蔵前二丁目一六番地点）から弥生時代中期の土器が二点出土しているが、プライマリー

なものでなく、他所からの流入と捉えられている［台東区遺跡調査会二〇〇九］

（3）　浅草寺のご厚意で、浅草寺関連の発掘調査によって出土した資料を実見したところ、出土状況などは不明であるが七世紀頃の湖西産須恵器がまとまって出土している。また、最近の浅草周辺の隅田川右岸の微高地上から古墳時代前期や奈良・平安時代の遺物・遺構などが発見されている［谷口二〇一五］。浅草周辺で古代の資料が蓄積されてきているものの、まだ東京低地西部というエリアでの点的な様相で面的な広がりとはいえないが、今後の調査の進展をみて改めて検討を加えていきたいと考えている。

参考文献

岩本活東子編　一九八〇「釣客伝」『続燕石十種』第2巻　中央公論社
大矢雅彦　二〇〇三「東京低地の形成を考える　第1回　東京低地の地形と河川」『地理』通巻五七四号　古今書院
貝塚爽平　一九八五『日本の平野と海岸』岩波書店
貝塚爽平　一九八七『東京の自然史　増補第二版』紀伊国屋書店
貝塚爽平　一九九二『平野と海岸を読む』岩波書店
加藤　貴　一九九七『葛飾区古文書史料集一〇　かつしかの地誌1』葛飾区郷土と天文の博物館
加藤　貴　一九九九「江戸近郊名所への誘い」『大江戸・歴史の風景』山川出版
北区　二〇〇〇『国指定史跡　中里貝塚』2　北区教育委員会
葛生雄二　一九九五『葛飾区古文書史料集八　かつしかの紀行文』葛飾区郷土と天文の博物館
葛生雄二　二〇〇〇『葛飾区古文書史料集一三　かつしかの地誌2』葛飾区郷土と天文の博物館
久保純子　一九九三「東京低地の水域・地形変遷と人間活動」『防災と環境保全のための応用地理学』古今書院
熊野正也・秋元智也子　一九九九『上小岩遺跡』Ⅱ　上小岩遺跡調査会
古泉　弘・野苅家宏・柿崎良夫・森　伸一　一九八七『中里遺跡1―遺跡と古環境1―』東北新幹線中里遺跡調査会
佐々木　彰　二〇〇三「東京低地の形成を考える　第三回古代毛長川の変遷と遺跡の動態」『地理』四八―九　古今書院

台東区遺跡調査会　二〇〇九『三好町遺跡蔵前二丁目十六番地点』大成エンジニアリング
谷口　榮　一九八六『東京が海だった頃』葛飾区郷土と天文の博物館
谷口　榮　一九八七『葛西城址　葛飾区青戸七丁目一四番地点発掘調査報告書』葛西城址調査会
谷口　榮　一九八八「東京東部低地の遺跡について」『東京の遺跡』一九号　東京考古談話会
谷口　榮　一九八九『柴又河川敷遺跡Ⅱ』葛飾区遺跡調査会
谷口　榮　一九九四「序章　東京低地と葛飾」『東京低地の古代』崙書房
谷口　榮　一九九五「東京低地の中世遺跡」『東京低地の中世を考える』名著出版
谷口　榮　一九九七「東京低地の遺跡分布と特質」『江東区史』上巻　江東区
谷口　榮　一九九八「立石様研究ノート」『博物館研究紀要』第五号　葛飾区郷土と天文の博物館
谷口　榮　二〇〇〇「江戸一日にしてならず」『アサヒグラフ別冊　関東学発見―東国の内海世界へ―』朝日新聞社
谷口　榮　二〇〇四「東京低地東部の景観」『国立歴史民俗博物館研究報告』第一一八集　国立歴史民俗博物館
谷口　榮　二〇一五「歴史舞台地図追跡一六　家康以前のすみだ川　其の九」『地図中心』通巻五一七号
長塚　孝・中野達哉・小泉雅弘・吉田政博・井口信久・葉貫一樹　一九八九『葛西城XⅢ』第三分冊別刷文献史料・年表　葛飾区遺跡調査会
長塚　孝　一九九五「鎌倉・室町期の葛西地域」『東京低地の中世を考える』名著出版
西下經一校注　一九五七「更級日記」『古典文学大系　土佐日記　かげろふ日記　和泉式部日記　更級日記』岩波書店
花咲一男　一九九六『江戸魚釣り百姿』三樹書房
舛田一二　一九七〇「Ⅱ．葛西地域の開発と都市化」『北東低地帯文化財総合調査報告　第一分冊』東京都教育委員会
堀口万吉　一九八六「第四系　概説」『日本の地質3　関東地方』共立出版株式会社

第二章　東京低地への考古学的関心

一　近世の文献に記された地中の歴史

1　洪水と古銭・板碑

東京低地において歴史的な資料について関心が寄せられたのは、近世、それも一八世紀以降のことであろう。近世に著された地誌類すべてを探索しているわけではないが、例えば、安永九年（一七八〇）に大橋方長によって起稿された『武蔵演路』〔加藤一九九七〕という書物の青戸村の項には以下のような記事が見られる。

享和二戌年　栗橋権現堂村大水ニて堤打切水押入、葛飾郡幸手辺りゟ村々多く流失、葛西領中川土手押切、西葛西かさゐ川付村々流失、此節青砥村土手切所御普請有之、城跡と云地の土地を取り、土手築直造作ありし也、其時右城跡と云地ゟ古銭多く掘り出せし由、其銭文ハ　朝鮮通宝　嘉祐元宝・通宝　至道（通宝）乾元重宝　天勝元宝　元祐通宝　至和元宝等也この後段には、「青砥村古城跡といへる二残れる古碑の図」として文亀三年（一五〇三）の板碑の図が掲載されている。『武蔵演路』の記事に関連して、『武蔵国旧蹟』［加藤一九九七］にも享和二年（一八〇二）の秋、青戸古城跡の土手修理の時に、延徳三年（一四九一）と文亀三年の二枚の板碑が出土したことが記されている。これらの史料により、享和二年の洪水による土手の改修によって、青戸の古城跡から古銭が出土したことや板碑が存在することなどが知られていたことが確認できる。

昭和五五・五六年（一九八〇・八一）に実施された葛西城址第六次調査で、第八三号井戸から四七七一枚の渡来銭が一括出土しているが［古泉一九八三］、『武蔵演路』に「古銭多く掘り出せし由」とあることから発掘調査で確認された第八三号井戸以外にも、渡来銭を一括して埋める行為を行っていたことがわかる。

また板碑は、鎌倉時代から室町時代に造立された供養のための宗教的な記念物であり、関東の場合、秩父から産出する緑泥片岩を用いたいわゆる武蔵型板碑が分布している。葛西城の発掘調査でもこの武蔵型板碑が多く出土しており、東京低地のなかでも量的に際立った出土傾向を示している。出土板碑の造立動向などの分析を行う上で、『武蔵国旧蹟』などの江戸時代の地誌類の記事も重要なデータとなろう。

東京低地の板碑について、もうひとつ事例を紹介しておきたい。東京低地のうち江東区域には、近年まで板碑の所在が確認されないとされてきた。しかし、幕末の旗本天野政徳が著した『天野政徳随筆』に、亀戸の香取明神近くに板碑が立っていたことが図入りで紹介されている［墨田区役所一九七八］。天野が示した図を見ると、庚申供養のために大永七年（一五二七）に造立したもので、天蓋の下に阿弥陀三尊と仏具が配置され、さらにその下には「彦三郎小二郎、彦太郎、四郎五郎、八郎二郎、衛門二郎、左近太郎、小六、与太郎、彦三郎彦太郎」の九名の造立者名が刻まれている（図1）。残念ながらこの板碑の所在は、現在では確認できないが、中世の亀戸の状況を示す資料として注目される。

以上のように、今では伝世せずに所在が不明となってしまった資料なども、江戸時代の史料に記録されている場合もあり、本地域の歴史研究を進める上で近世の文献は重要な知見を提供してくれるのである。

図１　『天野政徳随筆』所載の板碑

2　史料に記された地域の歴史

個別な資料だけでなく、遺跡の基礎的な情報を得るためにも、近世の文献は重要な情報源となる。ここでは西葛西領青戸村（現在の葛飾区青戸）に関する地誌から、葛西城や青戸御殿に関わる情報を紹介してみたい。

一九世紀前半の文化・文政期に編纂された『新編武蔵風土記稿』の青戸村御殿跡（巻之二十三　葛飾郡之四）の項には、以下のような記事と図が載せられている（図2）。

葛西城蹟附。西青砥の内にて今杉林となりけれと、猶歩数九畝の貢税を除かれて遺蹟を残さしめらる、当時は構も廣かりしと見えて、今も四辺に上に載する大手以下の地名所々に残れり、此御殿は東照宮以来御遊猟の時御憩休息の所とせられしなれと、元是鎌倉将軍時代より要害を構て世々割拠せし所なり、相傳ふ當時青砥左衛門藤綱居住すと、然れとも藤綱は上総国青砥庄を領して在名を名乗しと云に當所は、其領地にて宿館なとを建し處にて常の居所にはあらさるへし、【小田原記】に、遠山丹波守は葛西城を守れりとあ

図2　『新編武蔵風土記稿』「古城蹟目撃図」

るのは当所の事ならん、又に遠山弥九郎葛西在城に付知行役御免とあるは、かた々北条番手の城なりしこと知へし。其後も猶存せしと見ゆ、村民所蔵の記に慶長年間東照宮青砥古城に渡御有て、百姓藤右衛門を召御御殿番役を命せられしとあり。又【寛永日記】に十八年廿五日大猷院殿御遊の時新宿近所大戸古城御殿に渡せられ、隅田川に至り給ふと云、又村の記に明くる千九年古城残なく廃却せられ、跡に御殿を建らるとあり、想に御入国後有来れる砦を修せられて古城御殿なと唱へしを、ここに至て新に殿作に改させられしならん、或書に慶安二年三月七日荒川七兵衛・水上五兵衛二人葛西御殿奉行に命せらると云云、正保の国図に当村の所に御殿と気せりされは比頃まて猶御殿の存せしこと知らる、其後明暦三年に御殿を廃せられて其跡は大抵陸田となり、今僅に御坐所の跡のみを存せり（後略）

以上のように、『新編武蔵風土記稿』では中世文書や地元に伝わる関連文書などを参考にしながら、古城には青砥藤綱の館が設けられていたという伝承と、遠山丹波守が守備し、遠山弥九郎が在城した小田原北条氏の葛西城について、その後、慶長年間に御殿として利用されたことなど、葛西城やその後の変遷が詳しく紹介されている。

また、青砥藤綱の館とする伝承については「藤綱は上総國青砥庄を領して在名を名乗しと云に當所は、其領地にて宿館なとを建し處にて常の居所にはあらさるへし」と否定的な記述も加えられている。『新編武蔵風土記稿』の記事は、葛西城跡及び青戸御殿の調査研究を進める上で、研究史として踏まえておくべき情報であるばかりか、研究のはじめは一連の記載内容の検討から取り掛かるべきであろう。考古学研究といえども、遺跡や考古資料の所在する地域の地誌類は目配りをすべき必須の資料なのである。

二 『武蔵野』と関東大震災

1 「此近傍ハ近代迄海底タリシヤ明カナリ」

近代において、東京低地に所在する遺物・遺跡について学問的関心が持たれるようになったのは明治の中頃からである。明治一九年（一八八六）一一月、第二四回東京人類学会の席上に於いて、若林勝邦氏によって「石棒ノ比較ニ就キテ」という題で講演が行われ、武蔵国葛飾郡立石村（現在の東京都葛飾区立石）の熊野神社に御神体として安置されている一個の石棒を紹介批評しているのが嚆矢と思われる。

若林氏は、講演の翌年の明治二〇年に『東京人類學會報告』に、「立石村の石棒」と題する研究を発表している［若林一八八七］。当時の東京低地に対する学問的な関心のあり方を知ることができるので、報文の一部を引用してみよう。

（前略）神髓卽チ石劍ヲ見ルヲ得タリ。春日井氏ノ開扉ニヨリ熟視スレバ、石劍卜稱スモノハ即石棒ナリシ。（中略）然ルニ本社ハ前ニ中川ノ堤ヲ控ヘ、堤下ハ一面ノ低地ナル所ニアリ、近傍高地無シ、況ヤ石器ヲ出スベキ所ヲヤ。否、此近傍ハ近代迄海底タリシヤ明カナリ。而シテ此地ニ祭リアルハ最モ疑フベキノ一點ナリ。（後略）

以上の記述から知られるように、若林氏はこの熊野神社のご神体の石棒について、この地域は最近まで海の底であり、その新しく形成された低地に存在するということで疑問視している。この石棒の真偽は別にして、「此近傍ハ近代迄海底タリシヤ明カナリ」と明記されていることから、このような認識が当時の研究者の間でも支配的であったことがこの報文からも理解できよう。

ただし、台地に近い低地部では、必ずしも有史以前の遺跡の存在を頭ごなしに否定的に扱っていたわけではない。前章で紹介した北区中里貝塚について、若林氏の講演が行われた同じ明治一九年に、白井光太郎氏は『東京人類學會報告』に「中里村介塚」と題して報告を寄せ、中里貝塚は一般的に見られる台地上ではなく低地に所在し、土器の出土は見られるが石器が出土しないことを指摘し、「本邦考古學ニハ最樞要ナル一介塚」として注目している［白井一八八六］。その後も多くの学者が自然貝層であるという見解も含め、中里貝塚について報告を行っているが、「本邦石器時代ノ遺跡中最モ其説明ニ困難ナルハ武藏國北豊島郡中里村介塚ナリ」と指摘され

るように［佐藤・鳥居一八九六］、人工的な貝塚なのか自然貝層なのか中里貝塚の扱いに苦慮しているようすがわかる。(1)

2　低地への眼差し

大正期から昭和の初め頃になると、山中笑［山中一九〇〇］、鳥居龍蔵［鳥居一九二〇・一九二一・一九二四a・一九二六・一九二七］、村高擔風［村高一九一五］、小松真一［小松一九一九］、大里雄吉［大里一九二〇］等の諸氏によって本地域の踏査などが行われ、その成果は主に雑誌『武蔵野』の誌上に発表されてきた。

この頃になると、「從來石器時代の遺跡としては臺地の方にのみ注意を拂ひ此の如き低地は全く顧みることはなかつたものである。けれども千住の北の方とか葛飾地方にも土器の出ると云ふことだから、(2)是からは低地の研究にも注意をしたら先史考古學上の面白い事實を發見する手掛りとなりうるかも知れぬ」［村高一九一五］とか、「荒川に沿ふた斯る低地に遺蹟の存在する事は、(3)その當時既に此邊が干潟なり、島（州）なりになつて人の住居するに差支えなかつたことを意味するもので、洪積層の高台上のみ住居を營んで居た時代との比較上面白い事實であろうと思ふ」［大里一九二〇］というように、若林勝邦氏の頃と比べると、低地への関心度は高まりを見せ、台地と低地という異なった立地環境での生活の違いなどについても注意されるようになってきたことがわかる。

しかし、当時の研究の状況としては、取り扱った資料の多くは、発掘調査からではなく偶然採集された遺物の紹介にとどまっていた。そのような状況にあって鳥居龍蔵博士は本地域の考古学的研究を積極的に展開した先駆的な研究者として特筆される存在であろう。

鳥居博士は、『武蔵野』に発表した報告などを基に、大正一三年（一九二四）『武藏野及其周圍』、昭和二年

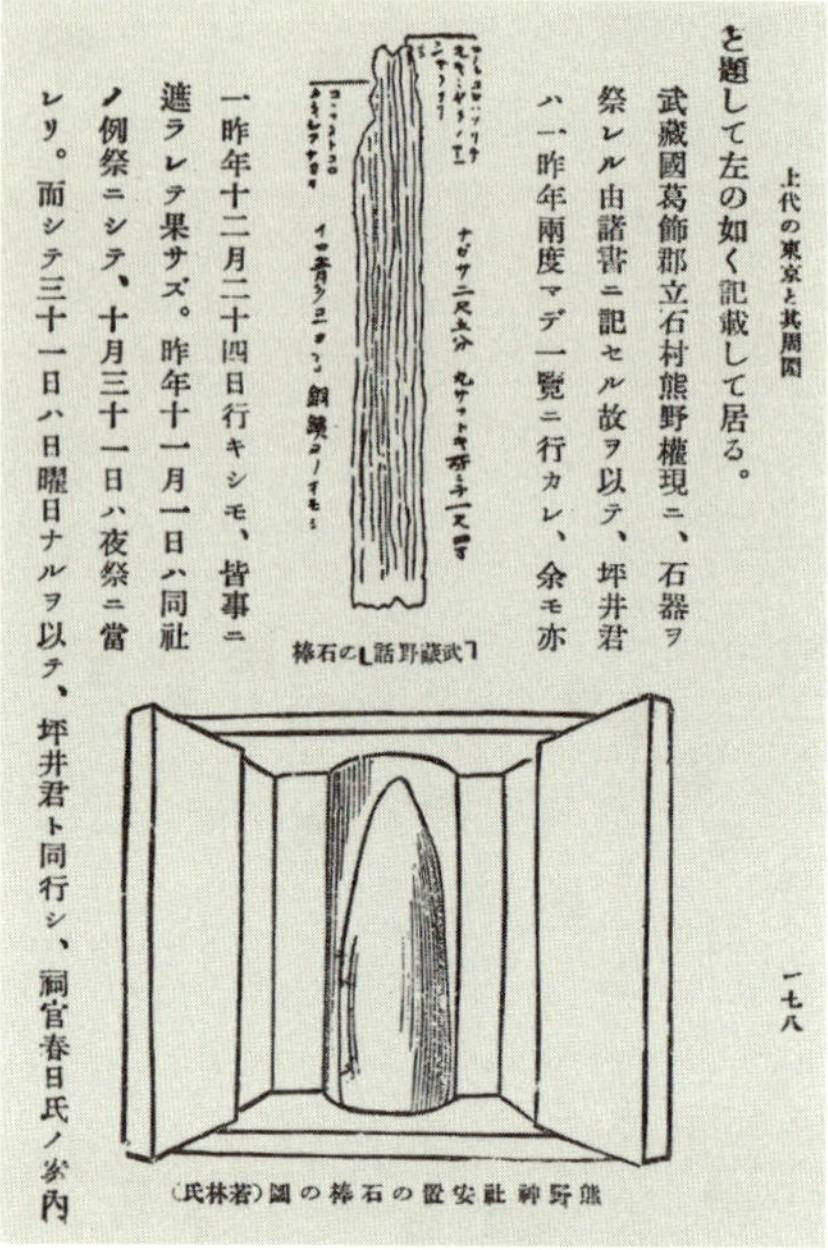
上代の東京と其周圍

と題して左の如く記載して居る。

武藏國葛飾郡立石村熊野權現ニ、石器ヲ祭レル由諸書ニ記セル故ヲ以テ、坪井君ハ一昨年兩度マデ一覽ニ行カレ、余モ亦一昨年十二月二十四日行キシモ、皆事ニ遮ラレテ果サズ。昨年十一月一日ハ同社ノ例祭ニシテ、十月三十一日ハ夜祭ニ當レリ。而シテ三十一日ハ日曜日ナルヲ以テ、坪井君ト同行シ、祠官春日氏ノ案內

「武藏野話」の石棒

熊野神社安置の石棒の圖（若林氏）

一七八

図３『上代の東京と其周圍』に
掲載された立石熊野神社の石棒の図

（一九二七）『上代の東京と其周圍』を著している。すべてが東京低地についての記述ではないが、著書二冊から低地関連の項目を抜き出すと、『武藏野及其周圍』には、第一部に「六、震災後江戸氣分を一掃された東京市所見」、「七、浅草の古墳（高塚）に就て」、「八、眞土山は高塚ならん」、「九、業平塚に就て」、第二部には「一、有史以前に於ける東京灣」と題して東京低地の主に古墳や縄文海進時の東京湾の様子について記している［鳥居一九二四b］。

『上代の東京と其周圍』では、「三　『江戸砂子』に見えたる古墳」、「六　梅若塚の感想」、「九　金杉橋附近から出た二個の土製網の錘に就いて」、「一〇　武藏野のメンヒル」、「一一　立石村の石棒」、「一二　立石村の埴輪土偶に就いて」、「一三　立石村附近原史時代の遺跡」などの東京低地に所在する遺跡・遺物を取り上げて私見を披露している（図３）［鳥居一九二七］。

その後、鳥居博士は昭和一〇年（一九三五）『武蔵野』に、「先史時代（或は原史時代）の下町」と題する論文を発表し、「東京下町の古代を研究する方法は地質学と考古学によりなされなければならない」と述べるなど、本地域での調査研究方法のあり方を明示している。ただ当時の研究の目的は、低地の古環境の復原に主眼が置かれ、

遺跡が存在する土地は、たんに海原の中の浮州や小丘と認識され、古代の人々はそこを丸木舟で交通し、漁業を行っていたというふうに片付けられていた。

第一章で述べたように、東京低地東部においては縄文海進後の縄文時代後期や晩期の生活の痕跡を示す確実な資料は確認されておらず、鳥居博士が紹介した吾妻森神社の加曾利B式土器や立石熊野神社の石棒は、本地域での縄文時代の生活を示す資料とは言い難いが、鳥居博士が報告した立石村の埴輪（南蔵院裏古墳）や立石様は、現在では本地域の古代史を解明する上で欠くことのできない資料となっており、本地域の調査研究の嚆矢として重要な位置を占めている。

3 関東大震災と武蔵野の面影

鳥居博士が取り組んだ低地の遺跡の研究の中で、いまひとつ注目すべき点は、関東大震災という大きな災害を東京の歴史を研究する上で格好な機会ととらえて積極的に調査を行ったことであろう。鳥居博士は著書『武蔵野及其周圍』のなかで「六、震災後江戸氣分を一掃された東京市所見」の項を設け以下のように述べている。

昨秋東京市の震災は殆ど全く下町を嘗め盡してしまつたが、之がために江戸を過ぎ去つて遠く昔の武蔵野に還つてしまつた。殊に月の明るい夜など、荒涼たる災害の跡を照らす光は実に物凄く感ぜらるる。更に又、下町即ち沖積層と高臺即ち洪積層との界が今回の災害によつてはつきり判つて來たのである。高い、氣の毒な犠牲を拂つて得たものとして実に貴い材料であり事実である。

また、『上代の東京と其周圍』の「一四　震災と東京府下の先史・原史時代の遺跡」でも当時の鳥居博士の気持ちがうかがえる記述があるので抜粋しておきたい。

今回の震災は實に大なる不幸にして悲しむべき極みではあるが、一方から見れば、此の高い犠牲が學問上大なる結果を與へたのである。即ち東京市に於て、これ迄人家が建て列なつて居つた爲め、其の附近の見えなかつた地形・遺跡の能く見えるやうになつた場所がある。殊に下町の總てが焼失して、目に遮るもの、ない關係上、沖積層一帯の平野は言ふに及ばず、東京灣までも見えるやうになり、遠い過去に歸つた状態となつて、殊に月の夜は物凄い光りが武蔵野を照す有様となつた。其の時何物も無い平野の内に、獨り淺草寺の堂塔の立つて居るのは、何となく『回國雑記』・『北國記行』等を讀むが如き感があり、又隅田川の三圍邊から淺草方面を見ると、伽藍が汀に近く立つて、古い時代の隅田の流れと相對し、何となく鎌倉・足利時代の面影が殘つて居るよ

図４『上代の東京と其周圍』の震災後の将門塚の様子

うな気がした。

東京市中は、明治以降の近代化によって開発が進み建物などが建ち並んで旧景や土地の起伏がわからなくなってしまった。それが震災でつぶれたり、燃えたりしたために視界が開け、元々の土地の起伏が露呈されたのである。

殊にこのような状況の中で、鳥居博士が注目したのは古墳であった。東京低地では、浅草寺境内、妙亀塚、本所牛島の業平塚、梅若塚、将門塚（図4）などを取り上げて報告している。これらの多くは復興のために湮滅したり、旧状を失ってしまったりしており、鳥居博士の報告はそれらの旧景を窺うことのできる貴重な資料となっている。

三　戦後の研究

1　昭和二〇年代から三〇年代

東京低地が考古学研究者の間で注目され活発に調査研究されるようになったのは、戦後になってからである。多くの調査研究がなされてきているが、ここでは後章での参考となるよう先史時代は割愛し、主に東京低地に集落が営まれるようになる弥生時代末以降の遺跡・遺物について平成以前の調査研究を概括的に紹介し、最新の研究は各章のなかで補っていきたいと思う。

戦後、昭和二〇年代から三〇年代は、東京低地でも本格的な考古学的調査が始動する。そのなかで台東区の浅草寺や江戸川区内の調査、足立区の伊興遺跡などが代表的な事例としてあげることができる。

昭和二四年（一九四九）に後藤守一、甲野勇、稲村坦元、古江亮仁、網野宥俊の諸氏による浅草寺の小規模な発掘が行われている［稲村一九五〇］。その後、昭和二六年の本堂再建工事にも鎌倉期をはじめとする多くの瓦が出土し、浅草寺創建や変遷を研究する資料として注目を集めた［網野一九六二］。

江戸川区では、茂呂修一、中村進、松平義人、中川磯吉各氏によって区内の踏査及び遺物の採集が積極的に行われ、昭和二八年に『江戸川区内遺跡発掘報告書』［茂呂ほか一九五三］として報告されている。また、中村進氏は上小岩遺跡の資料を精力的に収集して『上小岩遺跡の研究』としてまとめられている［中村一九六二］。

足立区内においても、西垣隆雄氏によって足立区伊興から滑石製勾玉、臼玉などの祭祀関係の遺物が多数採集されたことが契機となって、國學院大學の大場磐雄博士の注目するところとなり、昭和三二年に伊興遺跡の発掘調査が実施された。竪穴住居址と思われる遺構のほか、出土遺物には、弥生土器（後期）、古墳時代の土師器、須恵器、滑石製勾玉・剣形品、土製鏡、鏡、土錘などがあり、関東地方の代表的な祭祀遺跡として広く知られている［大場一九六二］。

2　可児弘明氏の調査研究

このほか昭和二〇年代から三〇年代において注目される調査研究として、可児弘明氏の業績がある。可児氏は、墨東五区が共有している低地帯という自然環境に早くから着目し、該当地域に所在する遺跡や採集された遺物を主に貝塚研究会報『貝塚』の誌上に紹介している［可児一九五一a・b・c・一九五三・一九五四］。

その後可児氏は、今までの先学や自らの研究成果を総合的に検討し、『考古学雑誌』に上・下からなる「東京東部における低地帯と集落の発達」という論文を発表している［可児一九六一a・b］。可児氏は、「水陸分布の変遷を、浅海底から沖積平野の地形進化の過程のなかに復原しつつ、古代文化と自然環境との関連性について述べるのが本稿の主目的である」とし、「沖積平野に分布する考古学上の遺跡の地理学的処理に関連して説明する方法」により論考を試みている。

当時の考古学界の研究レベルの水準の問題もあって、取り扱った遺跡や遺物については今日的に見ると再検討が必要なところもあるが、「漁網の副具である土錘の出土をみることが多く、地域的特色をなしている」とし、「本地域でもっとも盛行をみたのは、原史時代における網漁業であり、典型的な集団漁撈による漁業集落も認められる」と、考古資料から生業活動の特徴を指摘するなど、その方法によって得られた研究成果には興味深い見解が示されており、可児氏の研究は東京低地の考古学史上特筆される。

3　昭和四〇年代以降

昭和四〇年代になると、開発に伴う事前調査などの埋蔵文化財行政体制が確立されてくる。行政的にも、遺跡の所在や現状把握などが行われるようになった。昭和四二年（一九六七）には、東京都教育委員会が主体になり東京低地東部の文化財総合調査が実施され、その一環として大場磐雄、滝口宏、永峯光一氏によって考古学的調査が行われた。新たに発掘調査を行ったものではないが、周知の遺跡の概要が取りまとめられている［大場・滝口・永峯一九七〇］。

この時期は、日本考古学の調査研究の新しい潮流として、中世や近世という比較的新しい時代の考古学研

図5　葛西城第1次調査（左端 加藤晋平調査団長）

究が始動するが、東京低地においても中世考古学［中川一九六〇］や近世考古学［中川・加藤一九六九］の画期的な調査が行われている。

昭和四五年、戦災で焼失した浅草寺の五重塔を再建するに当たり、予定地の事前調査が行われることになり、藤島亥治郎博士を調査団長とした学術調査団が編成された。調査の結果、近世以前の遺構・遺物として、中世の池・井戸・火葬墓、多量の瓦（大きく分けて一三世紀と一五～一六世紀の二つの時期）・国産陶器（瀬戸・美濃焼、常滑焼）・板碑（一三〇七～一五〇二）・木製品・金属器類のほか、古代の土師器・須恵器などが出土しており、推古朝の創建と伝えられる浅草寺の「場」の古さと中世の栄華の一端を物語っている［藤島・大森・荒木・中川・加藤・田中一九七三、加藤一九七二］。

さらに、昭和四七年に東京の中世考古学は大きく進展することになる。葛飾区青戸に御殿山と称する所があった（公園の名称として現在も残っている）。この御殿山は青砥藤綱館跡とも小田原北条氏の葛西城跡とも伝承のある土地で、この地が環状七号線の建設予定地となったことから、関連機関の協議の末、伝承を確認すべく加藤晋平氏の指導によって遺跡の有無確認調査が行われることになった。昭和四七年に調査を行った結果、戦国時代の葛西城の存在が明らかにされ、古墳時代と中世を中心とした遺跡であることが判明した（図5）［加藤一九七二］。

その後、昭和五五年まで計六次にわたる調査が実施され、堀、溝、井戸、土坑、建物跡などの遺構のほか、陶磁器、木製品、石製品など多種多彩な遺物が多量に出土するなど、本地域の歴史研究に欠かすことができないばかりか、戦国時代の暮らしぶりを研究する上でも貴重な資料群となっている。

東京低地における浅草寺や葛西城の発掘調査は、まだ全国的にも広島県草戸千軒町遺跡や福井県朝倉館跡の調査が行われその動向が注視されていた時期でもあり、関東における中世の遺構・遺物を対象とした中世考古学の実践例として注目される。

中世考古学の実践とともに東京低地はいまひとつ考古学史に刻まれる調査がある。それは昭和五〇年に行われた千代田区都立一橋高等学校の発掘調査である。校舎改築工事中に多数の人骨が発見されたのが契機となって、近世の江戸という遺跡の存在が意識され、学問的にも昭和四五年に中川成夫・加藤晋平氏によって提唱された近世考古学が世に認識されることになった。

昭和六〇年以降になると、宅地などの開発事業が増大し、東京低地に所在する遺跡に関わる開発工事も多くなり、次第に都指導ではなく各区において埋蔵文化財への行政対応が急務となった。博物館・資料館の建設とも相俟って、東京低地に所在する区部での専門職員の配置が進められた。また、埋蔵文化財行政として対応の遅れていた中世以降の新しい時代の遺跡調査も近年増加してきている。特に近世の遺跡については、千代田区、中央区をはじめ、江東区や墨田区などでも武家屋敷などの調査も加わり、今まで考古学的に知られていない近世都市江戸の隅田川沿岸地域の実像が、出土した多種多様な物質資料によって明らかにされてきている。そのほか、近代以降も含め調査事例が増えてきており、本地域の歴史研究にかかせない多くの資料を提供している。

このほか、昭和の終わりから平成一〇年頃にかけて北区や台東・江東・千代田区などで区史編纂事業が行われている。気鋭の研究者によって最新の研究成果が地域の歴史に盛り込まれ、新しい地域史像が提示されてきていることを付記しておきたい。

〈註〉

（1）そのような状況は戦後まで続き、昭和三三年（一九五八）の和島誠一氏による発掘調査によっても判断がつかず、平成二・三年（一九九〇・九一）に実施された発掘調査によって、ようやくハマ貝塚という結論が導き出されている［中島・保阪二〇〇〇］。

（2）文中の「千住の北方」とは具体的にどこを指しているかは不明であるが、足立区伊興周辺の遺跡や古墳の可能性がある。また、「葛飾地方」は立石様や立石の古墳・埴輪などを指しているものと思われる。

（3）大正二年（一九一三）から始まる荒川放水路の開削工事によって地中から土器などの遺物が発見され、研究者の注目を集めている。大里氏は、熊野神社付近の開削工事中に出土した資料が岩淵小学校に保管してあると記している。また、岩淵水門の工事の際に完形の壺が出土している。現在も荒川下流河川事務所で保管している。発見当時は弥生土器とされていたが、実見したところ平安時代末の渥美焼きの壺の優品であった［谷口一九九八］。

参考文献

網野宥俊　一九六二『浅草寺史談抄』浅草寺
稲村坦元　一九五〇「浅草寺の創建と奈良文化」『武蔵野』第三一巻第三・四号　武蔵野会

大場磐雄　一九六二『武蔵伊興』國學院大學
大場磐雄・滝口　宏・永峯光一　一九七〇「葛西地区における考古学的調査」『北東低地帯文化財総合調査報告』第一分冊　東京都教育委員会
大里雄吉　一九二〇「水郷の有史以前」『武蔵野』第三巻第三号　武蔵野会
加藤晋平　一九七一「浅草寺私考」『物質文化』一八　物質文化研究会
加藤晋平　一九七二『東京都葛飾区葛西城址第一次調査概報』葛西城址調査会
加藤　貴　一九九七『葛飾区古文書史料集一〇　かつしかの地誌1』葛飾区郷土と天文の博物館
可児弘明　一九五一a「東京都新宿町遺跡調査報告」『貝塚』第二六号　貝塚研究会
可児弘明　一九五一b「東京都青戸御殿山遺跡」『貝塚』第三一号　貝塚研究会
可児弘明　一九五一c「東京新宿町の奈良時代遺跡」『貝塚』第三五号　貝塚研究会
可児弘明　一九五三「墨東五区の遺跡と遺物（上）」『貝塚』第四八号　貝塚研究会
可児弘明　一九五四「墨東五区の遺跡と遺物（下）」『貝塚』第五〇号　貝塚研究会
可児弘明　一九六一a「東京東部における低地帯と集落の発達（上）」『考古学雑誌』第四十七巻第一号　東京考古学会
可児弘明　一九六一b「東京東部における低地帯と集落の発達（下）」『考古学雑誌』第四十七巻第二号　東京考古学会
葛生雄二　一九九五『葛飾区古文書史料集八　かつしかの紀行文』葛飾区郷土と天文の博物館
葛生雄二　二〇〇〇『葛飾区古文書史料集一三　かつしかの地誌2』葛飾区郷土と天文の博物館
古泉　弘　一九八三『葛西城―葛西城址発掘調査報告』葛西城址調査会
佐藤伝蔵・鳥居龍蔵　一八九六「武蔵国北豊島郡中里村貝塚取調報告」『東京人類学会雑誌』第一一巻一二一号　東京人類学会
小松真一　一九一九「浅草伝法院の石棺と山谷の陶棺」『武蔵野』二―三　武蔵野会
白井光太郎　一八八六「中里村介塚」『人類学会報告』四号　人類学会
墨田区役所　一九七八『墨田区史　前史』
谷口　榮　一九九八「中世岩淵の景観」『文化財研究紀要』第一一集　北区教育委員会

鳥居龍蔵　一九二〇「真土山は高塚ならん」『武蔵野』第二巻第三号　武蔵野会
鳥居龍蔵　一九二一「有史以前に於ける東京湾」『武蔵野』第四巻第四号　武蔵野会
鳥居龍蔵　一九二四ａ「武蔵野のメンヒル南葛立石村の立石」『武蔵野』第七巻第二号　武蔵野会
鳥居龍蔵　一九二四ｂ『武藏野及其周圍』磯部甲陽堂
鳥居龍蔵　一九二六「立石の埴輪土偶に就いて」『武蔵野』第八巻第三号　武蔵野会
鳥居龍蔵　一九二七『上代の東京と其周圍』磯部甲陽堂
鳥居龍蔵　一九三五「先史時代（或は原史時代）の下町」『武蔵野』第二二巻四号　武蔵野会
中川成夫　一九六〇「中世考古学の諸問題」『地方史研究』第一〇巻第三号　地方史研究協議会
中川成夫・加藤晋平　一九六九「近世考古学の提唱」『日本考古学協会第三五回総合研究発表要旨』日本考古学協会
中島広顕・保阪太一　二〇〇〇『中里貝塚』北区教育委員会
中村　進　一九六一『上小岩遺跡の研究』私家版
藤島亥治郎・大森亮潮・荒木伸介・中川成夫・加藤晋平・田中　淡　一九七三『浅草寺発掘調査特集号』三一　浅草寺
村高擔風　一九一五「豊島の里」『武蔵野』第二巻第三号　武蔵野会
茂呂修一ほか　一九五三『江戸川区内遺跡発掘調査報告書』江戸川区郷土研究会
茂呂修一　一九五五『江戸川区内古代遺跡について―遺跡の現状と保存の急務―』江戸川区小学校教育研究会
山中　笑　一九〇〇「東京市中に瓦棺あり」『考古』一―五　日本考古学会
若林勝邦　一八八七「立石村の石棒」『東京人類学会報告』第二巻　東京人類学会

第三章　低地の開発と古墳の造営

一　東京低地への進出

1　海退直後の様相

今から六・七〇〇〇年前の縄文時代前期頃にそのピークを迎えた縄文海進も、その後、河川上流部からの土砂の運搬作用によって、海岸線の後退とともに陸化が促されていく。武蔵野台地直下の北区中里遺跡や同区中里貝塚の発掘調査によって、海進直後の環境変遷と人間活動の様子が明らかになっているので、ここではその調査成果から陸化の様子を確認しておきたいと思う。海進後、縄文中期以降の海退に転じてからの人間活動の様子や次第に海が退いて陸化していく環境変遷の一端が明らかとなっている［中島・保阪二〇〇〇、北区二〇〇〇］。

武蔵野台地東端部では、縄文海進によって台地の表層部が波による浸食を受け波食台が形成されていく。中期の初め頃になると、環境は安定し、海進から海退に転じて海が退き、泥っぽい干潟となり、そこにカキ礁が形成されるようになる。中期の中頃になると、中里貝塚では海岸線に沿ってカキ主体の貝塚の形成が始まり、中期後半から後期初めにかけてマガキのほかにハマグリも多くみられるようになる。貝層の上面には、後期の称名寺式土器が出土しており、この時期が貝塚形成の終了時期と報告されている。

この中里貝塚は、通常の台地上の貝塚とは異なり、土器や石器などの遺物やマガキとハマグリ以外の貝・魚類等の出土も少なく、大規模な貝類加工の専用作業によって形成されたハマ貝塚と呼ばれる極めて特徴的な貝塚である。中期から当時の海岸線に沿って帯状に貝が廃棄され、海岸線の後退とともに次第に前進し、その結果、貝層の堆積は、長さは最低でも五〇〇メートル以上、幅一〇〇メートル以上、厚さは一～四メートルに及ぶ大規模なハマ貝塚が形成された。

このハマ貝塚の西方に隣接する中里遺跡では、中期の独木舟や漁網の錘である土器片錘や石焼き料理に使われたと考えられる集石遺構のほか小規模な貝塚が形成されており、この付近も作業場や漁労基地的な場であった可能性が指摘されている（図1）［中島・保阪二〇〇〇］。

東京低地西部では、中里貝塚・中里遺跡以外で縄文海退以後の資料として、台東区浅草寺本堂下から縄文時代後期安行式の土器片が出土しているが、工事中の発見であり詳細は不明である［網野一九六二］。

縄文時代後期には、東京低地西部だけでなく、東京低地北部の縄文時代後期以降の遺物の出土が認められている。足立区内では大鷲神社境内遺跡（旧花畑跡）から縄文時代後期の土器の出土が報告されていたが、近年の調査で伊興遺跡・舎人遺跡から縄文時代後期・晩期の土器や石器、中曽根城跡から縄文時代晩期の土器が出土している（図2）。

東京低地東部では、鳥居龍蔵博士によって明治後半から調査が行われ、墨田区吾妻森神社の加曾利B式土器、立石様や立石熊野神社の石棒が縄文時代のこの地域の生活を示す資料として注目されていた(1)［鳥居一九二七］。しかし、吾妻森神社の縄文土器は永峯光一氏から疑義が示されている［大場・滝口・永峯一九七〇］。立石様は、古墳時代後期以降の所産と考えられており〔谷口一九九八〕、立石熊野神社の石棒とされる御神体も江戸時代の採集資料で、仮に縄文時代の所産だとしても、これのみをもって積極的に東京低地の縄文時代の生活を示す一次資料として扱うことはできない。それよりは、本地域が沖積地という石のない土地柄であるゆえ、石に対する信仰のあり方を示す所産として、立石様や立石熊野神社の石棒とされる御神体に注目すべきかと思う〔谷口一九九八〕。いずれにしても東京低地東部においては、縄文海進時の江戸川区興宮の資料以外、海退後の確実な史料は今のところ確認されてはいない状況である。

以上のように、東京低地地域は中里貝塚や中里遺跡の調査状況から、縄文中期以降の海退に転じて上流部から

図1 中里遺跡で露呈された縄文時代の渚跡

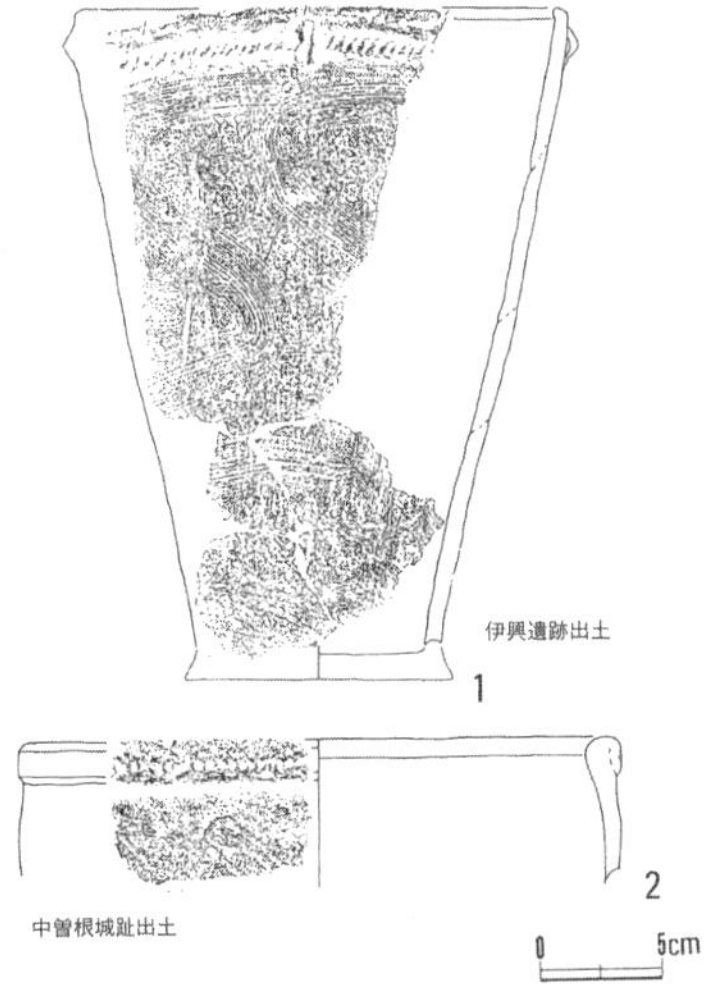

図2 足立区内出土の縄文土器

の土砂の供給によって陸域を広めていることが考古資料からも裏付けられる。しかし、海退後にはまだ集落が営まれる環境ではなかったものと思われる。

中里貝塚や中里遺跡の調査成果から、今のところ隅田川以西の東京低地西部において、中期には海退による海岸線の後退に伴う陸域の広がりに伴い、生業活動の場として取り込まれていく様子が確認できる。縄文時代後期まで活動が継続されるが、縄文時代晩期には活動の痕跡は見られなくなる。一方、縄文時代中期から後期には台地上に集落を営んでおり、低地にはまだ集落は営まれていない。

東京低地西部だけでなく、東京低地北部の足立区域でも縄文時代後期の遺物の出土が数地点で確認されており、後期以降に陸化して活動領域として組み込まれていくことがうかがえる［佐々木二〇〇三］。しかし、遺物のみの出土で、中里貝塚に比べると、その活動のあり方は希薄といえる。

2　集落の形成

次の弥生時代は、現在までのところ第一章で述べたように江戸川区上小岩遺跡で採集された弥生中期後半宮ノ台式土器の甕底部破片（図3）が最も古い足跡を示す資料となる。(2)

従来、上小岩遺跡の東方に位置する下総台地南西部では、当該期の集落の様相は不明であったが、最近調査された千葉県市川市国府台遺跡からは方形周溝墓の伴う環濠集落が発見されている［松本一九九八］［松岡ほか二〇〇二］。上小岩遺跡からは、一点採集されただけなので詳細は不明だが、国府台遺跡で環濠が営まれていた頃に、東京低地の東部、下総台地の西方に広がる低地帯に足を踏み入れた弥生人の足跡を示すものとして注目される。ちょうど同じ頃、下総台地の対岸の武蔵野台地の縁辺部上には、北区飛鳥山遺跡、道灌山遺跡、亀山遺跡などの環濠集落が営まれている。しかし、その台地下の低地で活動を示す明確な資料は第一章で述べたように確認されていない。

弥生時代後期になると、武蔵野台地上では弥生中期後半の環濠集落のなかでも中心的な存在だった飛鳥山遺跡から武蔵野台地の北東の突端に営まれた赤羽台遺跡の環濠集落へ拠点が移る。その頃になると、東京低地にも西部の北区中里遺跡、同区志茂遺跡、北部の足立区伊興遺跡、東部の葛飾区御殿山遺跡、江戸川区上小岩遺跡などから、弥生時代後期前半の久ヶ原式・弥生町式期の土器の出土が確認できる。

後期後半の前野町式期以降になると、東京低地西部には、中里遺跡や志茂遺跡のほかに新たに北区豊島馬場遺跡、荒川区町屋四丁目実揚遺跡が営まれ、武蔵野台地東端の崖線下から隅田川西岸に立地する遺跡や、さらに北・東部の低地に位置する伊興遺跡、御殿山遺跡、上小岩遺跡、北方に大宮台地を控えた伊興遺跡で当該期の資料が目立つようになる。

図３　江戸川区上小岩遺跡で採集された宮ノ台式土器

出土する土器も量的に多くなり、生業活動に使われる漁具の管状土錘の出土も顕著となる。遺物とともに遺構も検出されている。豊島馬場遺跡、伊興遺跡、御殿山遺跡、町屋四丁目実揚遺跡では、井戸、溝、方形周溝状遺構(3)などの遺構が確認されているが、特に豊島馬場遺跡からは一五〇基を越える大規模な方形周溝状遺構群が発見され、弥生時代末から方形周溝状遺構の構築が開始されて古墳時代前期に盛行期を迎えている［長瀬二〇〇〇］。

また御殿山遺跡では、竪穴建物や掘立柱建物、方形周溝状遺構、畑跡

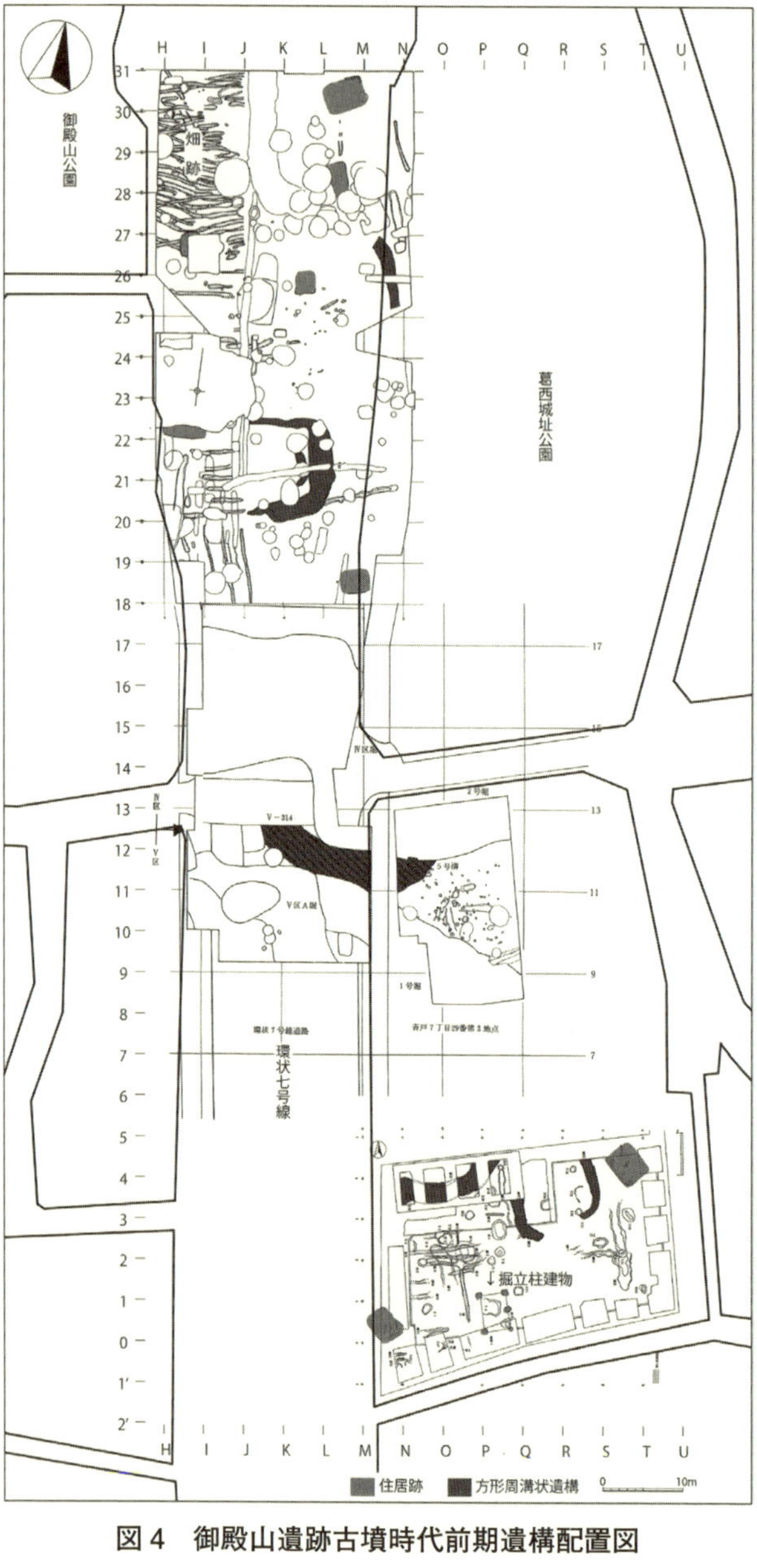

図４　御殿山遺跡古墳時代前期遺構配置図

も確認されている（図4）。この時期の東京低地に営まれた集落は、古墳時代前期まで継続して営まれるのが特徴であり、これらの集落は東京低地でも拠点的集落としてとらえることができよう。

以上概観したように、弥生時代後期前半から、台地上から眼下に見渡せる新たに出現した東京低地への進出が強まる傾向が認められる。武蔵野台地上では弥生時代後期から集落の拡大・分散傾向を強めており、その動きと連動する広大な未開発地を生活領域に組み込もうとする動きとしてとらえることができよう。

ただし、低地の遺跡の状況を確認すると、弥生時代後期前半の志茂遺跡で確認された円形周溝状遺構については住居の可能性もあるが、他の遺跡では住居遺構が未確認で、土器のみの出土である。このことは弥生時代後期前半の動向として、生活領域の拡大を示しているものの、まだ低地で集落を営むなど定住には至っていない。東京低地は、縄文海退以降、自然堤防や砂州などの微高地が発達して陸域を広げていったが、潮の干満などによる陸域と水域の格差など、まだ定住するまでの自然環境が整っていなかったものと判断される。縄文海進以降、東京低地に再び集落が形成されるのは弥生時代後期でも終わり頃になってからのことである。

3　外来系土器と地域間交流

東京低地に所在する弥生時代末から古墳時代前期の遺跡から出土する土器を観察すると、在地産とともに他地域のいわゆる外来系土器の出土が同時期の台地上の遺跡に比べ、際立っている。東京低地で確認される外来系土器は、S字状口縁台付甕（以下S字甕と略す）と呼ばれる口縁部の断面形がアルファベットのSの字に似た特徴的な土器のほか、ヒサゴ壺、パレス壺と呼ばれる東海系が多く見受けられ、そのほか畿内及び北陸系の土器が認められる（図5～7）。

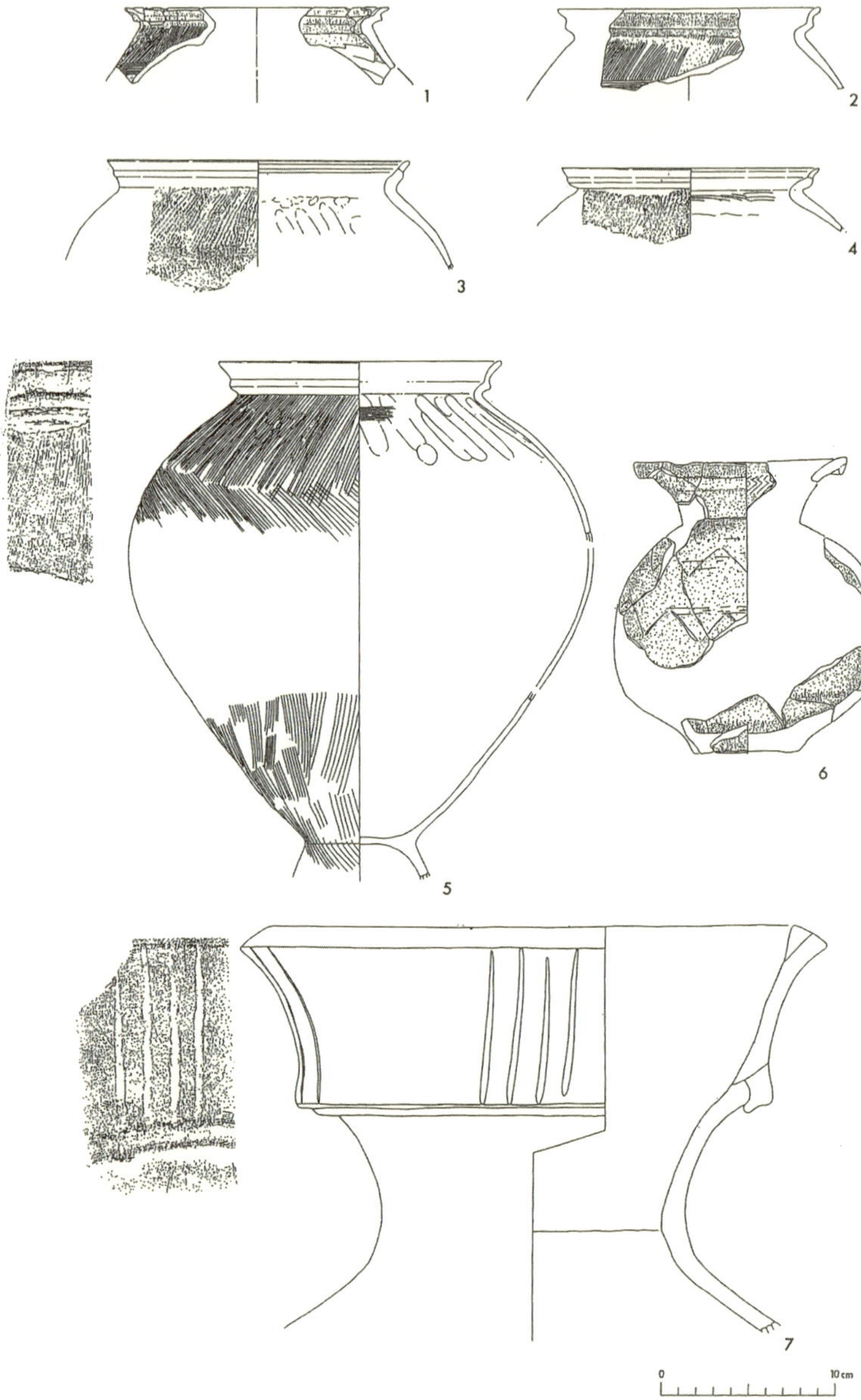

図５　御殿山遺跡出土の外来系土器（1）
東海系（1〜6）

このS字甕は東海地方の伊勢湾岸に分布の中心を持つ土器で、三世紀中頃から各地に拡散する動きを見せている。赤塚次郎氏によると、S字甕でも古手のものは奈良・岡山・福井・石川・群馬・神奈川・千葉県で出土が認められ、次の時期になると北部九州地方や東北地方南部まで広がりを見せるという［赤塚一九九二］。

列島的な広がりを見せるS字甕の分布のあり方は、圧倒的に東日本からの出土が多く、東へ向かって移動する傾向が認められる。同じ頃に、近畿地方の庄内式土器が西日本へ広がりを見せるが、双方の動き方には時間差があり、S字甕の方が先に移動をはじめ、その後に庄内式土器が移動を開始するとされている。

東京低地やその周辺でのS字甕の出土状況は、S字甕のなかでも新しい部類が広がりを見せるが、御殿山遺跡ではS字甕の古手と思われる資料が出土しており（図6―6～12）、南関東地方のなかでは神奈川県や千葉県と同じように、いち早く濃尾平野のS字甕が入り込んでいることが確認されている［白井二〇〇二］。

一般的に古代における畿内や東海地方と関東地方との交通は、南関東地方は太平洋沿岸伝いに船を用いた水上交通［西川一九九二］、一方、北関東地方は陸路による中部高地経由の陸上交通であったと考えられている［比田井二〇〇一］。このS字甕についても、関東地方へはその分布状況から、太平洋沿岸地域を経由する海上ルートと、内陸の長野・群馬県を経由する陸上ルートの二つの搬入ルートが想定されている。

弥生時代末から古墳時代前期の東京低地の開発は、外来系土器のあり方が示すように、東海地方を中心とする人々が船を操って太平洋経由で東京低地に到来し、集落を形成して開発していく姿を描くことができるのである。つまり、縄文海退後、東京低地に最初に集落を営んで開発を進めたのは、弥生時代末から古墳時代前期という古代国家形成期において東海地方の人々の影響が大きいということを外来形土器は物語っているのである。

そして、それは単に土器だけの問題ではなく、例えば、豊島馬場遺跡から膝柄叉鍬と報告された農耕具は［小林

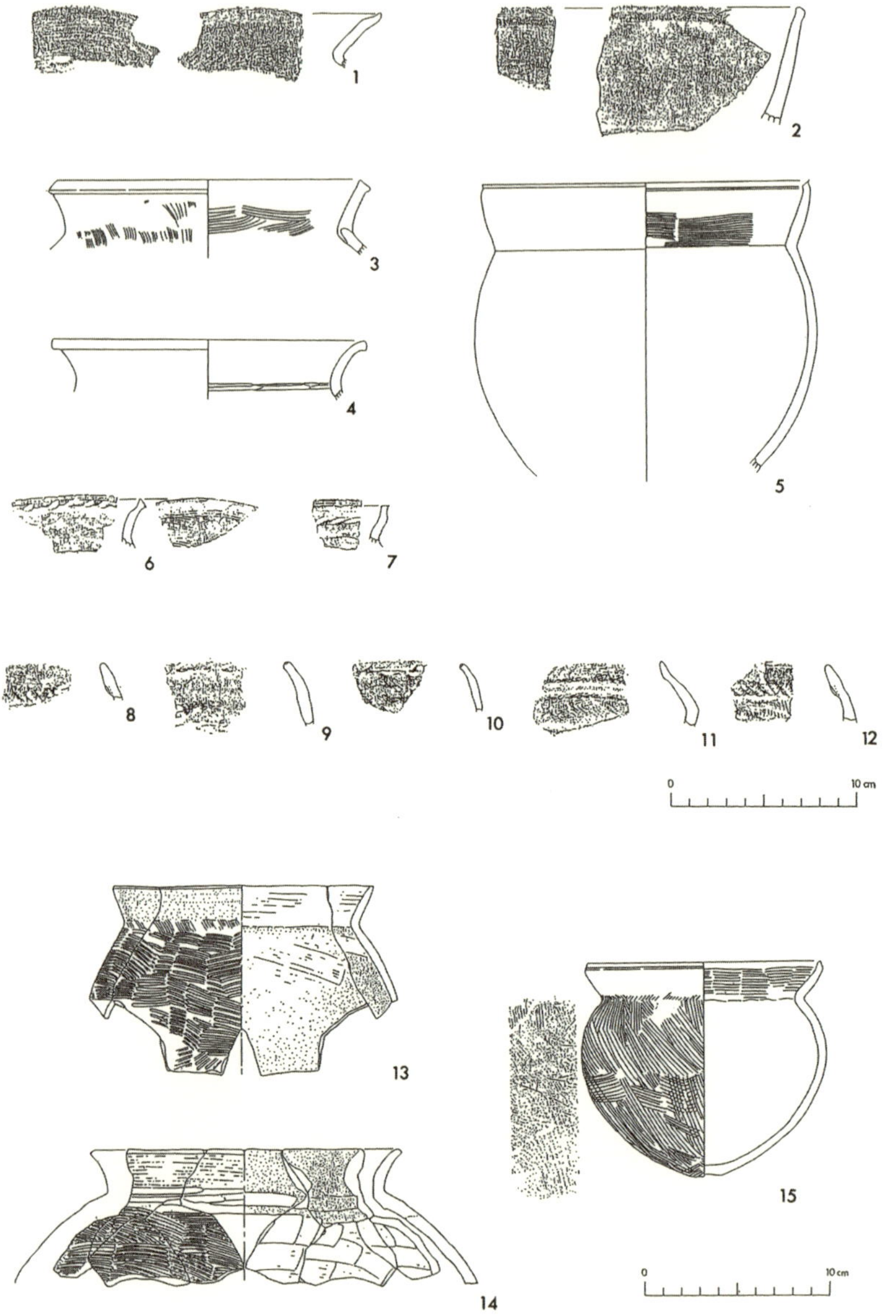

図6　御殿山遺跡出土の外来系土器（2）

北陸系（1～5）　東海系（6～12）　畿内系（13～15）

理恵一九九五］、太平洋沿岸地域沿いに伝播して東日本に影響を与えたと指摘されている「東海系曲柄鍬」［樋上二〇〇二］に属するものである。またガラス小玉鋳型も出土するなど［中島一九九三］、土器だけでなく当時の先端技術も人とともにこの地域にもたらされているのである。

東京低地における外来形土器の出土は、東京低地の陸化が進行し自然環境も安定して集落を営めるようになった弥生時代末から古墳時代前期の時期、武蔵野台地や下総台地上に生活の拠点を持った人々が眼下に広がる低地に下りてきて未開の地を開発していくというような単純なストーリーではないということを示している。

東京低地の周辺に目を向けてみると、S字甕など東海地方の外来系土器の分布は、東京低地の上流部の河川沿いにも多く認められている。東京低地は関東の諸河川が集中しており、外来系土器の分布がこの河川の上流部にかけて展開している状況は、鈴木直人氏も述べているように［鈴木一九九三］、これらの河川がいかに重要な交通路だったかを物語っていよう。

そして、それは「モノ」や「人」の動きが東京低地から上流部へという動きだけではなく、畿内から中部高地を経て北関東地方に至る動きと、南関東地方では、水上交通によって旧利根川など東京低地へ注ぐ諸河川を行き来することで相互交流がはかれたのである。

東京低地では、弥生時代末から集落を営むようになる豊島馬場遺跡、町屋四丁目実揚遺跡、伊興遺跡、御殿山遺跡、上小岩遺跡は、先述したように低地での拠点的な遺跡である。低地の遺跡は、未開発の地を開墾し生活の場を整え、生業活動を行うとともに、東京低地は水上交通の重要な要地でもあり、拠点遺跡の占地は水上交通の要衝としての役割を担う目的があったものと考えられる。伊興遺跡や御殿山遺跡は、上流地域へ新しい文化や情報を伝える中継基地であり、また上流部との相互連絡を維持する上にも欠かせない基地だったのであろう。巨視

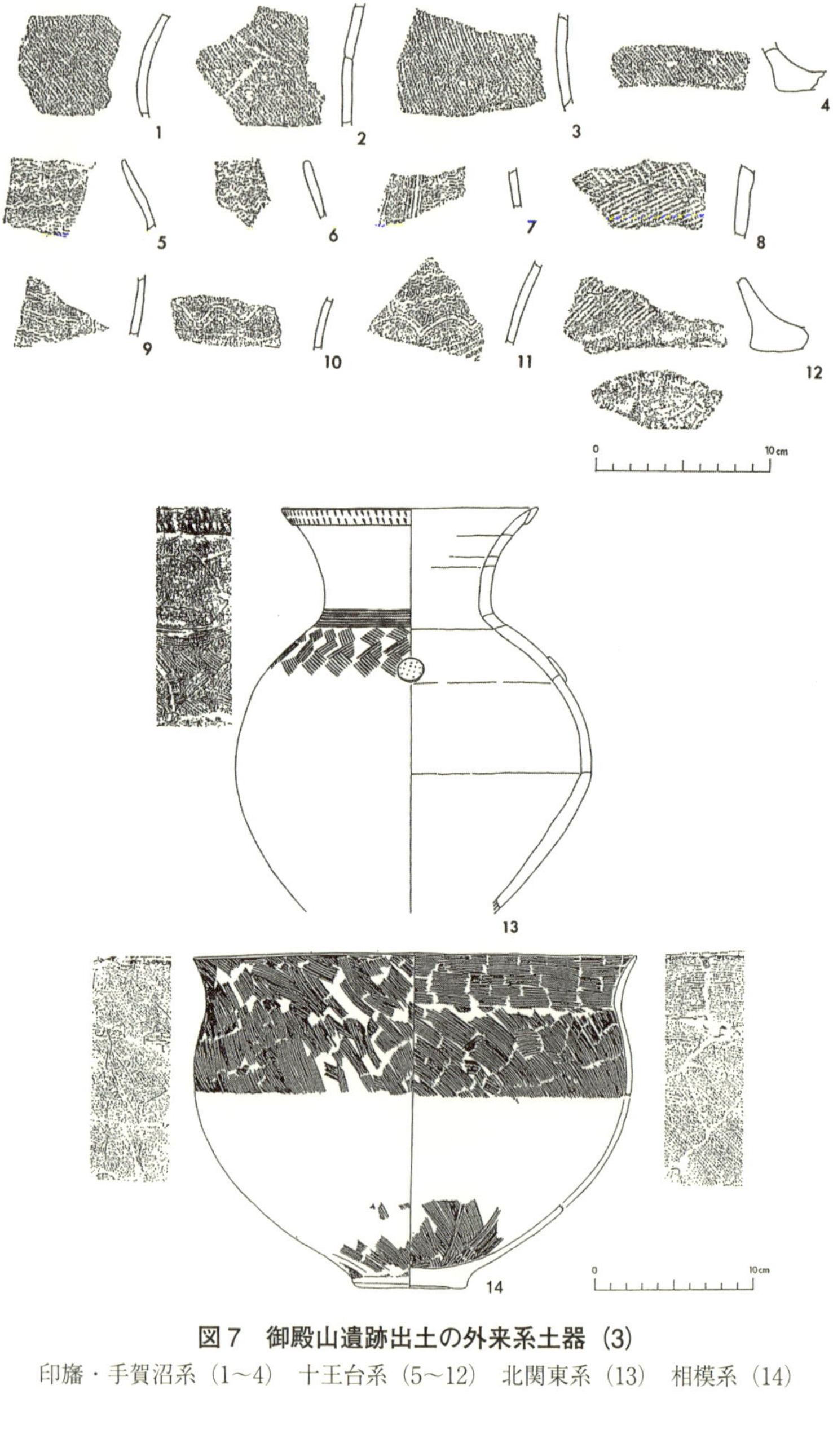

図７　御殿山遺跡出土の外来系土器（3）
印旛・手賀沼系（1〜4）　十王台系（5〜12）　北関東系（13）　相模系（14）

的に見ると西からの新しい文化の波が太平洋沿岸地域を経て関東地方へ伝播する上で、東京低地は関東内陸部への玄関口的な役割を果たしたといっても過言ではない。

東京低地の重要性は水上交通という面だけでなく、境界地域ならではの興味深い様相を呈していることにも注意しておきたい。東京低地やその周辺での弥生時代後期の土器のあり方を見ると、基本的には広く関東南部の土器様相に包括されながらも、関東南部以外の土器の出土状況を細かく見ると、東京低地を挟んで西側と東側とでは異なった様相が認められる。

例えば、御殿山遺跡からは、茨城県の十王台式土器（図7―5〜12）や千葉県江戸川以東から印旛・手賀沼地域に分布する臼井南式土器に類似する土器[4]が出土している（図7―1〜4）。これらの江戸川以東の資料は、隅田川や古隅田川よりも以西の東京低地北・西部には入り込んではいない。

これとは反対に、群馬県から埼玉県西部に分布する樽式土器は北区辺りまで南下しているが、東京低地の隅田川・古隅田川以東では、樽式の影響と思われる櫛目を羽状に施した土器が御殿山遺跡から1個体（図7―13）、そのほか北武蔵の土器と関連が想定される縄文施文の土器が古録天東遺跡で一個体出土している以外、明確な資料は確認できない。まさに東京低地は東・西関東地方の土器分布の最前線であり、かつ接触する、境界地域という面を持ち合わせていることが、出土した土器の様相からもわかるのである。律令時代になって古隅田川を境に下総と武蔵の国に分かれる素地は、すでに弥生時代末までさかのぼって認めることができるのである。

二　集落の展開と水辺の生活

1　古墳時代中期以降の諸相

東京低地東部は、古墳時代前期以降、連綿と断絶無く人間の営みが続けられてきたわけではない。というのも古墳時代中期の遺跡が東京低地東部には確認されていないのである。興味深いのは、東京低地北部と西部では、北区神谷遺跡、同区宮堀北遺跡や足立区伊興遺跡など古墳時代中期の遺跡が確認されており、隅田川を挟んで当該期の遺跡の分布が対照的な様相を示している［谷口一九八八］。

その要因については、現段階ですぐに答えを用意できないが、御殿山遺跡での古墳時代前期の遺構内の埋没状況は、その鍵を握るものかもしれない。遺構内の土層を観察すると、土砂が短時間に流入して埋没した状況がうかがえるものがいくつか認められることから、恐らく洪水等によって被害を受けたものと考えられる。上流部の榛名山などの噴火による噴出物の影響で河道変化等によってもたらされた洪水等によって、生活環境が悪化した可能性は無いだろうか。この問題は、当然のことながら政治的な面も含め多角的な議論が必要であるが、災害という問題を東京低地東部に空白期が生じた要因を解くひとつのキーワードとして今後追究してみたいと思っている。

次の古墳時代後期になると、再び東京低地東部でも微高地上を舞台として竪穴建物などの遺構が築かれ、遺物も多く出土するなど活動が活発になる（図8〜10）。葛飾区の鬼塚遺跡・本郷遺跡・古録天遺跡・古録天東遺跡にはムラが営まれ、葛飾区立石や柴又地域に古墳が造営されるようになる。一方、東京低地北部の足立区域では古墳時代後期の集落や古墳が確認されている。また、東京低地西部では、当該期の土師器や埴輪片などの出土は

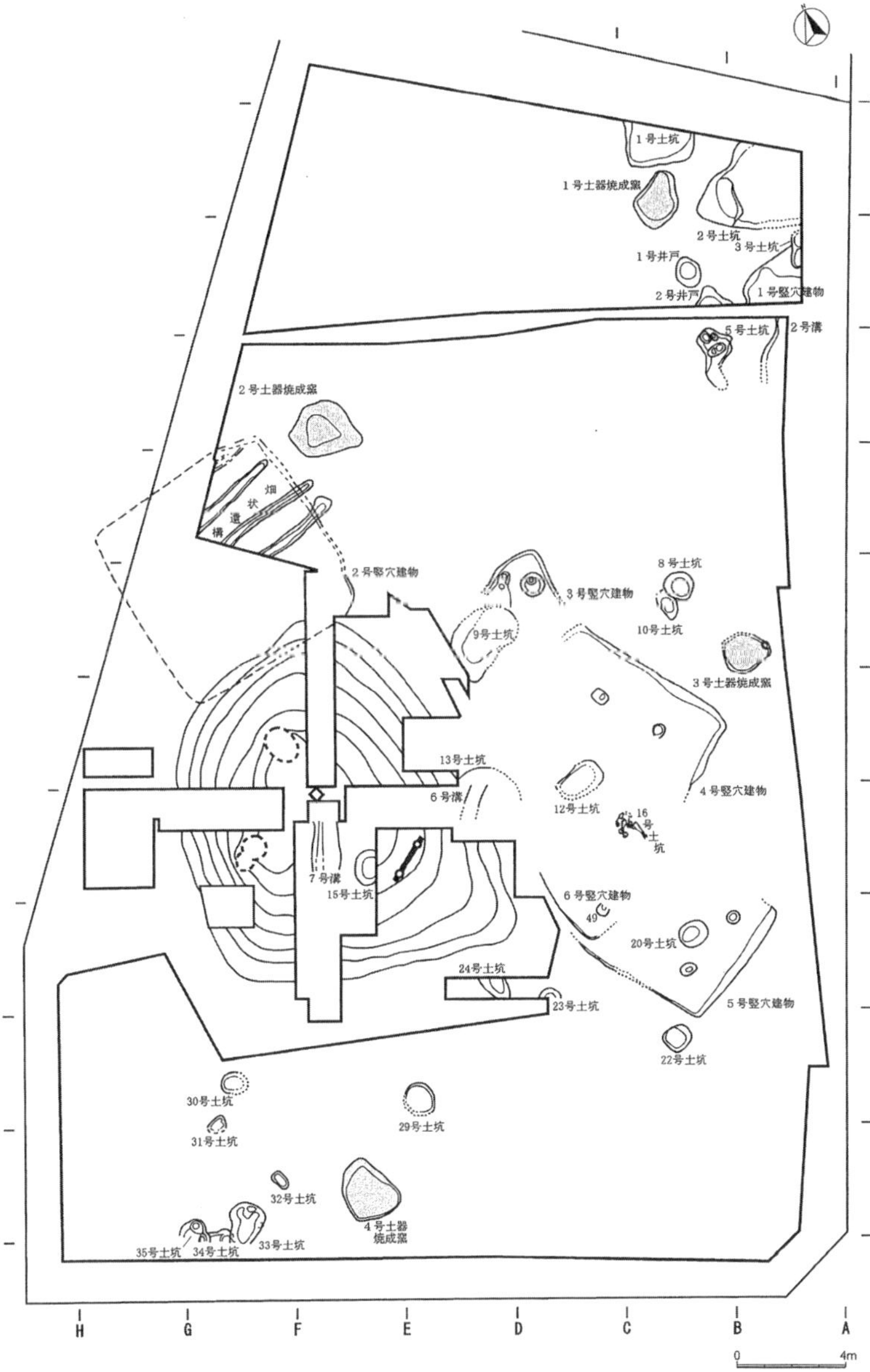

図8　鬼塚遺跡古墳時代後期遺構配置図

4棟の竪穴建物のほか、土師器焼成窯などが発掘されている。

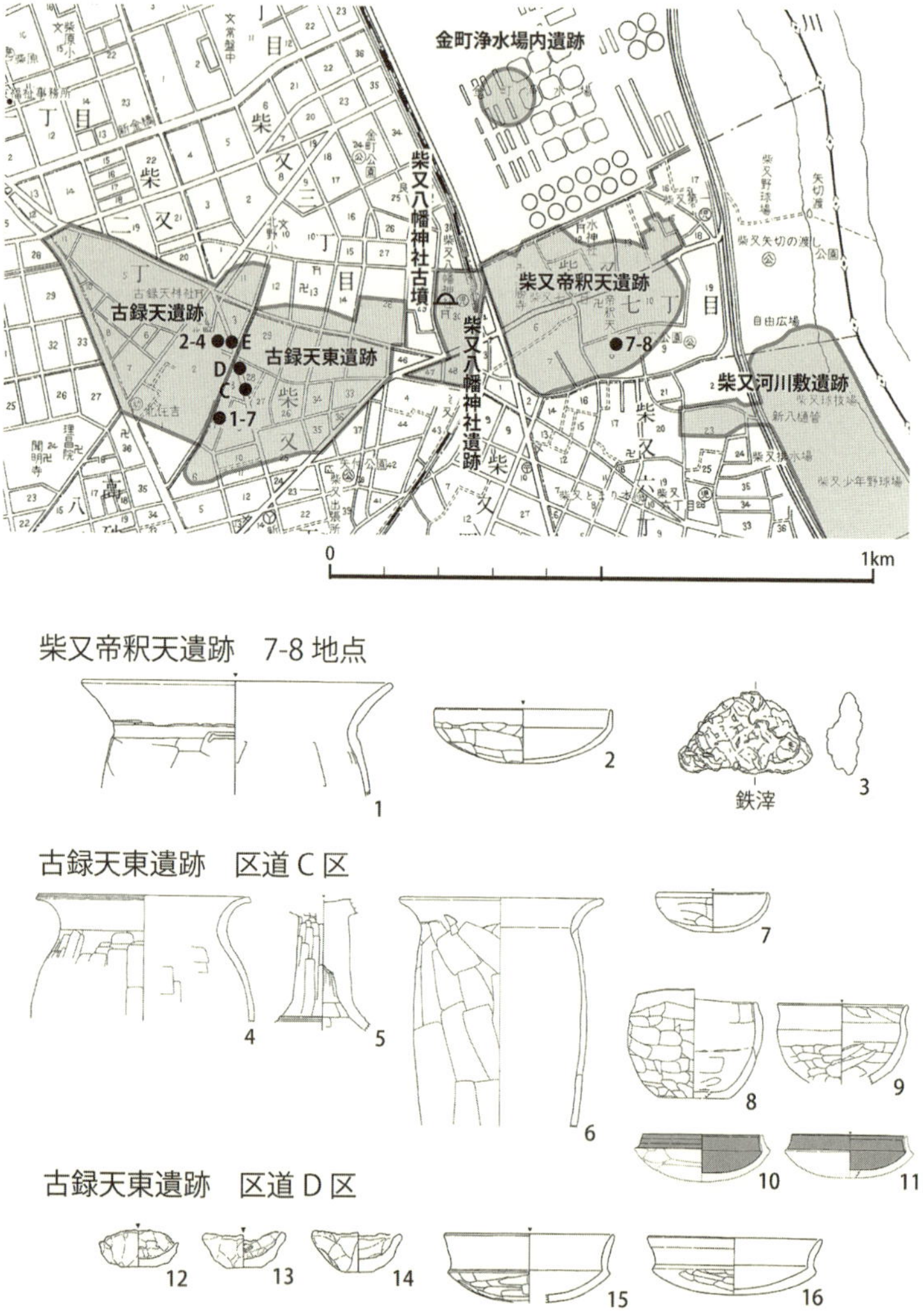

図 9　柴又地域の古墳時代後期の出土遺物（1）

柴又帝釈天遺跡 7－8 地点（1〜3） 1·2 は土師器、3 は鉄滓。いずれも 7 世紀の 1 号鍛冶工房跡からの出土。**古録天遺跡　区道 E 区（4〜11）、古録天東遺跡　区道 C・D 区（12〜16）** 4〜6 は 1 号溝出土の 7 世紀前半の土師器。7〜9 は 2 号溝出土の 7 世紀の土師器。10·11 は 8 号土坑出土の 6 世紀後半から 7 世紀初めの土師器。12〜16 は、7 世紀前半の土師器で、12〜14 は手づくね。いずれも 2 号土坑出土。

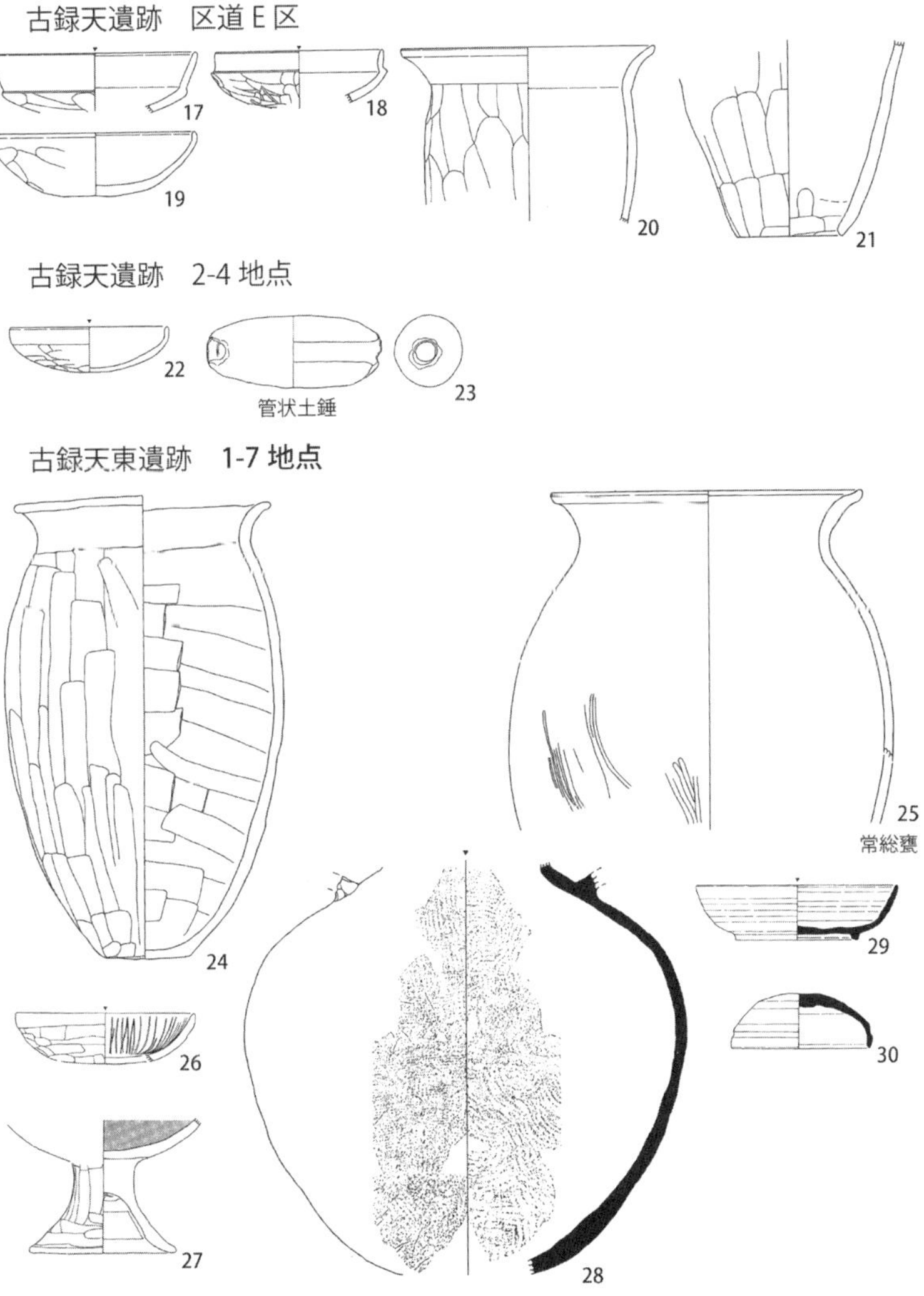

図10　柴又地域の古墳時代後期の出土遺物（2）

古録天遺跡　区道E区（17～21）　17～21は1号住居跡出土の7世紀前半の土師器。
古録天遺跡2－4地点（22・23）・古録天東遺跡1－7地点（24～30）　22は7世紀後半の3号住居跡の出土で、24～27は土師器、28～30は須恵器で29・30は東海産、28は不明。

知られるが、今のところ明確な集落や古墳は低地部では確認されていない。

続く奈良・平安時代頃には、江東区亀戸、江戸川区葛西辺りまで陸化が進んで海岸線が前進し、かなり陸化が進んだと考えられる。奈良・平安時代も古墳時代後期と同様に、東京低地東部と北部は、引き続き微高地上を居住の場として集落が営まれている。しかし、東京低地西部ではなぜか希薄なのである。浅草寺で古墳時代後期の湖西産須恵器がまとまって出土していることは注目されるが［谷口二〇一五］、北区や荒川区では微高地が形成され、生活に適した場があるにも関わらず明確な集落は今のところ確認されていない。奈良・平安時代についても東京低地西部は、北区中里遺跡で掘立柱建物などが確認されている程度で、生活の痕跡は薄かったが、近年、台東区内の埋蔵文化財の調査が進展し、隅田川西岸の浅草から蔵前にかけての微高地上から奈良・平安時代の遺物や遺構が確認されてきており、集落を形成していたことがうかがわれる［谷口二〇一五］。しかし、東京低地西部というエリアでは、まだ局地的な様相であり、エリア的には古墳時代後期同様、奈良・平安時代の生活の痕跡もまだ希薄な状況であるといえる。

2　生業活動

本地域の古墳時代後期の遺跡からは、生業活動を示す考古資料として土錘の出土が目立っている。土錘とは、漁網の沈子として機能したもので、現在でも同様の形をした金属製の沈子が使用されており、当時の生業活動を示す資料として重要である。出土する土錘は、中央に孔が穿たれたいわゆる管状土錘と呼ばれるもので、時代ごとに形状が異なることがわかっている［谷口一九九五ａ］。例えば、葛飾区御殿山遺跡や江戸川区上小岩遺跡から出土している古墳時代前期の土錘は筒型を呈し、重量も八〇～一一〇グラム程度であるが、古墳時代後期に遺跡から出土する土錘は大型管状土錘と呼ばれ、古墳時代前期よりも大きい紡錘形を呈し、重量も倍の二〇〇グラム前後となっている。

平成四年（一九九二）に実施した葛飾区新宿町遺跡の調査では、古墳時代後期の大型管状土錘が二メートル×一メートルの極狭い箇所からまとまって五〇個程出土した。新宿町遺跡では、昭和二〇年代にも可児弘明氏の発掘調査によって、同種類の土錘が一〇〇個余り出土している［可児一九五四］。新宿町遺跡は規模も小さく、土錘がひとつの遺跡で都合一五〇個以上も出土する例は関東地方を見渡しても特異な事例といえる。平成四年の調査では、調査区のなかに完形の土錘が一見無造作に重なりあっているかのように出土したが、よく観察すると、一一・三個が間隔をもって直線的に並んでいるなど部分的に規則性が感じられた。整理作業に入って出土した土錘の水洗を行ったところ、いくつかの土錘の孔から撚られた繊維状のものが発見された。これは紛れもなく魚網の繊維であり、魚網に土錘が装着されたままで埋没していたことが判明した。調査区の周りにはまだ土錘の遺存が確認されており、当時の魚網復原には欠かせない資料となろう［谷口・田川一九九三］。

さて、葛飾区御殿山遺跡や江戸川区上小岩遺跡から出土している古墳時代前期と同じ土錘や、新宿町遺跡に代表されるような古墳時代後期の大型管状土錘は、東京低地東部以外でも足立区伊興遺跡［大場・滝口・永峰一九七〇］、神奈川県鴨居上の台遺跡［剱持一九八一］、千代田区江戸城竹橋門地区［古泉一九九一］、千葉県上ノ台遺跡［倉田一九八二］などの東京湾岸地域の遺跡から出土している。このことは、本地域をはじめとする東京湾岸地域において、古墳時代前期や後期に管状土錘を用いた漁労が盛んだったことを示していよう。特に後期は土錘の大型化など漁法的にも改善が加わり、最盛期を迎えている。

では、このような土錘を使った漁法とはどのようなものだったのだろうか。土錘に穿たれている孔の大きさがこれを探る手掛かりとなる。なぜなら、孔の大きさによってある程度土錘を装着した漁網の規模を割り出すことができるからである。筆者の計測では古墳時代前期・後期の土錘とも大略一・〇センチメートル以上を有している。奈良時代以降の小型管状土錘は平均して〇・五〜〇・六センチメートルとかなり細くなっていることから、古墳時代前期・後期の土錘はかなり大型な網であったと想定される。具体的な漁法は、当時の網や使用方法を物語る史料が伝わっていないので断定はできないが、刺網や地曳網などが考えられる。

いずれにしても、大型の土錘を装着した網漁は、個人単位での操業ではなく共同性の強い集団的な漁法と考えてよかろう。東京低地東部で古墳時代前期から網漁の漁具として使われた土錘は、古墳時代後期には大型化し網漁は最盛期を迎えるが、その後古墳時代後期でも終りの七世紀末になると大型管状土錘は姿を消してしまい、奈良・平安時代には投網や刺網に装着する程度の小さな土錘しか出土しなくなってしまう。このような傾向は本地域だけのものではなく、同じような大型管状土錘を出土した東京湾岸地域の遺跡でも認められ、湾岸部での生業活動の変遷を知る上で注目される。

本地域では漁労だけでなく、古くから農耕も行われていた。葛飾区御殿山遺跡からは古墳時代前期頃の畠跡と思われる溝列が発見されており、漁労に精を出すかたわら、ムラのまわりでは畠を耕していたのである。奈良・平安時代と思われる畑跡も、本郷遺跡や古録天遺跡など葛飾区内の遺跡で確認されている［谷口一九八九b・一九九一a］。

平成元年、柴又帝釈天遺跡で奈良時代の東京低地東部の稲作を裏付ける重要な発見があった。柴又帝釈天参道の南側に面する裏手を発掘したところ、奈良時代前半の井戸が発見された。その井戸を埋めていた土に含まれている花粉やプラントオパールなどの自然科学分析を行った結果、稲の花粉が検出され、井戸内に稲藁が埋没していたらしいこともわかった［谷口一九九四a］。その後、古録天東遺跡の溝の土壌分析でも奈良・平安時代に遺跡周辺で稲作を行っていた可能性が指摘されており［谷口一九九一a］、少なくとも奈良時代以降の柴又（嶋俣里）周辺では稲作を行っていたことが明らかとなった。古墳時代に遡る水田の跡はまだ確認されていないが、自然科学分析では植物珪酸体組成はイネ属が高率を示しており、遺跡周辺で稲作を行っていた可能性が高い(5)。

このほか鬼塚遺跡から古墳時代後期の土師器焼成窯が見つかっており、土器作りも東京低地東部のムラでは行われていた［谷口二〇〇八］。また、本郷遺跡では竪穴建物群とともに七世紀頃の鍛冶工房跡が発掘されており、古墳時代後期から簡単な鍛冶仕事を行っていたことが確認されている［谷口一九九五］。

三　東京低地の古墳の様相

1　武蔵野台地東縁の古墳

東京低地の古墳の様相を明らかにするためにも、その前提として東京低地を眼下に望む武蔵野台地と下総台地の古墳のあり方を概括的におさえておきたいと思う（図11）。

東京低地の西側を画する武蔵野台地東端部の様相であるが、その台地上南端部の台東区上野地域には、上野公園内に擂鉢山古墳と呼ばれる古墳が所在する。発掘調査が行われていないので詳細は不明であるが、全長七〇メートル程の前方後円墳と考えられている。また、東京国立博物館には、博物館建設時に出土した古墳関係の資料が収蔵されている。最近の美術館や博物館の工事に伴う調査によっても古墳の痕跡が発見されており、上野公園の所在する台地に大きな古墳群が形成されていたことがわかってきている。

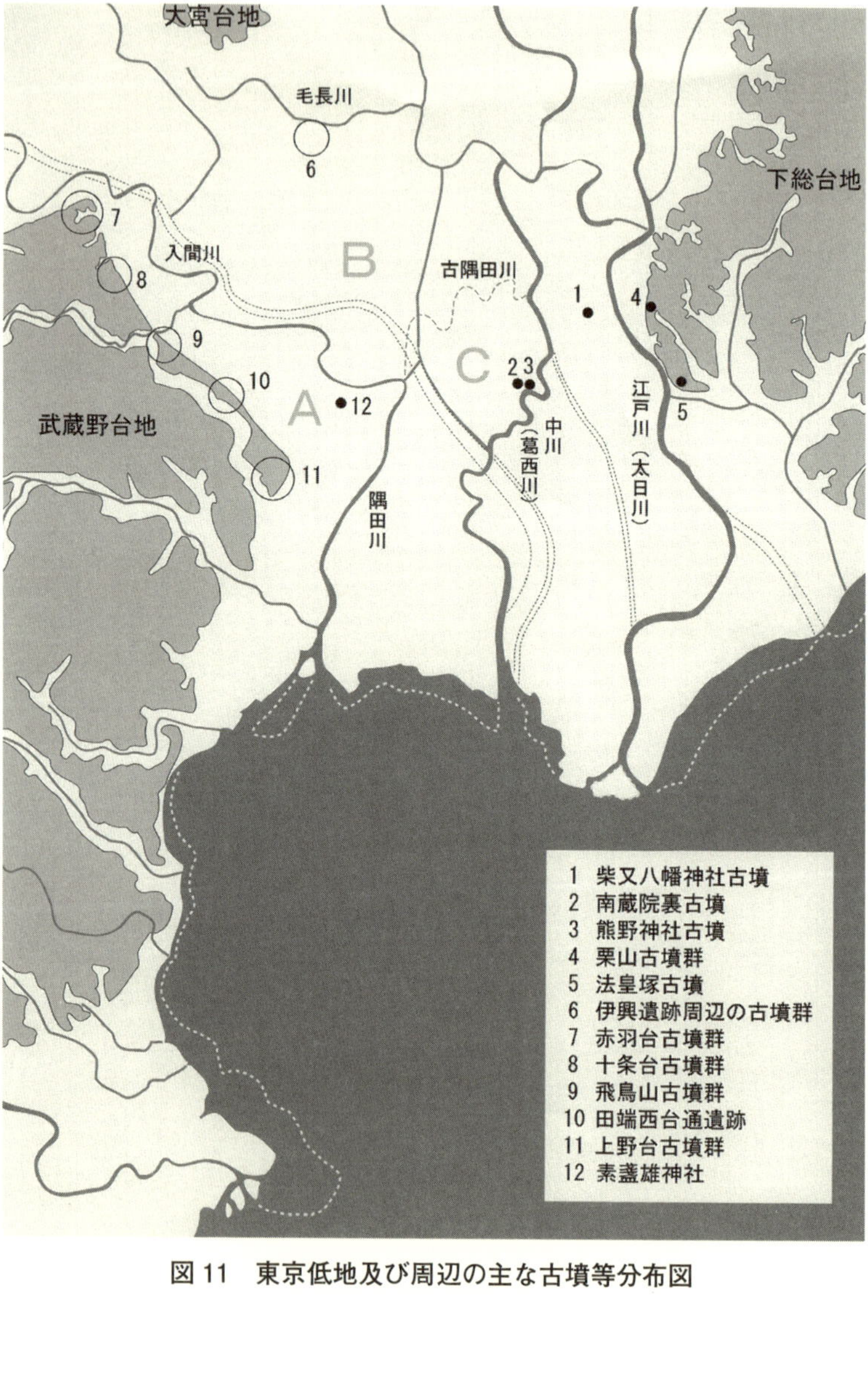

図 11　東京低地及び周辺の主な古墳等分布図

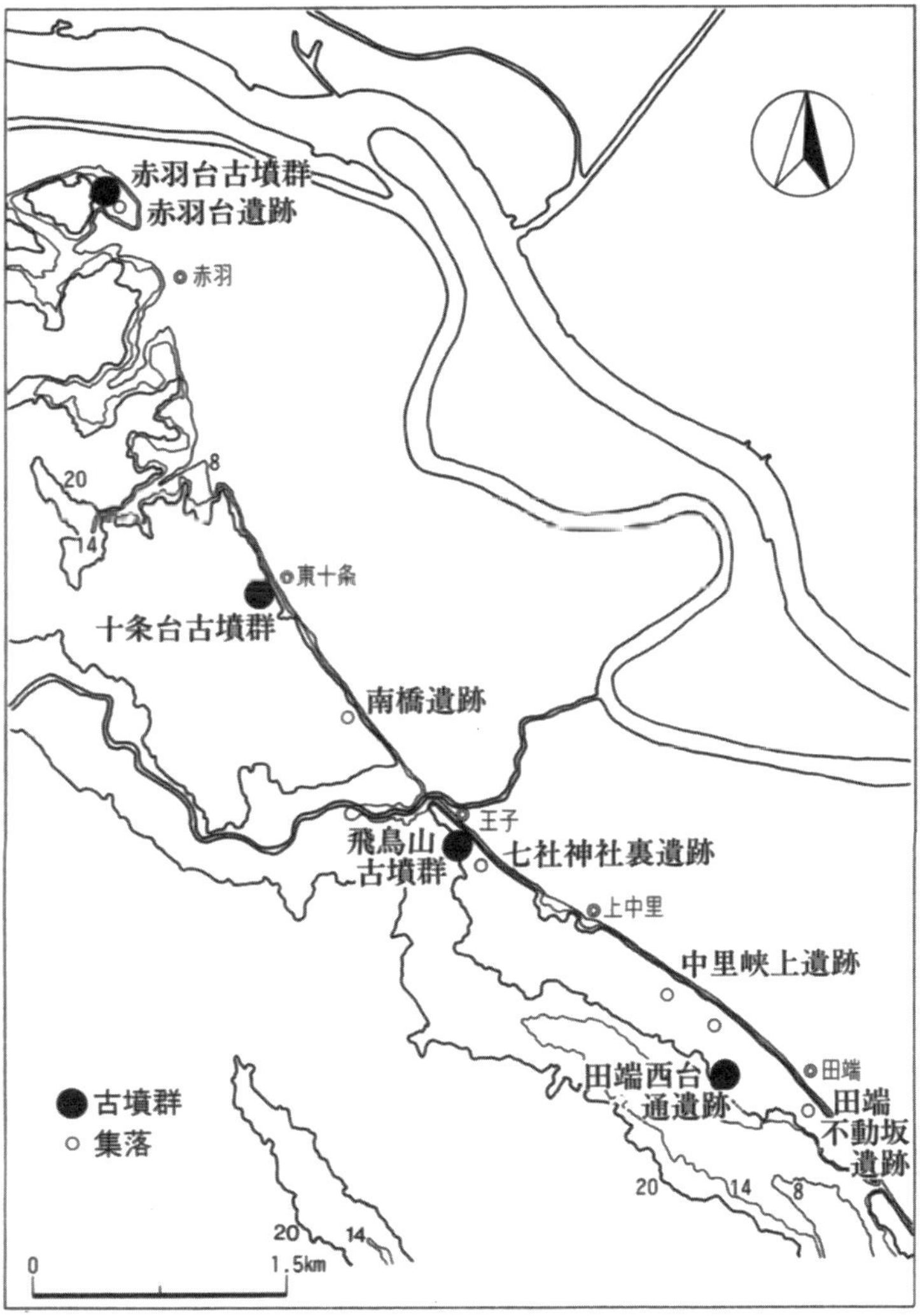

図12　武蔵野台地東端の古墳群

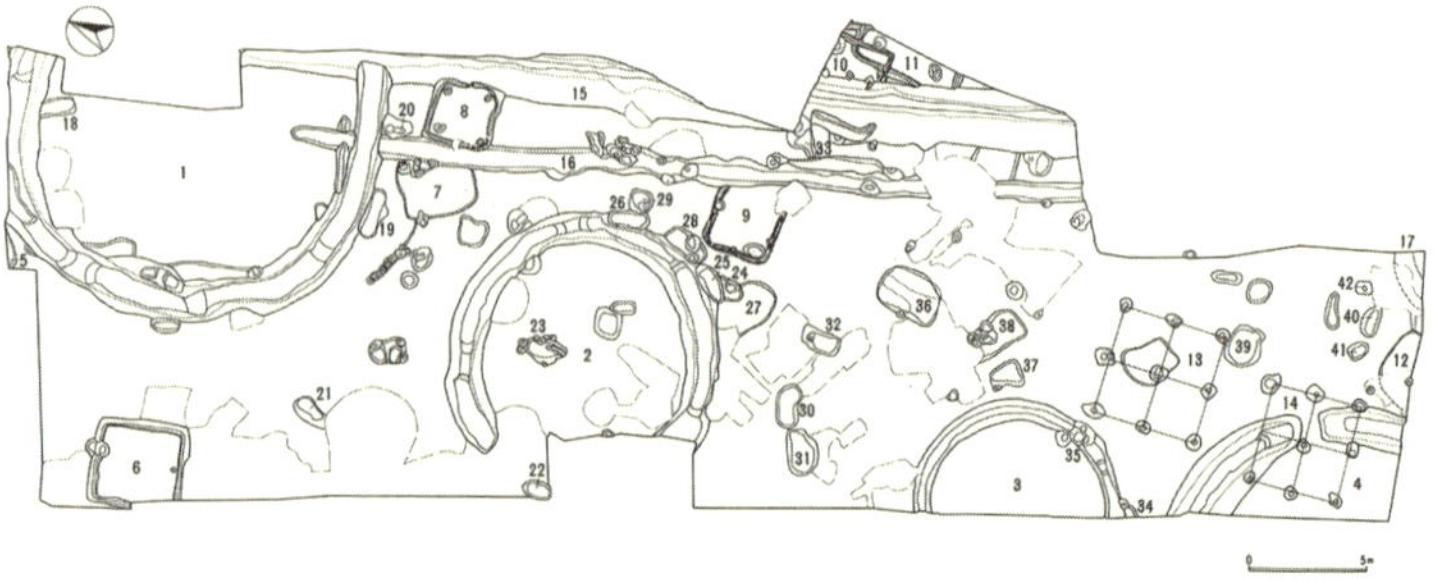

図 13　田端西台通遺跡の古墳

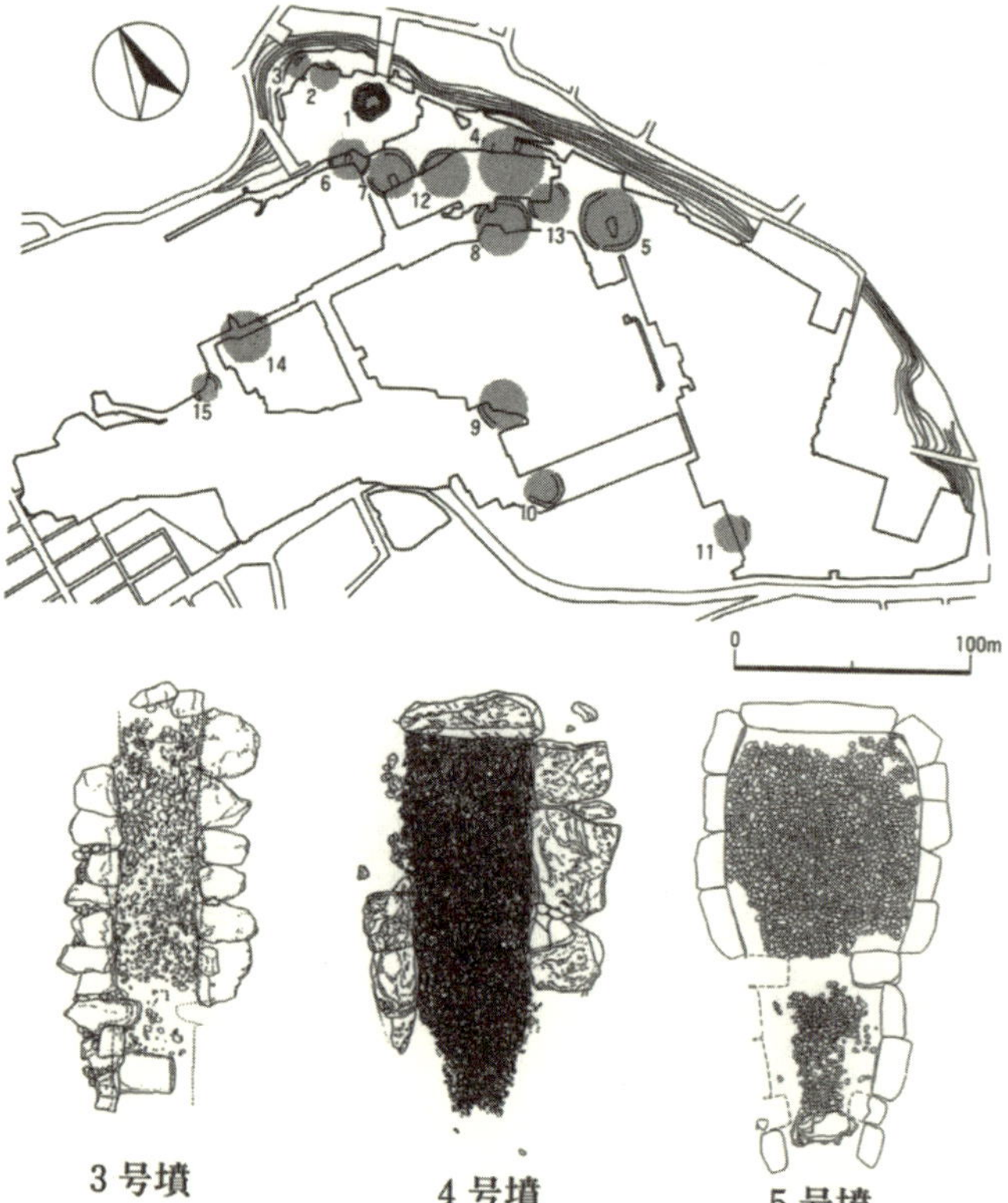

図 14　赤羽台古墳群と横穴式石室

次に、上野の台地から北方の田端とか飛鳥山といった北区域にも古墳が所在している（図12）。北区田端西台通遺跡からは、少なくとも四基の円墳が発掘調査によって確認されている（図13）。北区飛鳥山にも六基の古墳の存在が確認されている。最近調査された飛鳥山一号墳では、凝灰岩の切石を用いた胴張り型の横穴式石室が設けられていた。

石神川北岸の北区十条にも十条台古墳群がある。三基の円墳と思われる古墳の跡が発掘調査によって発見されている。

さらに北方の武蔵野台地東縁の北の端にあたる北区赤羽の台地にも古墳群が形成されている（図14）。東北新幹線建設に伴って星美学園内の発掘調査が行われ、古墳群の存在が明らかになったもので、埴輪のほか直刀、玉類などの遺物も出ている。ここでは、赤羽台三号墳の石室と赤羽台五号墳の石室に注目しておきたい。いずれも横穴式の石室で、五号墳の石室はいわゆる胴張りで、図示していないが赤羽台四号墳からも三号墳と同じタイプの横穴石室が確認されている。石室の石材は、赤羽台三・四号墳がいわゆる房州石、五号墳が凝灰岩の切石である。

上野から赤羽に掛けての武蔵野台地東端部の古墳（群）について、鈴木直人氏は台東区上野台古墳群、北区田端西台通古墳群、同区飛鳥山古墳群、同区十条台古墳群の位置的関係が、「ある一定の間隔を持って分布している」と指摘している［鈴木一九九六］。これら武蔵野台地東端部の古墳は、上野公園の擂鉢山古墳のみ前方後円墳で、後は現時点で発掘されたものはすべて円墳である。時期的には、擂鉢山古墳は発掘されていないが、六世紀代と考えられており、胴張りの横穴式石室を持つ飛鳥山一号墳と赤羽台五号墳は七世紀代、他の古墳は六世紀後半に収まるものととらえられる。武蔵野台地東端では、五世紀代の古墳の存在は不明であるが、六世紀から七世紀に至る古墳（群）が形成されている。

2　下総台地西縁の古墳

武蔵野台地対岸の東京低地を見渡す下総台地西端の古墳は、千葉県の松戸から市川市地域に分布している。松戸市域には、栗山に古墳群が形成されており、古くは江戸時代に男性の人物埴輪の頭部が発見され、その時の資料が伝世している（図15）。ほかの図示した資料は、最近の調査で発見されたもので、六世紀代の人物埴輪と馬形埴輪などがある。

次に、市川市には、明戸古墳・法皇塚古墳など、いくつもの前方後円墳が現存している。明戸古墳は里見公園の中にある前方後円墳で、古墳の高まりをそのまま国府台城の土塁として利用しているため、少し歪な瓢箪形になっている。左側が前方部で、右側の後円部にあたるところに筑波石を用いた石棺が二基露出している。六世紀代の古墳と考えられている。

医科歯科大学のキャンパスには前方後円墳の法皇塚古墳が所在する（図16〜18）。この法皇塚古墳は昭和四四年（一九六九）に発掘調査が行われ、いわゆる房州石を用いた横穴式石室が確認され、石室からは武具・馬具などの多彩な副葬品が出土した。出土した埴輪には、人物埴輪の頭部や家形埴輪、円筒埴輪などがあり、人物埴輪は、埼玉県鴻巣市の生出塚埴輪窯から供給されたものであることが判明している。円筒埴輪の中には下総型と呼ばれる下総地域で作られた埴輪も確認されており、武蔵地域と下総地域の埴輪がこの古墳に供給されている。

このほか、下総台地の南端には、弘法寺古墳なども所在しており、最近行われた市川市内の台地の縁辺部の調査でも古墳の跡なども見つかっている。松戸の栗山古墳群から市川の国府台に築かれた古墳は、弘法寺古墳は未調査で詳しい年代は不明であるが、大体六世紀の前半というより、後半に位置付けられよう。

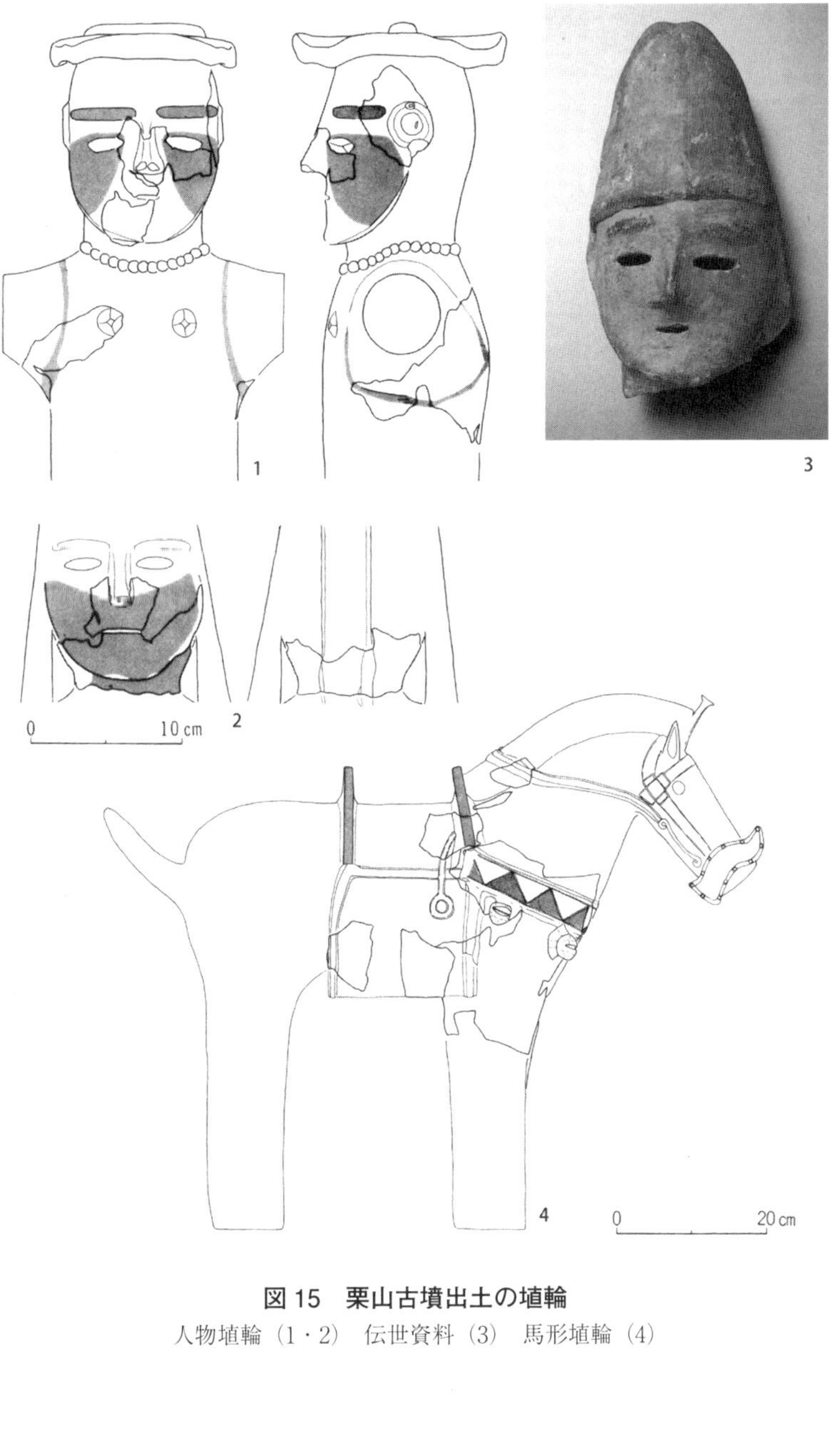

図 15　栗山古墳出土の埴輪

人物埴輪（1・2）　伝世資料（3）　馬形埴輪（4）

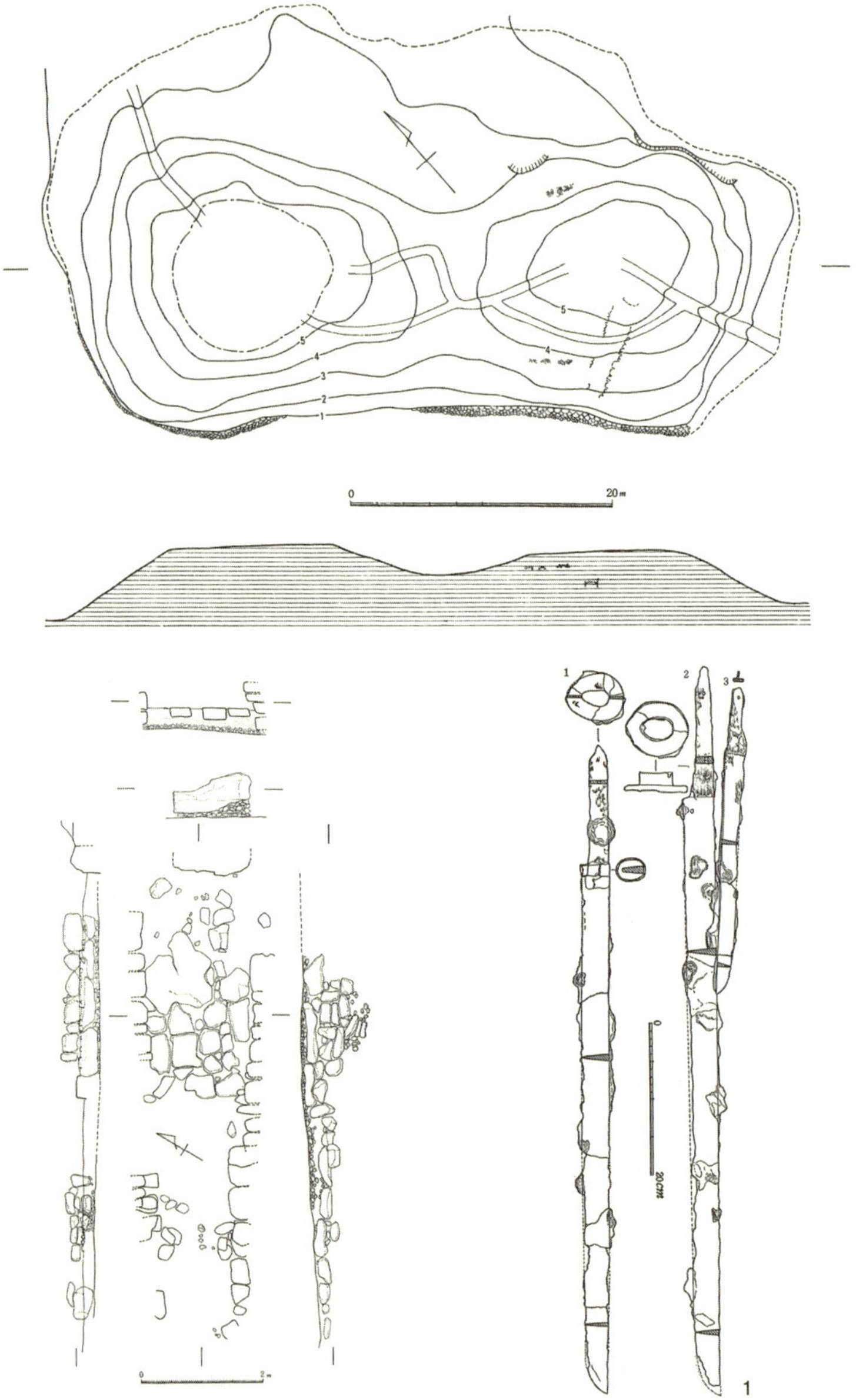

図 16　法皇塚古墳の測量図（上）と石室（左下）・出土副葬品（1）

鉄刀（1）

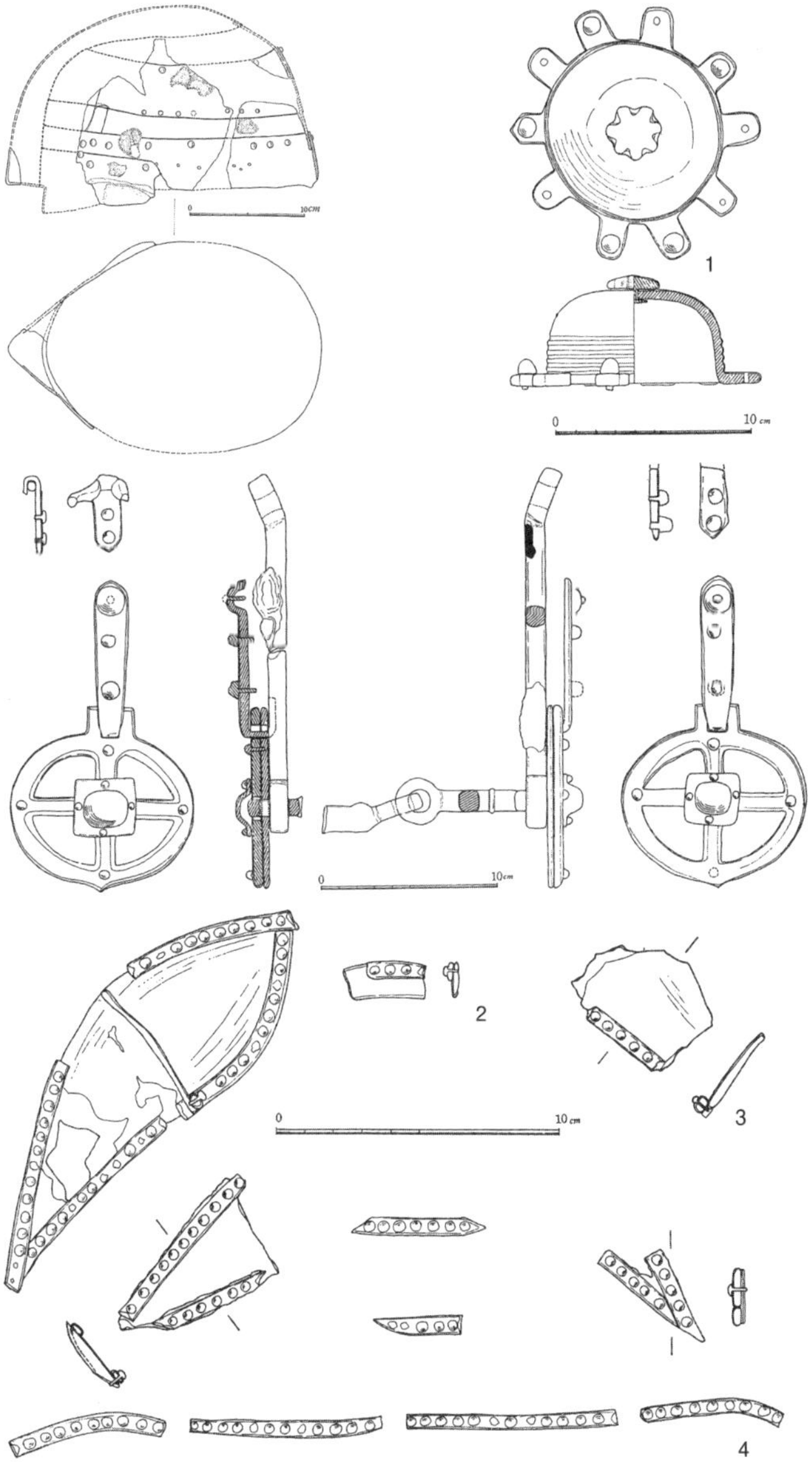

図 17　法皇塚古墳出土の副葬品（2）

衝角甲（1）　雲珠（2）　金銅製鏡板付轡（3）　鉄地金銅張鞍金具（4）

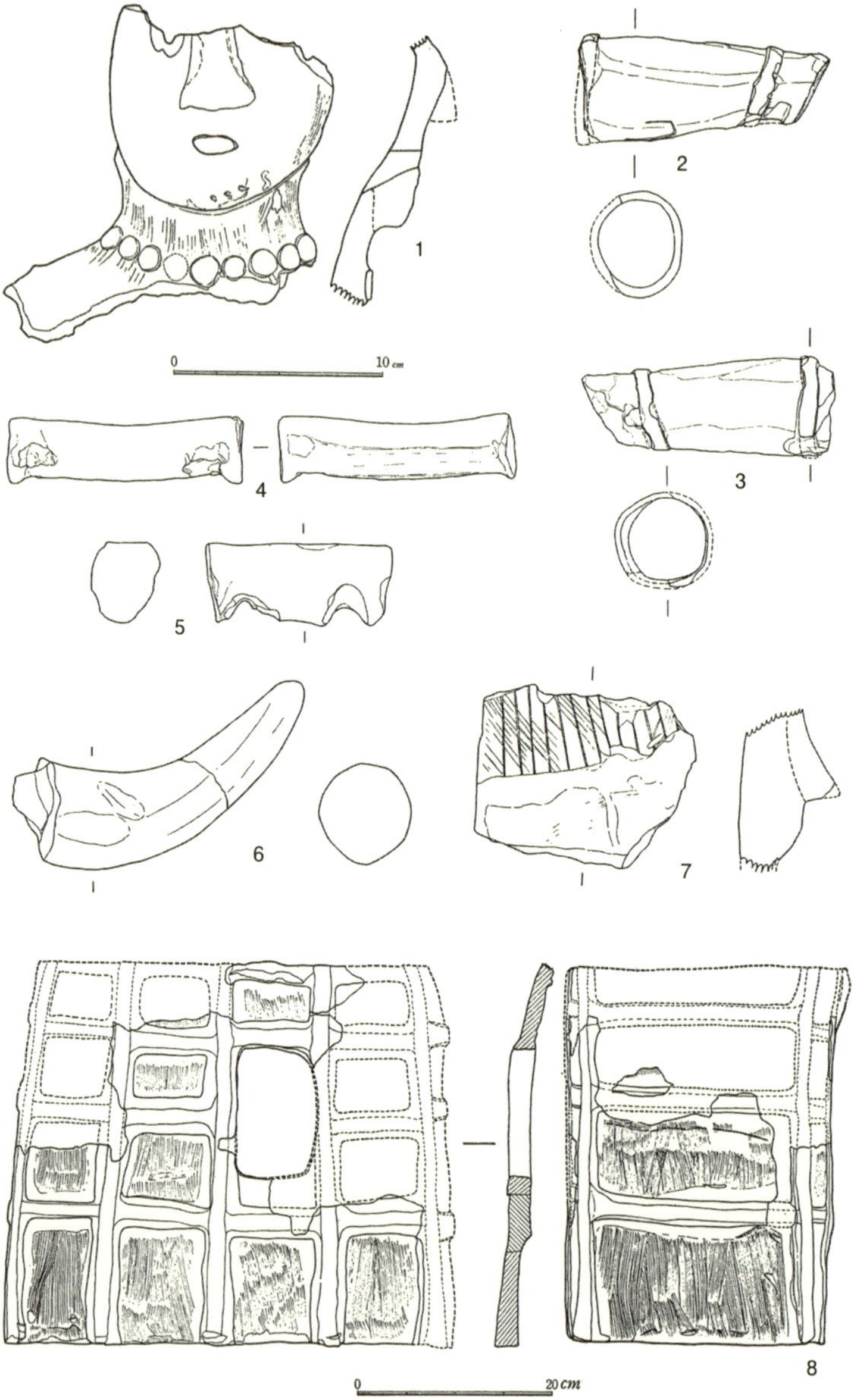

図 18　法皇塚古墳出土の埴輪
人物埴輪（1〜7）　家形埴輪（8）

以上のように東京低地を臨む武蔵野台地東端部と下総台地西端部には、現状では双方とも大きく六世紀代、それも後半になって古墳群が形成されている。

3　東京低地北部の古墳

東京低地でも北部の足立区域は、古墳時代前期から後期を通して資料が豊富に出土している。足立区には東京を代表する祭祀遺跡として著名な伊興遺跡が所在している。

この伊興遺跡や周辺に古墳が築かれていたが、残念ながらこの古墳群は正式な調査もされないまま、東京都の史跡となっている白旗塚古墳以外は削平されてしまい、古墳の主体部など詳細は不明となってしまった。唯一、削平された時に地元の人が採集した摺鉢塚の埴輪とされる人物埴輪や馬形埴輪、円筒埴輪がある（図19・20）［浅香一九九八］。

人物埴輪や馬形埴輪は、六世紀の大きく見て後半に位置付けられる資料である。円筒埴輪は三つ並んで掘り出されたと言われている資料で、古墳にめぐらされた埴輪列の一部だった可能性がある。時期的には、六世紀後半頃であろう。

図示していないが、白旗塚古墳近くの下水道工事に伴う調査で、六世紀の前半頃ないし後半でも古手に入る埴輪が出土している。ほかの資料は六世紀後半にまとまりがある。いずれにしてもこれらの埴輪資料から東京低地の北部、足立区域では、六世紀の古墳群が築かれていたということが確認できる。

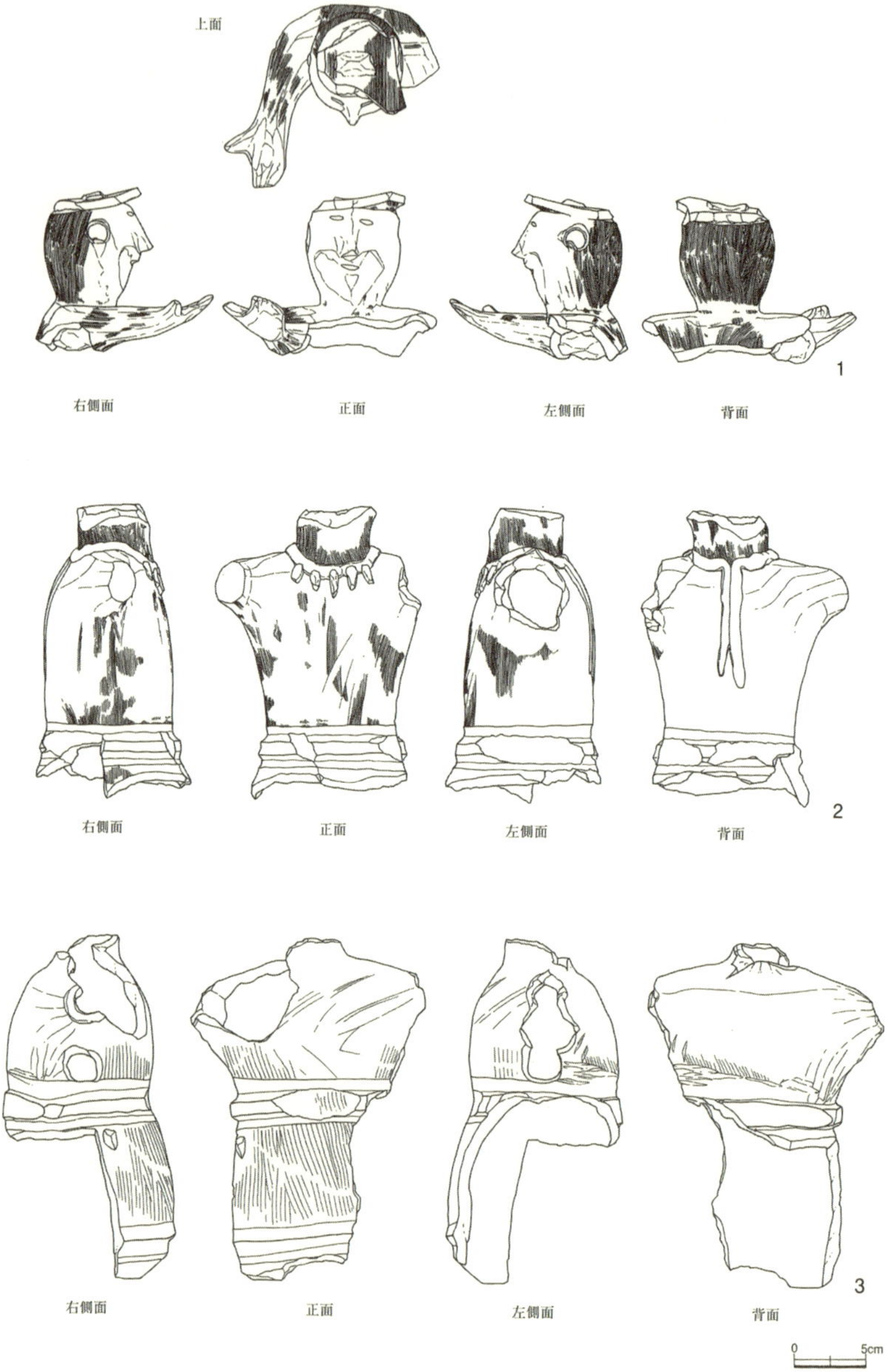

図 19　伝摺鉢塚古墳出土の人物埴輪（1〜3）

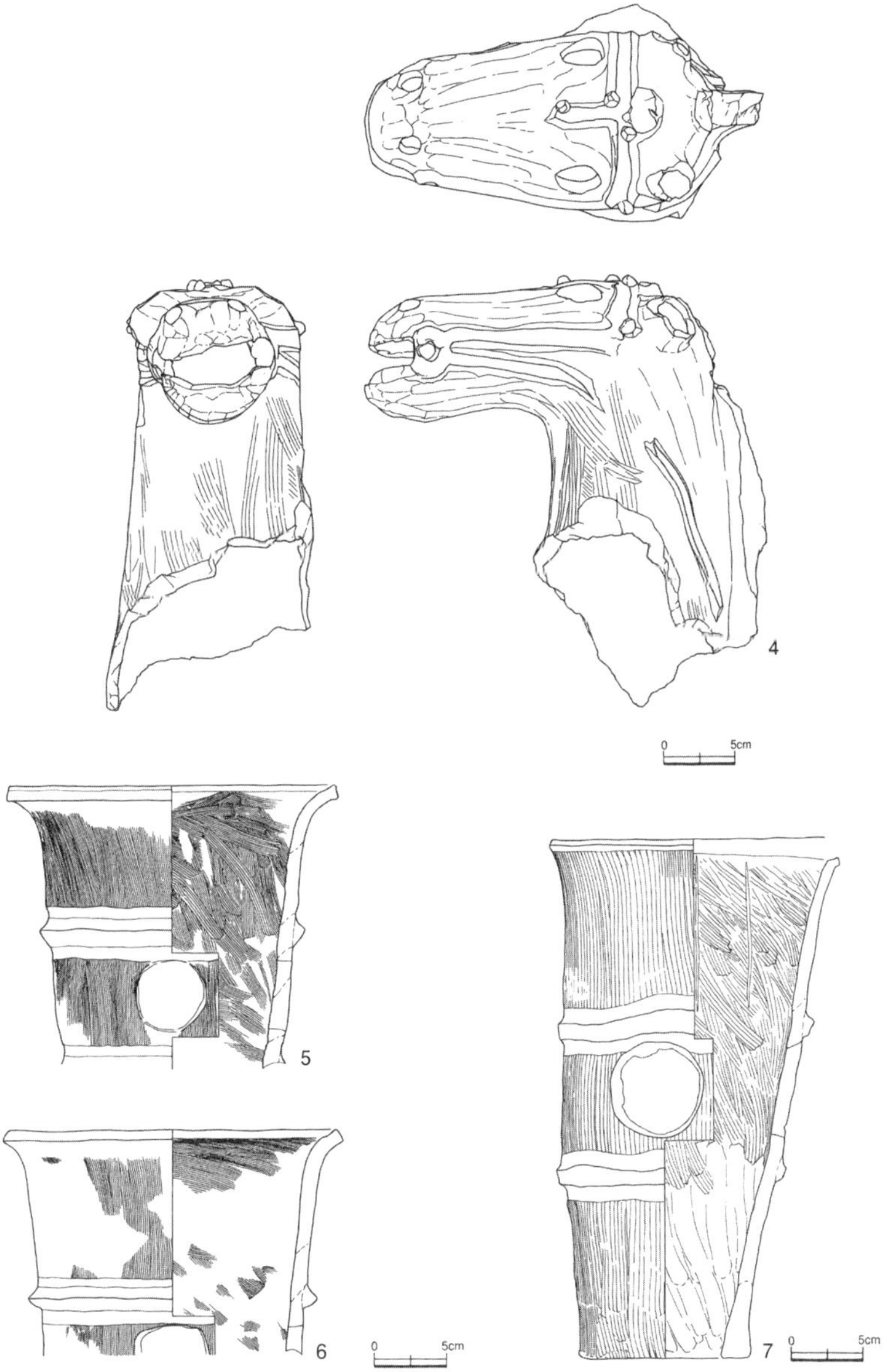

図20　伝摺鉢塚古墳出土の埴輪
馬形埴輪（4）　円筒埴輪（5〜7）

4　東京低地西部の古墳

隅田川以西の東京低地西部は、古くから鳥居龍蔵博士などが浅草寺境内や鳥越神社に伝わる蕨手太刀や玉類などから古墳の存在を疑っていたが、今に至るまで明確な古墳の所在は確認できていない(6)。

ただ、北区中里貝塚から朝顔形円筒埴輪破片が発掘調査によって出土している。口縁部の破片には、外面はタテ方向のハケ目、内面はナナメ及びヨコ方向のハケ目が施され、胴部には幅広の突帯がめぐっており、時期的には五世紀末から六世紀初頭に位置付けられる資料である［中島・保阪二〇〇〇］。しかし埴輪片の出土だけで、古墳本体の確認はできていない。このほか、豊島馬場遺跡からも埴輪片が出土しているが［小林高一九九五］、中里貝塚と同様に古墳の存在は確認されていない。

5　東京低地東部の古墳

南蔵院裏古墳（図21）

中川右岸の微高地上に所在した古墳である。この古墳は鳥居博士によって注目され、すでに墳丘は明治の頃に削平されてしまったが、現在、東京大学総合研究博物館に所蔵されている人物埴輪の頭部が採取されている。昭和六三年（一九八八）にマンション建設に伴い発掘調査を行ったところ、古墳の痕跡そのものは確認できなかったが、埴輪が出土している。発掘品以外には、靭と思われる形象埴輪など円筒や形象埴輪の破片が南蔵院に保管されている。南蔵院裏古墳の埴輪は、およそ六世紀の後半でも、比較的古い部類の埴輪と位置付けられよう。

南蔵院裏古墳に関わる問題として、立石様との関係がある。この古墳の石室の石材が、後に古代東海道の道し

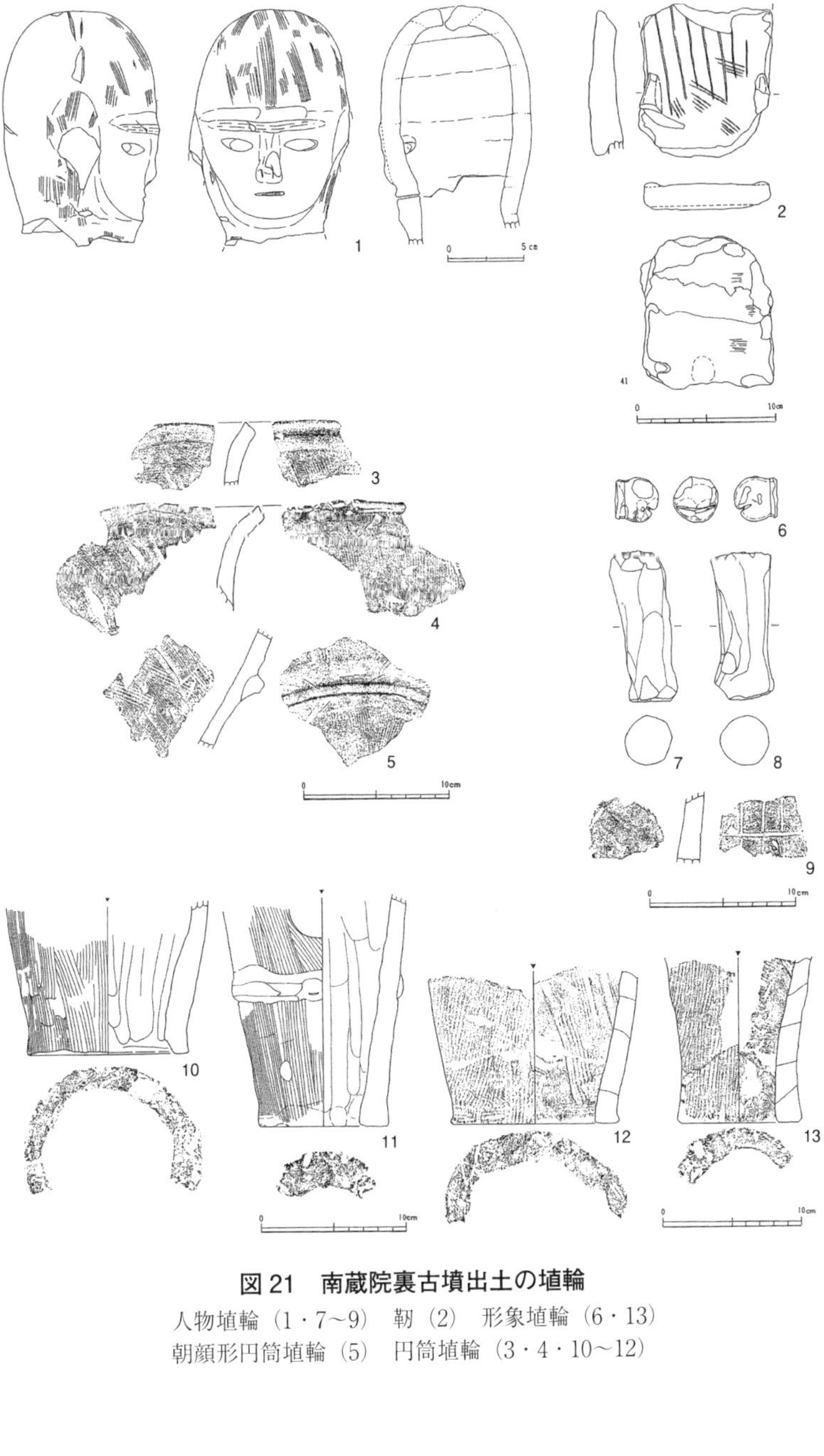

図 21　南蔵院裏古墳出土の埴輪

人物埴輪（1・7～9）　靭（2）　形象埴輪（6・13）
朝顔形円筒埴輪（5）　円筒埴輪（3・4・10～12）

るべとして転用されたと考えられるのである［谷口一九九八］。つまり、いわゆる房州石を用いた石室を備えていたものと推察される。

柴又八幡神社古墳（図22〜26）

東京低地を南北に流れる江戸川の右岸の高砂方面に東西に延びる微高地上に柴又八幡神社古墳は立地する。この古墳は、戦前に行われた社殿の改築の際に、社殿裏に石棺状の石組みの一部が露出し、一般に知られるようになった。昭和四〇年（一九六五）に永峯光一氏によって行われた調査で、石棺状石組は石室の一部だということが確認され、鉄刀、馬具などの副葬品や埴輪、須恵器、人骨片が出土したことより、古墳であることが判明した。

その後、古墳の保存を検討するために昭和六三年以降、六次にわたり葛飾区教育委員会によって本格的な発掘調査が行われた。これらの調査により、古墳は直径約二〇〜三〇メートル、社殿を中心に周溝がめぐり、古墳の周囲には形象埴輪と円筒埴輪が並置されていたことが確認されている。古墳の形状については、当初、円墳との見解があったが、調査が進むに周溝が北西にくびれ、墳丘の構築土もさらに北西部へ突出することが確認され、後円部径約一五メートル、墳長三〇メートル前後の前方後円墳であることが判明した［五十嵐二〇一二］。現在のところ東京低地唯一の前方後円墳である。

石室は横穴式石室であり、石室の石材は房総半島の鋸山周辺の海岸部で産出されるいわゆる房州石が使われていることが判明している。同じ石材を使用した古墳は、当古墳以外に房総半島から、東京低地、遠くは埼玉県行田市の埼玉古墳群でも確認されており、被葬者の性格を考える上で注目される。古墳の周囲からは、東西の周溝に沿って埴輪列が確認されており、古墳が築かれた当時の様子をうかがい知ることができる。

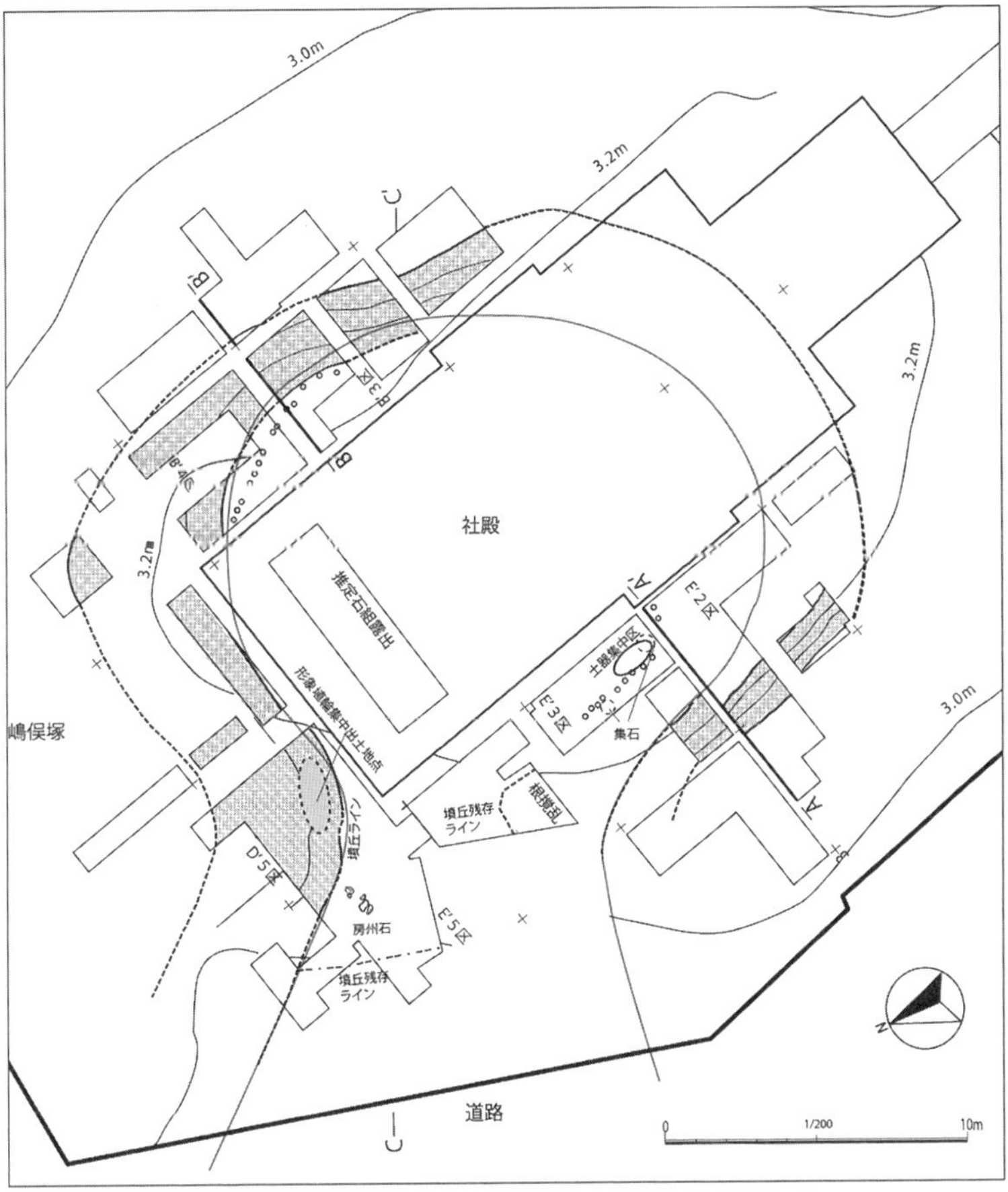

図 22　柴又八幡神社古墳の墳丘推定復元図

図 23　柴又八幡神社古墳出土の埴輪（1）

人物埴輪（1～3）

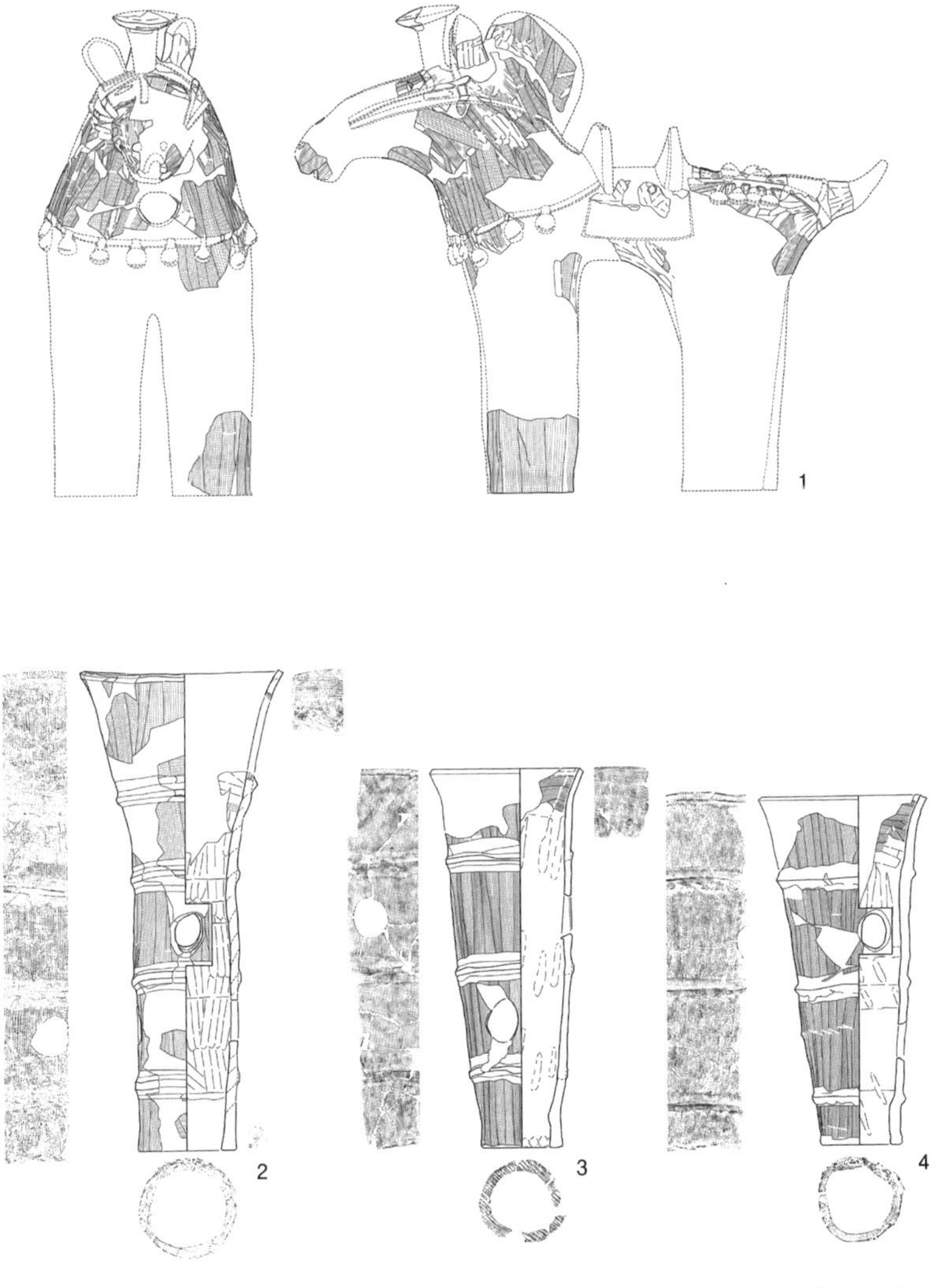

図 24　柴又八幡神社古墳出土の埴輪（2）

馬形埴輪（1）　朝顔形円筒埴輪（2）　円筒埴輪（3・4）

図 25　柴又八幡神社古墳出土の土師器・須恵器

土師器坏（1～3）　把手付鉢（4）　須恵器提瓶（5）　須恵器坏（6）　須恵器高坏（7・8）

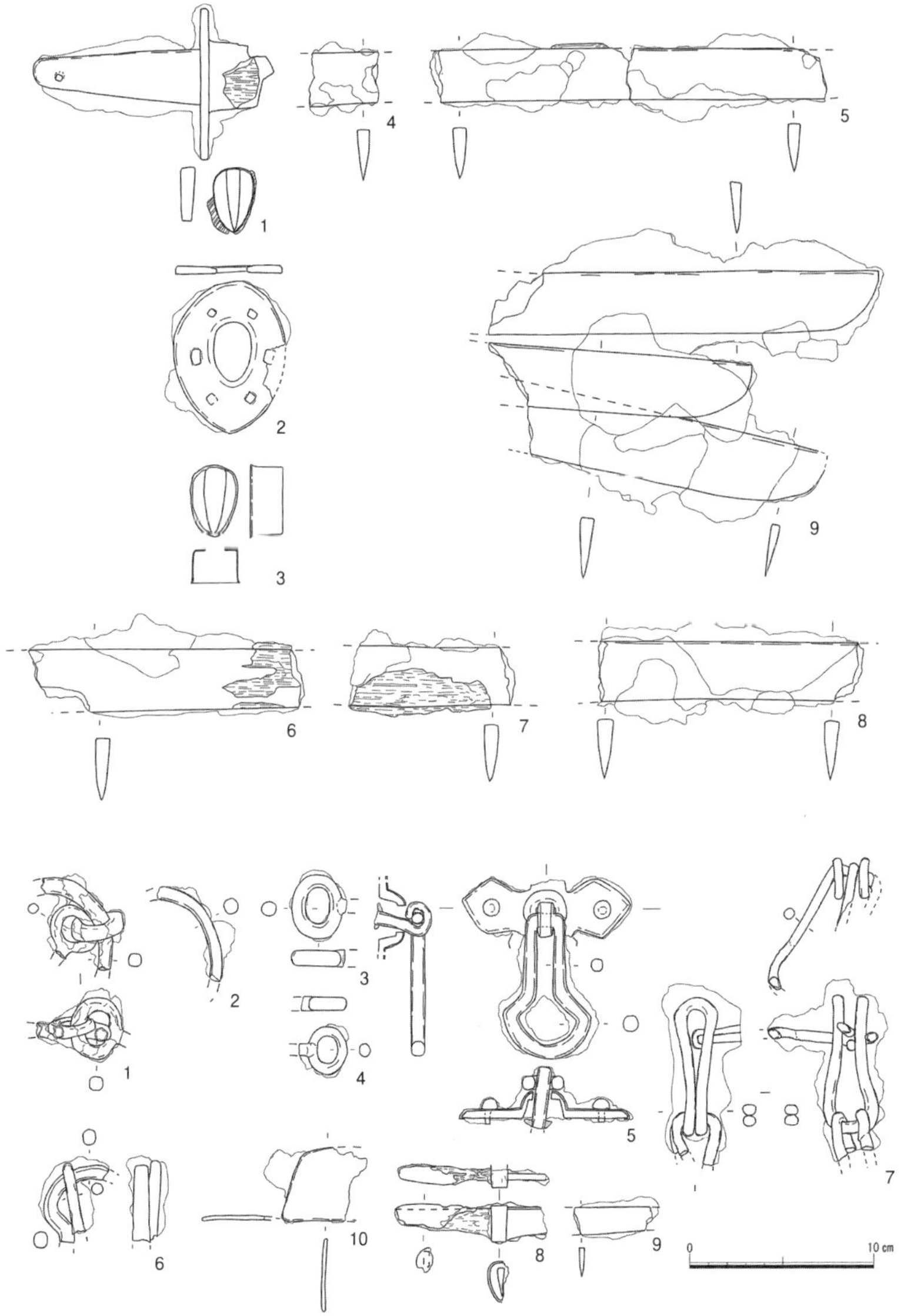

図 26　柴又八幡神社古墳出土の副葬品

上：鉄刀（1～8）　下：馬具（1～7）　工具（8・9）　不明鉄製品（10）

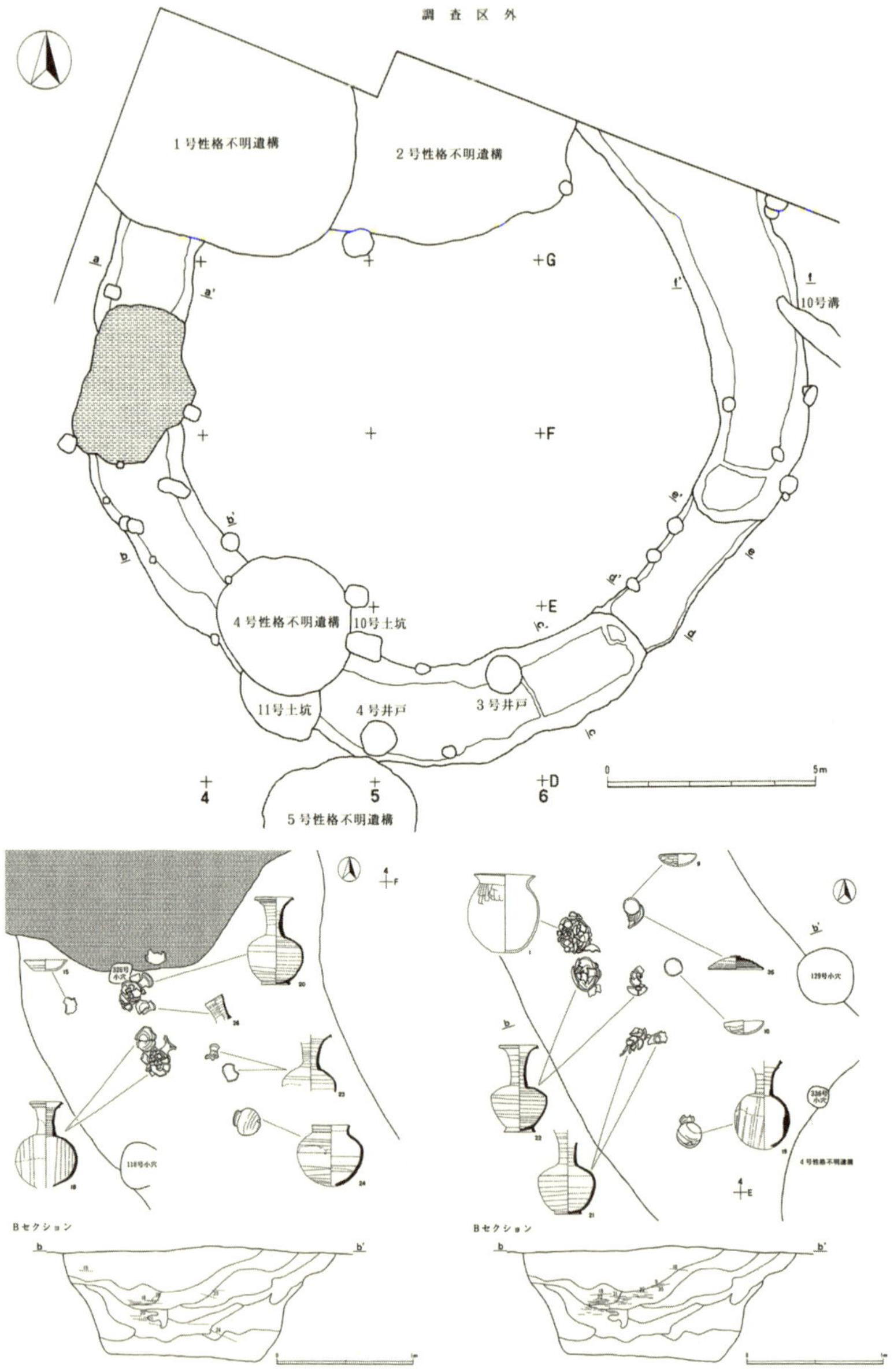

図27　立石熊野神社古墳平面図と周溝内遺物出土状況

出土した遺物は、須恵器の高坏・坏・提瓶、土師器の坏・把手付鉢、人物や馬形などの形象埴輪や円筒埴輪など良好な資料が出土している。出土した埴輪は下総型埴輪であり、本遺跡は下総型埴輪の最西端に位置する。古墳の築造年代は、六世紀末から七世紀初頭と考えられている。また、帽子を被った人物埴輪頭部（図23―2）と把手付鉢（図25―4）は渡来文化の伝播を物語る資料として注目される。

立石熊野神社古墳（図27）

南蔵院裏古墳の東方に熊野神社が鎮座しており、その近くで発掘調査によって確認された古墳である。盛土はすでに削平されていたが、直径一八メートル程の円墳で、調査者によると主体部は不明とのことであるが、周溝からは須恵器をはじめ土師器など良好な資料が出土している。七世紀後半の時期と考えられる。

葛飾区内の古墳の時間的な前後関係を整理すると、南蔵院裏古墳↓柴又八幡神社古墳↓立石熊野神社古墳という順番に造られていることになり、同時期には造営されず、地域的に交互に造営していることがわかる。

四　柴又八幡神社古墳をめぐる諸相

1　柴又八幡神社古墳の石室石材

柴又八幡神社古墳については、すでに松尾昌彦・犬木努・日高慎氏らの研究がある。ここでは先学の研究を基に、柴又八幡神社古墳の特質や被葬者の人物像について検討を加えてみたい。

図28　赤羽台古墳群3号墳（中）・4号墳（右）と
復元保存された柴又八幡神社古墳の石室（左）

柴又八幡神社古墳は、東京低地において現存する石室を備えた唯一の古墳であり、前方後円墳という墳形も現在までのところ他に確認されていない。というよりも東京の下町と呼ばれる地域に前方後円墳が築かれているとは研究者でさえ予想していなかったのではないだろうか。

古墳の石室石材が身近に入手できる地域と異なり、東京低地をフィールドとしている者にとって「石」は、地域の歴史を探る重要な情報源となる。なぜならば、石材を入手するには、産地から運ばなければならず、遺跡から出土する石の産地を見極めることにより、産地と供給地の関係を明らかにすることができるからである。

柴又八幡神社古墳の石室石材をめぐる問題については、高橋一夫・本間岳夫氏［高橋・本間一九九四］、松尾昌彦氏［松尾一九九七］らの研究があり、筆者も柴又八幡神社古墳第一・二次学術調査の報告等で述べたことがあるが［谷口一九九二・一九九四b］、最初に石室石材についての所見を公にしたのは永峯光一であった。

永峯氏は「石材は浮石を含んだ凝灰岩で、その上、重要なことはイシマテガイの棲管がちょうどアバタのように前面に残っていることである。「石棺」とされていた大きな板石だけでなく、四・五〇センチどまりの多くの扁平な礫にもみられる特徴であって、それらは恐らく同一の産地から運搬されてきて、内部主体の材石に使用されたものに違いない」と石材の特徴と同一産地からもたらされたものであることをまず指摘している。そして、イシマテガイの棲管が認められることから海浜に存在したことを述べ、三浦半島基部に露頭を有するいわゆる伊豆石という鑑定が得られていると報告している。また、地元の話として矢切の渡しの少し下流の江戸川の河床にアバタのある岩盤が存在することを付記し、同じような遠距地の露頭との関係を結びつけるためには、証明すべきいくつかの問題があると注意を促している［永峯一九七〇］。

昭和六三年（一九八八）に、北総鉄道建設に伴い江戸川河川敷遺跡の発掘調査で、まさに永峯氏が指摘した江戸川河床のアバタのある岩盤を確認することができたのである。前章で紹介した縄文海進によって浸食された波食台（第一章図5）であり、「からめきの瀬」の正体である。

永峯氏の指摘を検証するべく、江戸川河川敷遺跡の波食台（四点）と柴又八幡神社古墳（一点）の石室石材の比較をするため薄片観察・鉱物分析・珪藻分析等の科学分析を行った。参考のために北区赤羽台古墳群の同じ石材と思われる石室石材（一点）と北区中里遺跡の波食崖（一点）のサンプルも一緒に分析を試みた［谷口一九八九c］。その結果、柴又八幡神社古墳の石室石材と赤羽台古墳群の石室石材は同類の岩石で、江戸川河川敷遺跡の波食台とは異なっていた。つまり、江戸川河床の岩盤は柴又八幡神社古墳の石室石材として用いていないことが判明した［パリノ・サーヴェイ一九八九］。

さらに平成一〇年度から一五年度にかけて実施した柴又八幡神社古墳の学術調査において、自然科学分析的による石室石材の産地の同定作業を行った。肉眼鑑定の結果、柴又八幡神社古墳の石室石材は、軽石質火山礫凝灰岩、火山礫凝灰岩、砂質凝灰岩等に分類されるもので、いわゆる房州石の特徴であるスコリア質な火山礫凝灰岩や凝灰岩が含まれないとされ、岩相的にはいわゆる房州石を胚胎する三浦層群あるいは上総層群に認められるものとされる房総半島に由来する火山砕屑岩類ととらえられている〔パリノ・サーヴェイ二〇〇九〕。

この分析結果は、古墳時代後期の石室石材として利用されるいわゆる房州石が鋸山山麓の海岸部という限定的な場所ではなく、周辺地域をも含めて考慮する必要があることを示唆するものとして注目される。そこで注意されるのが、考古学的には房州石という用語を使ってきたが、本来房州石という呼称は鋸山から建築用に切り出された石材のことを指すという。筆者も二枚貝の生痕を有することから鋸山周辺の海岸部の自然石を石室石材として用いたと説明してきた経緯があり、鋸山から切り出された石材と区別する意味もあって「いわゆる房州石」と記したりしてきた。しかし、生痕のある古墳の石室に用いられている石材は、「富津磯石」或いは「房州磯石」などと呼ばれる「磯石」であるという〔白井二〇〇二、鈴木二〇一二〕。今後、古墳石室石材に用いられているいわゆる房州石は、鋸山の切り出し石材と区別するためにも「磯石」と呼び改めて、論を進めたいと思う。

柴又八幡神社古墳の石室石材は房総の「磯石」であり、東京低地と房総方面との交流を物語る資料であることには変わりない。

2　下総型埴輪を樹立する古墳の類型と柴又八幡神社古墳

房総地域はかつて「総」と呼ばれていたが、大化の改新後、総の南部を「上総国」、北部を「下総国」とに分けて分国した。下総国は、現在の千葉県の北部を中心として茨城県南西部、埼玉県東南部、東京都東部の一部を含めた地域となる。この七世紀後半以降に成立する下総国と同じ範囲を主な分布域として展開する特徴的な埴輪を「下総型埴輪」と呼んでいる〔轟一九七二〕。

下総型埴輪のうち円筒埴輪は、三条突帯の四段構成を基本とし、第一段の幅が他と比較して著しく狭く、底径・

口径・器高がほぼ一対二対四の比率になっていることなどが特徴とされている。人物埴輪では、顔の表現は目と口は細く切れ長にくりぬき、眉毛は粘土帯を直線的に張り付け、鼻の先端は膨らみ、手は指を表現せずシャモジ状に表現するなどの特徴がある。

柴又八幡神社古墳も下総型埴輪の提唱者である轟俊二郎氏によって、下総型の円筒埴輪を出土する古墳として紹介されている［轟一九七二］。

下総型埴輪が樹立された古墳はおおむね六世紀後葉から末頃と考えられ、近年では犬木努氏や日高慎氏によって、下総型埴輪に関わる製作技法や墳丘企画等の検討が進められているので、それらの研究を基に柴又八幡神社古墳の下総型埴輪の様相を整理してみたい。

犬木努氏によると、プロポーション、突帯間隔、突帯形状、施されている刷毛目の異同などの分析から柴又八幡神社古墳の朝顔形埴輪も含め円筒埴輪は、少なくとも九人、人物埴輪は四人、馬形埴輪は一人の埴輪工人によって製作されたと考えられている。埴輪工人のうち一人は多数の円筒埴輪と人物埴輪を製作し、円筒埴輪は一個体しか確認できないものの人物埴輪や馬形埴輪を製作している二人の埴輪工人などの存在が浮き彫りにされている。

前者は、本古墳の埴輪製作の中心的なする工人であるが、後者の二人は熟練度が高く、形象埴輪の製作に大きな役割を果たしていたと想定されているが、全体的には本古墳も他の下総型埴輪を出土する古墳と同じように、特定の工人が特定の器種の埴輪製作に専従するのではなく、形象埴輪の製作を少しずつ分担するあり方を示しているという。そして、朝顔形円筒埴輪は城山一号墳や油作Ⅱ号墳に先行し、円筒埴輪や人物埴輪の構成比率や形態的特徴などから下総型埴輪のなかでも「中段階」の特徴を持つとされている［犬木二〇一一］。

日高慎氏は、下総型埴輪を樹立する前方後円墳の墳丘平面企画の分析から、前方部が後円部半径長を主軸線状に延長した点を交点として設定されていることを基本とし、前方部埴輪列を後円部方向へ延長した交点の位置が大きく二つの類型に区分されることを明らかにしている。ひとつは、後円部埴輪列径となる場合と、もうひとつは後円部裾径となる場合があり、前者を高野山類型、後者を城山類型とし、その二類型を「下総型埴輪類型」と呼んでいる(7)。

そして日高氏は、下総型埴輪を樹立する古墳の主体部は、通常、在地の石材を利用した横穴式石室・竪穴式石室・箱形石棺、あるいは木棺直葬を採用しており、下総型埴輪を樹立する古墳は、埴輪生産と墳丘築造に密接な関係があるが、内部主体の石材には明確な共通性は見いだせないと指摘する。また、土器類の出土はそれほど多くなく、内部主体からは一切出土せず、墳丘上に置かれていると述べられている［日高二〇一三］

日高氏の分析によると柴又八幡神社古墳は、古墳の墳丘企画は下総型埴輪類型に属し、前方部側面裾の設定方法などから印西市吉高山古墳に近似値を求められるとされ、日高氏が設定した高野山類型に属するが、主体部の石室と副葬品について異質な面を有していることも指摘されている［日高二〇一三］。

3　柴又八幡神社古墳の特質と被葬者像

柴又八幡神社古墳は、下総型埴輪を樹立する古墳の通常の主体部のあり方と異なり、磯石を用いた横穴石室を採用している。また、下総型埴輪を樹立している古墳からは、馬具の副葬が見られないが、柴又八幡神社古墳と香取市城山一号墳、市原市根田一三〇号墳のみ馬具が出土しているという(8)［日高二〇一三］。

柴又八幡神社古墳が下総型埴輪類型に属しながらも低地に位置し、磯石を用いた石室と馬具の出土という類型から逸脱した特異な面を持ち合わせているということは、この古墳の被葬者像を探る手掛かりとなる。柴又八幡神社古墳の被葬者の人物像を求めると、日高が述べるように「北武蔵地域と上総地域との交流に深く関わった」人物［日高二〇一三］であることは疑いないところであろう。

　地形図を使って柴又八幡神社古墳の立地を改めて確認すると、柴又微高地の標高は西高東低であり、高まりの強い西部から比較的低位となる東部への転換点付近に古墳は位置し、北側に岬状に突出したところに造営されている（図29）。さらに柴又八幡神社の周辺を見渡すと、北方の葛飾区金町方面から柴又微高地の北側に沿うように低位面が弧状に連続している。これは河道跡で、柴又八幡神社の北を通過し江戸川に至る様子が確認できる（図30）。

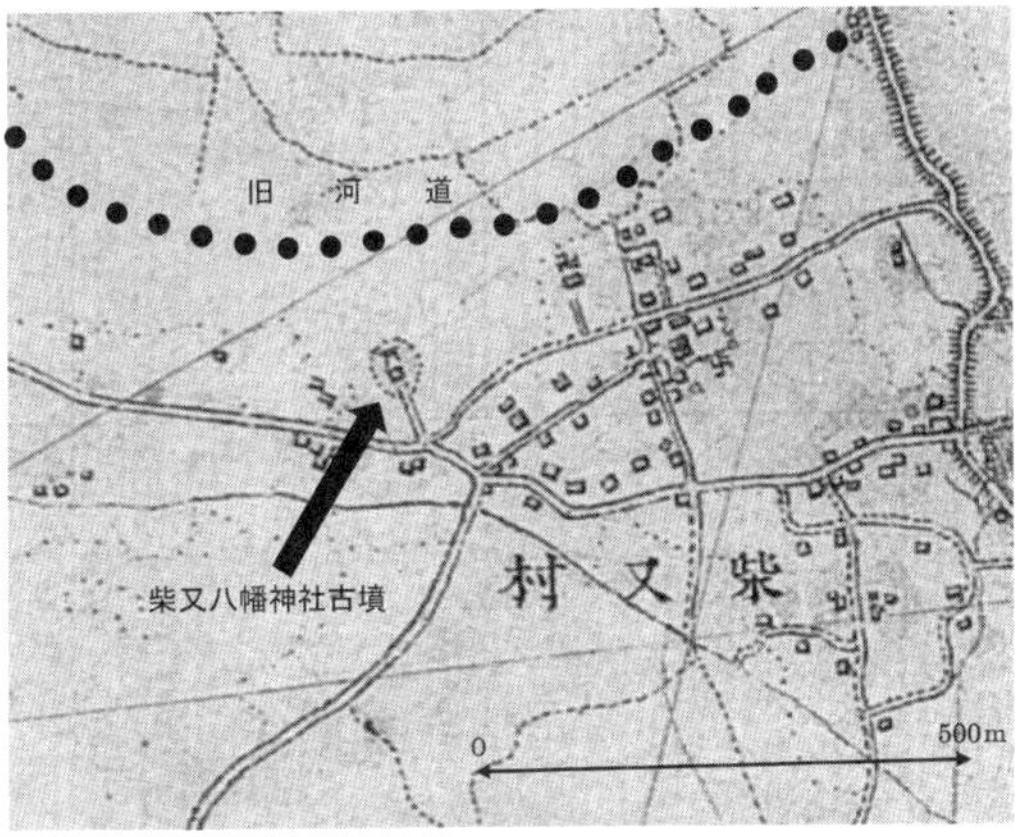

図29　柴又八幡神社古墳の立地

　柴又微高地は、南面が海に面する海岸線に発達した砂州で、高砂方面から柴又方面さらに江戸川に向かって東西方向に形成されている。ボーリング調査によると柴又微高地の基盤には砂州形成以前の縄文海進時の海成層が堆積し、潮間帯に相当する汽水域の環境が想定されている。その後河川の氾濫原へと変遷して微地形が形成され、弥生時代以前では湿地的環境を示す珪藻などが検出されることから河川の影響を頻繁に受ける不安定な環境であったが、古墳時代になると陸生珪藻種などが検出されることから安定した環境へと変わる様子が明らかにされている［パリノ・サーヴェイ二〇一五］。

　柴又微高地の北側に沿うように確認される河道跡は、まさに砂州を形成する土砂を供給した流れであった。柴又八幡神社古墳が造営

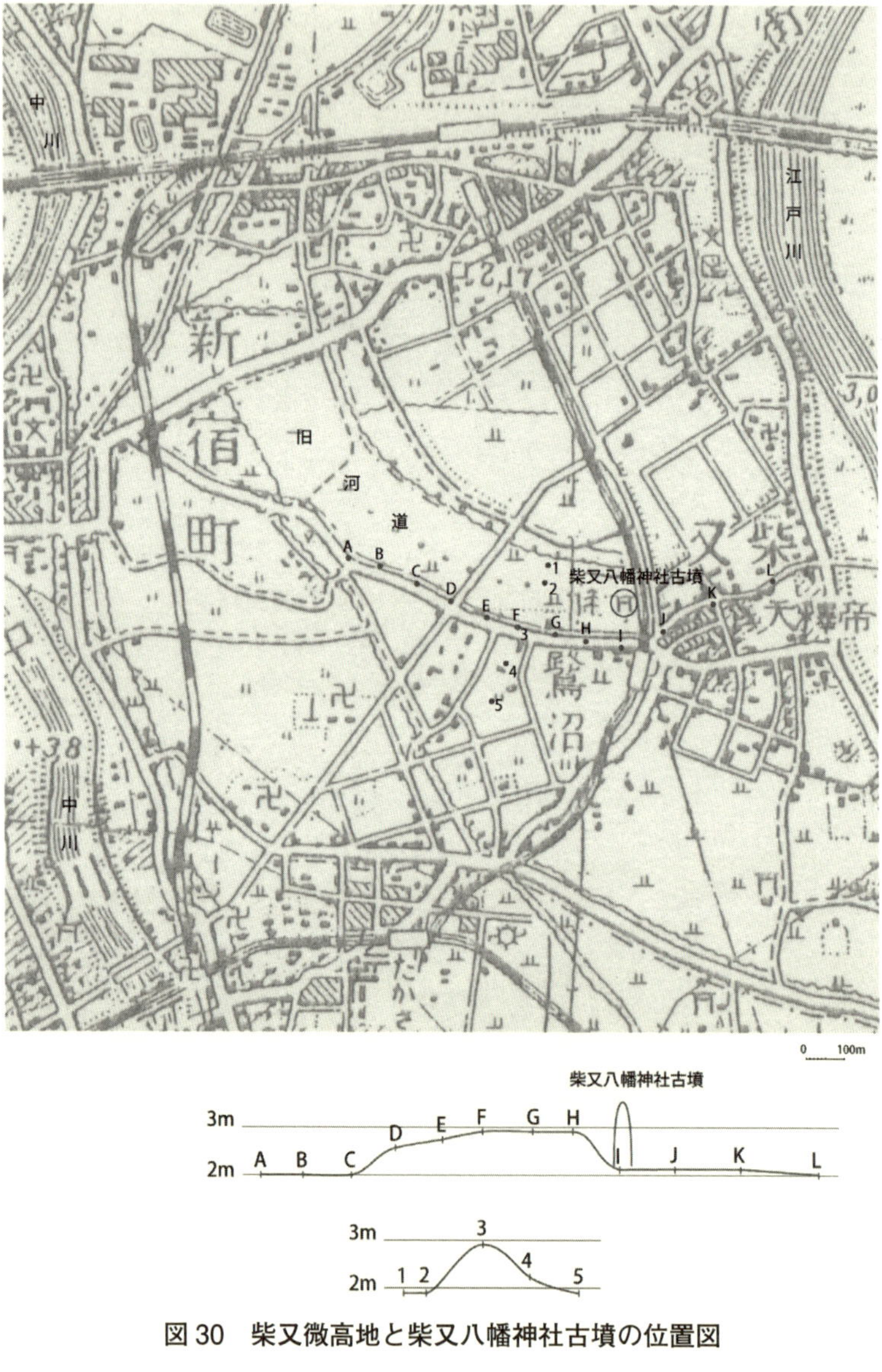

図30　柴又微高地と柴又八幡神社古墳の位置図

された古墳時代後期には砂州の北側の旧河道や上流部の水域は干潟となり、南側に海が広がる景観が復元できる。柴又微高地の特に柴又八幡神社よりも西側に比べ東側の低位の微高地は物資の積み卸しには最適な場であり、柴又八幡神社古墳周辺は港として機能していたと推察される。まさに柴又八幡神社古墳周辺は港として、房総と上流部、海と内陸とを連絡する交通の要衝であったと想定されるのである。海側からも内陸側の干潟からも見晴らしの利く低地にあって、人工のマウンドを持った柴又八幡神社古墳は目立った構造物であり、付近を航行する船にとって格好のランドマークともなっていたことであろう。

柴又八幡神社古墳の被葬者は、「北武蔵地域と上総地域との交流に深く関わった」人物とみなされるが［日高二〇一三］、具体的には低地にあって交通の要衝を直接的に管轄する人物であった。さらに後述するが、下総台地南西部の勢力にとって交通の要衝の管轄だけにとどまらず、生業活動など低地開発の最前線をも管轄した人物とみられるのである。

そして柴又八幡神社古墳の被葬者は、渡来文化をも享受できる人物でもあった。本章の三節でも紹介したように柴又八幡神社古墳から出土した把手付鉢土師器は、直接朝鮮半島から招来されたものではなく、模して作られた土師器であるが、渡来系の資料として注目される［谷口二〇〇九・石橋二〇一一］。さらに帽子を被ったその風貌と出土した日が二〇〇一年の渥美清さんの命日と同じ八月四日であったことから新聞やテレビで「寅さん埴輪」と呼ばれて親しまれている鍔の廻った帽子を表現した人物埴輪頭部も、葛飾柴又ならではのインパクトのある資料であるが、学術的には帽子を着装する風習は当時の朝鮮半島の男子の正装を模した人物埴輪として評価される。双方とも朝鮮半島を源泉とする渡来系の資料として注目されるのである［谷口二〇一二］。

五　大嶋郷戸籍前夜の動向

1　下総台地南西部と東京低地東部

第四章で検討する養老五年（七二一）の「下総国葛飾群大嶋郷戸籍」が作成される前夜の下総台地南西部と東京低地東部との関係、さらに東国という視点も加味しながらその動態を探っておきたい。

大嶋郷戸籍が作成される前夜の東京低地東部では、五世紀の空白期を経て六世紀になると新しい集落が営まれ、古墳も築かれるようになることは先述した。東京低地東部を眼下に見下ろす下総台地南西部も、四・五世紀は古墳群を形成していないが、六世紀に入ると栗山古墳群や国府台古墳群を形成し、須和田遺跡などの後期の集落も営まれるようになる。

他の地域でも、平野部とそれを望む丘陵上の古墳との関係が語られているように、下総台地南西部と東京低地東部という位置的な関係は、両地域が別個に存立しているのではなく、有機的な関係があったであろうことは想像に難くない。

例えば、六世紀の古墳群形成に象徴される下総台地南西部での新勢力の出現と東京低地東部での古墳・集落の形成は時期を同じくしている。資料的にも、南蔵院裏古墳の人物埴輪と栗山古墳群出土の人物埴輪に類似点が見られることや［谷口一九八九a］、国府台古墳群でもひときわ際立った存在である法皇塚古墳の石室と柴又八幡神社古墳の石室の石材が同じ磯石であるなどの事例を挙げることができる［谷口一九九二］。以上のことからも両地域の関係が密接なものであったことは疑う余地はない。

しかし、両地域の関係は対等なものだったわけではない。法皇塚古墳と柴又八幡神社古墳は石室の石材や馬具を副葬している点では共通しているが、法皇塚古墳は五〇メートル級の前方後円墳であり、古墳や石室の規模、副葬品の内容からして、法皇塚古墳の優位性は明白である［小林・熊野一九七六］。この古墳に見られる格差の現れは、南蔵院裏古墳や柴又八幡神社古墳が所在する低地帯と下総台地西南部の古墳群との関係を示唆していよう［谷口二〇〇六］。

つまり、東京低地東部の南蔵院裏古墳や柴又八幡神社古墳の被葬者は、下総台地西南部の法皇塚古墳などの被葬者の下に属する在地の有力者という関係が読み取れる。したがって下総台地南西部に勢力を有する首長は東京低地東部を管轄下に治める立場であり、六世紀における下総台地西南部での新勢力の出現と、東京低地東部への進出とは切り離しては語ることができない問題であることを改めて指摘しておきたい。

2 渡来系の遺物

前節で柴又八幡神社古墳から出土した渡来系資料のことを述べたが、東京低地及びその周辺における渡来系の資料については、すでに足立区伊興遺跡では五世紀初頭以前の百済系の瓶形陶質土器や五世紀後半以降の伽那系の壺形陶質土器など朝鮮半島系の土器の出土が知られている［酒井二〇〇〇・二〇一三］。近年では、下総台地南西部でも朝鮮半島系の資料の出土が確認されている。

千葉県松戸市行人台遺跡から甑と鋳造鉄斧をはじめとする渡来系遺物が出土し注目されている。甑と鋳造鉄斧は五世紀中葉とされる六号住居跡からの出土で、両者とも渡来系の色彩の強い資料と報告されている［日高二〇〇五］。行人台遺跡では六号住居跡以外からも朝鮮半島の洛東江下流域（伽耶東部）の坏もしくは高坏と思われる五世紀中葉の土器の出土も確認されている［日高二〇〇七］。また、松戸市大谷口遺跡でも六世紀代の住居跡から柴又八幡神社古墳から出土した把手坏鉢と同じ把手の出土が確認されている［小林二〇一二］。
千葉県市川市内では、下総国分寺跡と曽谷南遺跡から七世紀前葉から中葉の新羅式の短頸壺がそれぞれ一点ずつ出土している［酒井・工藤二〇〇三］。その後も市川市内では朝鮮半島系の土器の出土が報告されている[9]［三辻・松本・松田二〇〇三］。

朝鮮半島系の土器などの渡来系の資料の評価については、例えば、行人台遺跡では渡来後の二世や三世の世代の人の居住を想定している。さらに朝鮮半島系の甑などの土器と鋳造鉄斧が一緒に出土していることに注目し、渡来系文物という信頼の情報が太平洋沿岸地域から河川交通によって内陸部へと運ばれたものと想定している［日高二〇一五］。

酒井氏は、伊興遺跡の資料について、朝鮮半島で製作された可能性が高いことを前提に、五世紀代の渡来人は在地の人々と混在して居住しており、七世紀以降の政治的に集団で居住されたありかたとは異なっていたと述べ、伊興遺跡は大阪府陶邑窯跡群の古式須恵器が多く出土していることから、水上交通とかかわる拠点的な集落と位置付けている［酒井二〇〇〇］。また、市川市内の資料については、国府や国分寺が設置された場所で、それらの施設が置かれる前段階に官衙的様相を持つ施設の存在があり、その関係で新羅人が居住したことを想定している［酒井二〇一三］。

以上のように、朝鮮半島系の土器などの資料の出土について、直接朝鮮半島からもたらされたものなのか、在地で製作されたものなのか、また影響を受けたものなのかなどの資料の認知の仕方によって、解釈は異なってくる。東京低地では、伊興遺跡において五世紀代、東方にそびえる下総台地南西部の松戸・市川市内において主に五・七世紀の朝鮮半島系の資料の出土が知られ、考古学的に東京低地や下総台地南西部では五世紀代から渡来文化がもたらされていることは疑いようがない事実といえる。

ただし、いち早く渡来文化が受容された上毛野に比べ、東京低地や下総台地南西部は渡来文化の痕跡は希薄であり、点的な広がりでしかない。しかし、日高氏や酒井氏が指摘するように、点的ではあるが渡来系の遺物が出土する場所は交通や政治性の強い場所と関わることに注意すべきであろう。

一般的に、朝鮮半島系の土器は五世紀に多く認められ、六世紀には希薄になり、七世紀に再び多く出土する傾向がある。これには朝鮮半島の政治情勢が大きく影響していることは周知の通りであり、特に七世紀以降は六六〇年の百済滅亡、六六八年の高句麗滅亡によって多くの朝鮮半島の人々が日本に渡ってきたことが知られている。このような朝鮮半島の人々の流入を受け、七世紀後半以降、渡来系移民の集団移住や建郡の記事が『日本書紀』などに見られるようになる。朝鮮半島系の遺物の出土は、五世紀から七世紀の朝鮮半島の動向と切り離してとらえられるものではなく、伊興遺跡や柴又八幡神社古墳の資料は東アジア世界の波動が東京低地にも及んでいることを教えてくれている。

3　石室石材と「高橋氏文」

柴又八幡神社古墳と同じ磯石を用いて石室を築いている例が、東京低地及びその周辺に確認されていることはすでに紹介した。下総台地南西部では市川市法皇塚古墳、松戸市栗山古墳群、武蔵野台地北東部の北区赤羽台古墳群や行田市埼玉古墳群の将軍山古墳がある。東京湾南岸地域で産出する石材が、柴又八幡神社古墳や法皇塚古墳、将軍山古墳の石室として用いられるのは、当時の活発な海上交通の様子を物語るものであり、船による東京湾内の交通網の状況を知ることができる［高橋・本間一九九四］。

この東京湾南岸地域から東京低地、そして武蔵へのルートを考えたとき、「高橋氏文」に見えている景行天皇が日本武尊の足跡をたどって上総国安房浮嶋宮に巡幸した話が思い起こされる。

「高橋氏文」は、延暦年間（七八二〜八〇六）頃に高橋朝臣氏と阿曇連氏が宮内省膳司の座を争った時、高橋氏が自分の職掌の正当性を強調するためにまとめた由来書とされるもので、今日までさまざまな検討が加えられている。「高橋氏文」の記載を歴史学的にどのように取り扱うかは慎重にならなければいけないことは言を俟たない。

そのことを念頭に置きながら「高橋氏文」の内容を確認すると、景行天皇が上総国安房浮嶋宮に巡幸した際に、浮嶋宮から葛飾野に御狩に出掛ける記述が注目される。安房での膳氏の御贄献上の際、无邪志国造と知々夫国造が膳手として召されているが（「国造本紀」には胸刺国造の名も見える）、なぜ距離的に遠い北武蔵の国造が召されているのであろうか。大変興味深い記述である。

葛飾野という場所と无邪志国造と知々夫国造の北武蔵は、安房とも遠く離れ関係が薄いように思える。地図上に置き換えると、葛飾野は古代の葛飾郡と考えられることから、安房と北武蔵を結ぶ中間に葛飾野が位置し、安房—葛飾—武蔵というルートが浮かび上がってくる。まさに石材の運搬ルートと符号しているのである。将軍山古墳は、房州産の凝灰岩と秩父産の緑泥片岩と併用しているが、位置的には緑泥片岩の方が距離的にも入手し易かったのに、房総からわざわざ労力を掛けて運び込んで石室を造っている。

石材に見られるモノの動きは、房総から北武蔵方面への一方的な流れではなく、北武蔵の秩父地域から産出する緑泥片岩が富津市金鈴塚古墳の石棺に用いられている。また、埼玉県鴻巣市生出塚埴輪窯の埴輪が、赤羽台古墳群、法皇塚古墳、さらに市原市山倉一号墳などで確認されている。これらのことからも相互の交流があったことがわかり、北武蔵地方と房総地方との強い結び付きを読み取ることができる（図31）。

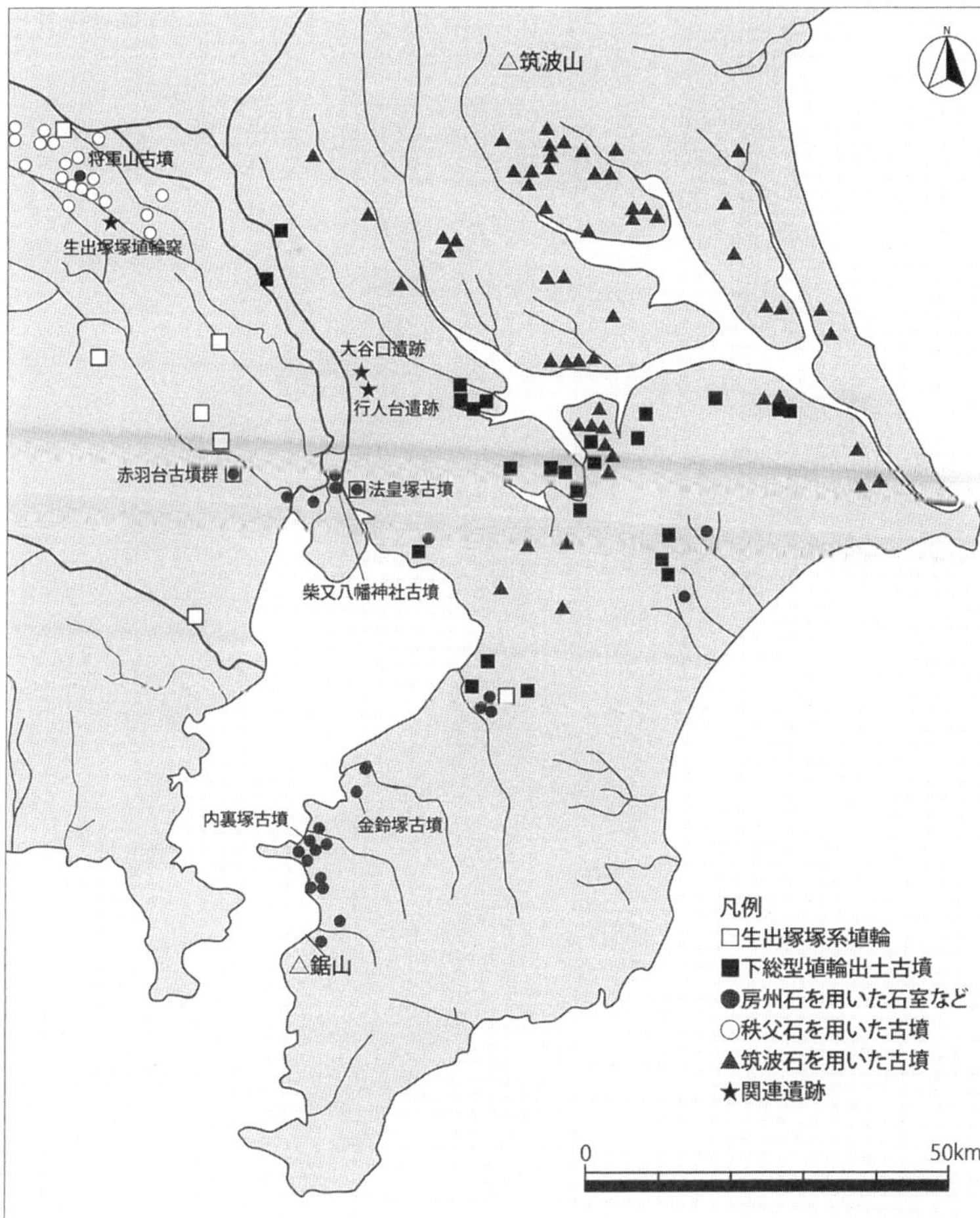

図 31　石室・石棺石材と埴輪の移動

この石室石材や埴輪からうかがわれる安房―葛飾―武蔵という交流と「高橋氏文」との関係性について、高橋一夫氏は「食物献上は服属儀礼のひとつであり、このことをもって安房と武蔵の関係を論じることはできないであろう」と指摘されている〔高橋・本間一九九四〕。しかし、「高橋氏文」にみられる食物献上は、服属儀礼だけに限定されるものでないと考えている。

なぜならば、森田喜久男氏の研究で明らかなように、天皇の狩猟伝承は「山海之政」を象徴する儀礼行為であり〔森田一九九四〕、安房と葛飾野の関係は、すでに田中禎昭氏が指摘しているように、葛飾野が単なる狩場ではなく、ヤマト王権にとっておさえるべき重要な場所であったことを物語っている〔田中一九九五〕。東京湾を渡って房総南部に至り、下総へという動きは古代東海道初期のルートと同じであり、房総南部が総国（房総半島）の玄関口であった。筆者としては「食物献上は服属儀礼」を否定するものではないが、房総南部と葛飾野・武蔵という地域間の関係性に注目する視点も重要であると思われる。

それに関連して、総の国造の分布は古代の葛飾地域を理解するうえで示唆的である。注目すべきことは古代の葛飾地域は国造の空白域となっているのである（図32）。それを国造になりうる在地勢力が居なかったと簡単に評価することはできないであろう。古代の葛飾地域には古墳群が形成されており、けして在地勢力が居なかったわけでもなく、また法皇塚古墳の造営が示すように有力首長が居なかったわけでもない。王権にとっての葛飾野は直接管轄すべき重要地域だったのである。葛飾野がヤマト王権にとっていかに重要な地域であったのかを「高橋氏文」から読み取ることがでるのである。考古資料が物語る石室石材、埴輪などのモノの動きは、北武蔵と上総などの房総南部との関係を肯定的にとらえることができ、古代の葛飾地域が海と内陸とを結ぶ交通を確保する上でも重要な場所であったことを物語っている。後に葛飾郡に下総国府が置かれることも合わせ、「高橋氏文」

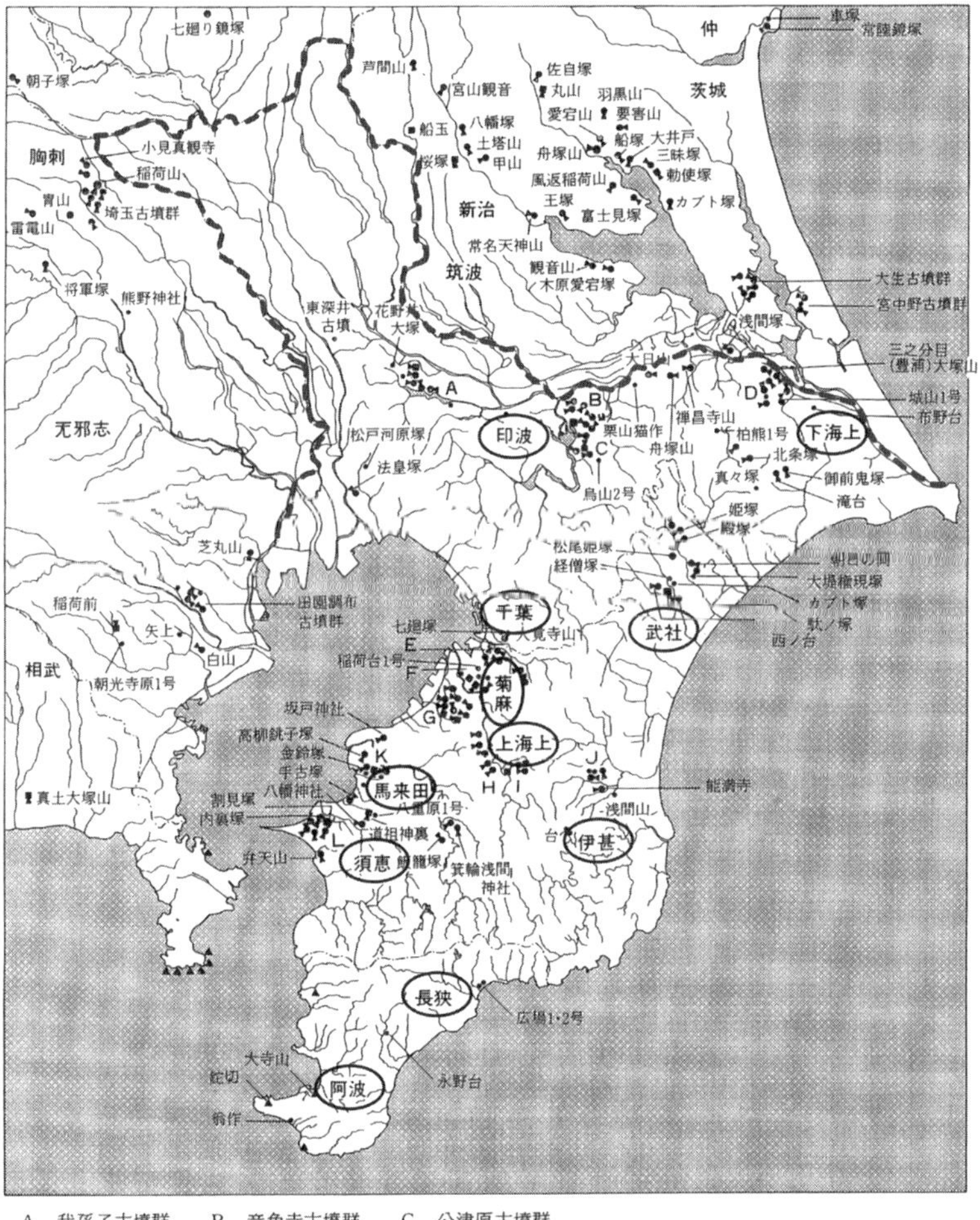

A．我孫子古墳群　B．竜角寺古墳群　C．公津原古墳群
D．城山古墳群　E．菊間古墳群　F．国分寺台古墳群
G．姉崎古墳群　H．佐是古墳群　I．江子田古墳群
J．油殿古墳群　K．長須賀古墳群　L．内裏塚古墳群

0　50km

前方後円墳　前方後方墳　●円墳　■方墳

▲海蝕洞穴

図32　総の国造と房総とその周辺の主な古墳群

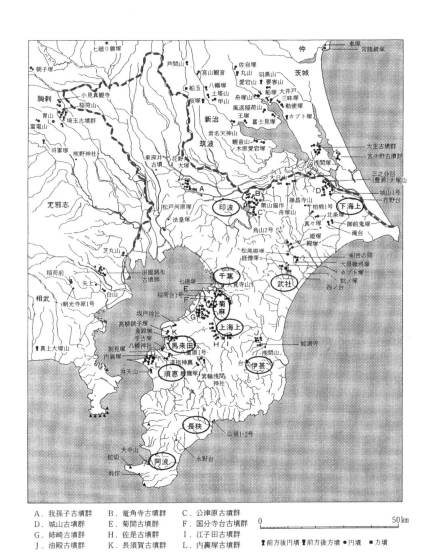

は興味深い史料といえる。

4　部民の設置

従来、大嶋郷を構成する人々がほとんど孔王部姓によって占められていることの説明として、孔王部姓が安康天皇の名代という事情によるもので、戸籍は八世紀における部民制の遺制を伝えているとされてきた［直木一九五八］。近年の研究では、部民制の成立を六世紀以降とする考えや、安康天皇が五世紀に実在したかどうかも疑問視されてきており、孔王部が五世紀代に設定されたとする従来からの考えを見直す指摘がなされている［遠山一九八六］。

このような状況を踏まえ、田中禎昭氏は六世紀以降の王名・王子名（宮名）と葛飾地域の「名代・子代」との関係を整理している［田中一九九五］。田中氏は、葛飾郡付近に設定された「名代・子代」といわれる部民は敏達朝から推古朝の間に実在した王子の宮に奉仕する御名人部で、孔王部の伝領には膳氏が関与していた可能性を述べている。古代史で指摘される子代・名代の設定など常総台地での政治体制の変化と、考古学的に見た六世紀における下総台地西南部と東京低地東部の動向との関連が注目される。

考古学的には、東京低地東部において、五世紀の段階で安康天皇の部民が設置されたということは、当該期は人間活動の空白期であり、肯定することはできないのである［谷口一九九四b］。

5　東京低地東部の開発

すでに記してきたように東京低地東部は、古墳時代中期の空白期後、古墳時代後期になって再び人間活動が開始される。この東京低地東部への進出は、下総台地西南部での新勢力の出現と連動するものであることを述べたが、舞台を東京低地東部に戻して古墳時代後期の集落と古墳の状況をみてみよう。

当該期には本文で述べたように、大きく柴又八幡神社古墳と古録天遺跡・古録天東遺跡・新宿町遺跡などの江戸川右岸に展開する柴又地域の集落と、南蔵院裏古墳と鬼塚遺跡・本郷遺跡などの中川流域に展開する立石・奥戸地域の集落の大きく二つのグループを形成している。両グループとも古墳時代後期に集落が形成されているが、古墳時代後期でも古手の土器が鬼塚遺跡から発見されており、古墳の時期も埴輪の特徴からすると、柴又八幡神社古墳よりも南蔵院裏古墳のほうが先行するなど、厳密には立石・奥戸地域の方が柴又地域よりも一足早く進出したと見られる［谷口・高野一九九一b］。

この問題に関連して南蔵院裏古墳と松戸市栗山古墳群（立出し遺跡）との関係が注目される。双方とも埴輪が下総型埴輪の範疇に属さず、石室石材が磯石であり、時期もほぼ同じであることがあげられる(10)。

当該地域における古墳時代後期の柴又地域のグループと立石・奥戸地域のグループは、そのまま次章で述べるように、奈良時代以降の大嶋郷を構成する嶋俣・仲村里へと継承されていく。甲和里と推定した地域については、今のところ古墳時代後期の生活の痕跡は薄く、古墳も確認されていない。このような状況を、古墳時代後期において、甲和里と推定される地域の開発が進行していなかったと見るべきなのか、まだ当該期の資料が発見されていないだけなのかは判断できないが、大嶋郷の形成を理解する上でも重要な問題であろう。この問題は江戸川区域の考古学的調査の進展をまって検証していかなければならない。

さて、先に東京低地東部の古墳時代後期を代表する柴又八幡神社古墳について先学の研究を基に検討を加えたが、今少し範囲を広げ主に古墳の石室からうかがえる畿内やヤマト王権との関わりについて整理しておきたい。

松尾昌彦氏は、六世紀後葉にみられる礫石や筑波石・緑泥片岩などの石室石材と生出塚埴輪窯埴輪や下総型埴輪の同時多発的な地域間交流は、その後の六世紀後葉以降の比企型坏や有段口縁坏・常総型甕の広がりとほぼ重なりあうことから、「六世紀葉に在地首長主導で行われた地域間交流が、それ以降一般民衆も含めた交流に展開し、最終的には地域圏そのものの再編を促したと見ることが可能である」と述べている。松尾氏はその背景について、ヤマト王権が目指す東北経営のための施策の一つとして、東国諸地域の再編を意図した在地首長への働きかけがあったと想定している［松尾二〇〇八］。

石室の形態からも畿内やヤマト王権との関わりについて指摘されている。下総の法皇塚古墳や城山一号墳、北武蔵の将軍山古墳は、いずれも六世紀後半に築かれ片袖石室を備えているが、片袖石室は畿内系片袖石室が六世紀前半以降、古東海道を経由して東海地方の有力な前方後円墳などに採用されることが指摘されており［鈴木二〇〇七］、小林孝秀氏は下総に受容された片袖石室についても、時期的に少し遅れるものの東海地方でも六世紀末から七世紀初頭にも築造が認められることから、畿内との関係がうかがえるとした。

また小林氏は、初期横穴式石室の受容に伴い朝鮮半島から伝わり、畿内型石室の展開とともに普及した釘付木棺が、法皇塚古墳や城山一号墳で確認されることにも注目し、片袖石室とともにヤマト王権との繋がりを示すものと理解している［小林二〇一四］。

以上のように、考古資料から房総地域や北武蔵地域とヤマト王権との関わりが指摘されているのである。では、房総地域と北武蔵地域の交流を繋ぐ東京低地ではどのような様相がうかがえるのであろうか。

先に東京低地東部の古墳時代後期の遺跡は大型管状土錘を用いた漁労にも精を出していたことを述べたが、東京低地東部への進出は、土地を耕すというだけの単純なものではなく、漁労活動という視点を見落としてはならないと思う。当該期の網漁を主体とした漁労は、本地域だけではなく同じ時期に東京湾沿岸地域で採用されており、単に海があるから漁労を行うという自然発生的なものとは考え難い。さらに七世紀になると同時期に東京湾沿岸地域で集団的な網漁が姿を消してしまう。このような生業活動の盛衰の背景には、生業活動に対する政策的な意図が働いているものと推察される［谷口・一九九四b］。大型管状土錘を用いた漁労は、大阪湾で隆盛しており、東京湾岸の大型管状土錘を用いた漁労も、考古資料からみられる房総や北武蔵地域での畿内やヤマト王権との関係性の中で捉えることが可能性であろう。このような視点を加えた生業活動の研究も今後の課題となろう。

古墳時代後期から奈良時代前半頃の下総地域は、北部の香取の浦沿岸地域が政治的な中枢であったといわれているが、国府はその地域ではなく、葛飾地域に置かれた。この点について駒見和夫氏は、「内陸水運や東京湾における海運の要地であり、さらに両者の結節点であることに加え、良港としての地勢的条件を満たした潟湖の存在」が主な要因であると指摘している［駒見二〇一二］。

「高橋氏文」は、葛飾野を中心とする古代葛飾地域の開発は、王権にとって東国経営の要地の一つとし行われたことを物語ってくれる。それを担った在地勢力の奥津城が、市川市国府台古墳群などの被葬者ではないだろうか。

ヤマト王権にとって後に国府がおかれる下総台地南西部は、葛飾野の南部で海と河川を控えた地域であり、北武蔵地域と上総・安房などの房総南部と常陸方面との交通を確保する上でも重要な場所であった。下総台地南西部の西方の眼下に広がる低地部は、海と内陸とを結ぶ河川流れる水上交通上欠かせない、おさえておかなくてはならない要衝だったのである。その文脈のなかで、古墳時代後期に後の大嶋郷に属する隅田川と江戸川の間に広がる低地部の開発や孔王部の設置、また柴又八幡神社古墳に見られる渡来系的様相などもとらえることができるのではないだろうか。

〈註〉

（1）墨田区吾妻森神社に縄文時代後期加曾利B式が伝わっている。鳥居龍蔵博士は神社の社地から出土したと記している［鳥居一九二四］。実見したところ完形で割れているが復元されている遺存状態の極めて良好な資料で、神社関係者の聞き取り調査を行ったところ、その来歴は出土したかも含め不詳であった。ただ一点の出土であり、来歴も不明なので、海退後の縄文時代の様相を検討する対象からは除外しておきたい。ただし、吾妻森神社の資料は別格としても、東京低地から縄文時代後期の資料が少量ながら出土していることは注意すべきであろう。本文中にも足立区の事例を記したが、それ以外にも台東区浅草寺からも「本堂の中央須弥坦下にあたる地点、十二尺程下の砂礫層中から」縄文時代後期安行Ⅱ式の破片が採集されている［網野一九六二］。

（2）昭和五七年（一九八二）に卒業論文作成のため熊野正也氏から中村進氏をご紹介いただいた際に、長年採集された上小岩遺跡の資料を拝見させていただいた。その折、資料を手にされながら宮ノ台式土器が出土していることをご教示いただいた。

（3）方形周溝状遺構は、従来、方形周溝墓と呼び習わされてきたが、墓ではなく、住居として機能したとするなど、その見直しが提起されている［飯島一九九八］［及川一九九八］。周囲に溝をめぐらすという属性から、すべて同一の性格を有していたと判断することには躊躇せざるを得ない。周囲に溝をめぐらす遺構を方形周溝状遺構としてとらえ、個々の遺構の柱穴や埋葬施設の有無などの観察から住居であるか、墓であるかを判断すべきであろう。豊島馬場遺跡の場合、溝が全周するタイプは墓、溝が全周せずブリッジ状のものを住居ととらえ、両者が存在するものと考えている［長瀬二〇〇〇］。

（4）当初この一群の土器を臼井南式と認識していたが、鈴木正博・齋藤弘道両氏からご教示を賜った。記して感謝申し上げたい。

（5）例えば、パリノ・サーヴェイ　一九九五「自然科学分析」『古録天遺跡Ⅲ・古録天東遺跡Ⅳ』葛飾区遺跡調査会など

（6）荒川区素盞雄神社の端光石も柴又八幡神社古墳の石室石材などと同じ石質であることから古墳の可能性が指摘されている［高橋・本間一九九四、谷口一九九四］。

（7）高野山類型と城山類型に属さない下総型埴輪を出土する古墳もあるが、それらは一部を除いていずれ二類型の分布域から距離的にも離れており、中心と周縁という関係で理解されるとしている［日高二〇一三］。

（8）下総型埴輪を樹立している古墳からは馬具の出土が柴又八幡神社古墳、城山一号墳、根田一三〇号墳の三例しかないことが

指摘されているが［日高二〇一三］、下総型埴輪を樹立する古墳に鏡や馬具、須恵器、切子玉などの副葬品馬具の出土がほとんど見られないことは、すでに轟氏によって指摘されており、「馬具を出土した柴又八幡神社内古墳はやや異例に属する。城山一号墳は完全な例外である」と述べられている［轟一九七二］。

(9)　市川出土の新羅土器の胎土分析によって朝鮮半島から招来されたものではなく、在地産という結果がでている［三辻・松本・松田二〇〇三］。これに対して酒井清治氏は、現段階の列島においてこの時期の新羅土器が製作された事例はないとし、懐疑的な見解を示されている。その上で「新羅土器甕類が破片であるが4ヶ所から出土していることは無視できない事実である。かりに須恵器生産に関与したことを認めた場合、時期は降るが、下総にも多い、燻焼焼成の土師質の須恵器との関連も視野に検討すべきと考える」［酒井二〇一三］と房総方面の奈良・平安時代の燻焼焼成の土師質の須恵器との関連に注視している点は注目される。今後の研究の進展に期待したい。

(10)　埴輪の胎土分析で興味深いデータが得られている。柴又八幡神社古墳出土埴輪と同じ下総型埴輪の流山市東深井古墳群出土埴輪の胎土との類似性とともに、立石南蔵院裏古墳出土埴輪の胎土との異質性が明らかとなっている。柴又八幡神社古墳出土埴輪が東京低地東北部の堆積物に由来する可能性が高いとされるが、葛飾区南蔵院裏古墳出土埴輪は、胎土の鉱物組成から地域を特定するまでには至らないが、東京低地東北部以外の栃木県北部や群馬県北部、神奈川県西部などの遠距離の地域で製作された可能性が指摘されている［パリノ・サーヴェイ二〇〇九］。そこで注目されるのが、松戸市の栗山古墳群と南蔵院裏古墳との関係である。南蔵院裏古墳の円筒埴輪や朝顔型埴輪は下総型に属さないもので、人物埴輪頭部の目や口の表現なども類似しているなど、双方の埴輪を比べると、同時期で類似点が認められる。栗山古墳群の埴輪については、群馬県に系譜が求められており［野口・大野一九九八］、胎土分析の結果と照らし合わせると、南蔵院裏古墳出土埴輪も群馬県方面との関連が想定されるのである。その点を考慮すると六世紀に於ける東京低地東部及び下総台地南西部の開発には群馬方面の影響もうかがえることになる。言い方を換えると、下総型埴輪成立以前は、埴輪などに群馬県方面の影響も認められるが、下総型埴輪成立後には群馬県方面の影響は薄れ、下総型埴輪の分布が物語るように、地域的なまとまりが形成されたと評価できよう。

参考文献

赤塚次郎　一九九二「東海系のトレース―3・4世紀の伊勢湾岸地域―」『古代文化』第四四巻第六号　古代学協会
浅香美智子　一九九八「ノート　伝摺鉢塚古墳出土の埴輪資料紹介」『足立区北部の遺跡群』足立区伊興遺跡調査会
網野宥俊　一九六二『浅草寺史談抄』浅草寺
飯島義雄　一九九八「古墳時代における「周溝をもつ建物跡」の意義」『群馬県立歴史博物館紀要』一九　群馬県立歴史博物館
五十嵐聡江　二〇一一『柴又八幡神社古墳Ⅷ』第二分冊考察編　葛飾区郷土と天文の博物館
石橋　宏　二〇一一「Ⅲ章　2．柴又八幡神社古墳の基礎的検討」『柴又八幡神社古墳Ⅷ（第2分冊考察編）』葛飾区郷土と天文の博物館
犬木　努　二〇一一「Ⅲ章考察　3．柴又八幡神社古墳の埴輪について」『柴又八幡古墳Ⅷ（第2分冊）』葛飾区郷土と天文の博物館
大場磐雄・滝口　宏・永峯光一　一九七〇「葛西地区における考古学的調査」『北東低地帯文化財総合調査報告』第一分冊　東京都教育委員会
及川良彦　一九九八「関東地方の低地遺跡の再検討―弥生時代から古墳時代前半の「周溝を有する建物跡」を中心に―」『青山考古』一五　青山考古学会
可児弘明　一九五四「新宿町低湿地遺跡の発掘」『西郊文化』八号　西郊文化研究会
北区　二〇〇〇『国指定史跡　中里貝塚2』北区教育委員会
倉田芳郎編　一九八二『千葉・上ノ台遺跡　本文編一』駒沢大学考古学研究室・千葉県教育委員会
釼持輝久　一九八一『鴨居上の台遺跡』上の台遺跡調査団
古泉　弘編　一九八三『葛西城―葛西城址発掘報告』葛西城址調査会
古泉　弘編　一九九一『竹橋門―江戸城址北丸竹橋門地区発掘調査報告書』東京国立近代美術館遺跡調査委員会
小林三郎・熊野正也　一九七六『法皇塚古墳』市立市川博物館
小林　高　一九九五「Ⅲ　遺構・遺物」『豊島馬場遺跡』北区教育委員会

小林理恵　一九九五「Ⅳ．考察　第一節　弥生時代終末～古墳時代前期の遺物について」『豊島馬場遺跡』北区教育委員会
小林孝秀　二〇一二『企画展　東日本の古墳と渡来文化―海を越える人とモノ―』松戸市立博物館
小林孝秀　二〇一四『横穴式石室と東国社会の原像』雄山閣
酒井清治　二〇〇〇「伊興遺跡出土の朝鮮半島系土器と渡来人」『古代伊興遺跡の世界』足立区立郷土博物館
酒井清治　二〇一三『土器から見た古墳時代の日韓交流』同成社
佐々木　彰　二〇〇三「東京低地の形成を考える　第四回　古代毛長川の変遷と遺跡の動態」『地理』四八―九　古今書院
白井久美子　二〇〇二『古墳から見た列島東縁の世界の形成』自主出版
鈴木一有　二〇〇七「東海の横穴石室における分布と伝播」『研究集会　近畿の横穴式石室』横穴式石室研究会
鈴木直人　一九九三「荒川下流域における外来系土器の展開」『文化財研究紀要』第六集　北区教育委員会
鈴木直人　一九九六「第三章　第三節　豪族の眠る丘」『北区史　通史編原始古代』北区
鈴木直人　二〇一二『赤羽台古墳群に眠る人々―石と埴輪から探る東国古墳文化―』北区飛鳥山博物館
高橋一夫・本間岳史　一九九四「将軍山古墳と房州石」『埼玉県史研究』第二九号　埼玉県史編纂室
谷口　榮　一九八八「東京低地の遺跡について」『東京の遺跡』一九　東京考古談話会
谷口　榮編　一九八九a『立石遺跡』葛飾区遺跡調査会
谷口　榮編　一九八九b『本郷遺跡Ⅱ』葛飾区遺跡調査会
谷口　榮編　一九八九c『柴又河川敷遺跡Ⅱ』葛飾区遺跡調査会
谷口　榮編　一九九一a『古録天東遺跡・古録天遺跡Ⅱ』葛飾区遺跡調査会
谷口　榮・高野健一編　一九九一b『鬼塚遺跡Ⅲ・本郷遺跡Ⅲ』葛飾区遺跡調査会
谷口　榮編　一九九二『柴又八幡神社古墳』葛飾区郷土と天文の博物館
谷口　榮・田川　憲編　一九九三『新宿町遺跡』葛飾区郷土と天文の博物館
谷口　榮編　一九九四a『平成元・二年度葛飾区埋蔵文化財調査年報』葛飾区遺跡調査会
谷口　榮　一九九四b「大嶋郷の住人と生業活動」『古代王権と交流2　古代東国の民衆と社会』名著出版

谷口　榮　一九九五ａ「東京湾北部における漁撈活動」『大川清博士古稀記念論文集　王朝の考古学』雄山閣
谷口　榮編　一九九五ｂ『本郷遺跡Ⅴ　葛飾区奥戸三丁目二五番地点発掘調査報告書』葛飾区遺跡調査会
谷口　榮　一九九八「立石様研究ノート」『博物館研究紀要』第五号　葛飾区郷土と天文の博物館
谷口　榮　二〇〇六「プレ講演　東京低地の古墳」『東京の古墳を考える』雄山閣
谷口　榮編　二〇〇八『鬼塚・鬼塚遺跡Ⅶ』葛飾区郷土と天文の博物館
谷口　榮　二〇〇九「Ⅴ章　まとめと今後の課題」『柴又八幡神社古墳Ⅶ（第1分冊古墳編）』葛飾区郷土と天文の博物館
谷口　榮　二〇一二「報告一　柴又八幡神社古墳の学術調査とその成果」『平成二四年度地域史フォーラム　古代東国と柴又八幡神社古墳』葛飾区郷土と天文の博物館
谷口　榮　二〇一五「歴史舞台地図追跡一六　家康以前のすみだ川　其の九」『地図中心』通巻五一七号　一般財団法人日本地図センター
田中禎昭　一九九五「中世以前の東京低地」『東京低地の中世を考える』名著出版
千葉県文化財センター　一九九二『房総考古学ライブラリー6（考古時代2）』千葉県文化財センター
遠山美都男　一九八六「『上宮王家』論—日本の国家形勢と王族」『学習院大学文学部研究年報』第三三輯　学習院大学
鳥居龍蔵　一九二四『武藏野及其周圍』磯部甲陽堂
鳥居龍蔵　一九二七『上代の東京と其周圍』磯部甲陽堂
直木孝次郎　一九五八「部民制の一考察—下総国大嶋郷孔王部を中心として—」『日本古代国家の構造』青木書店
中島広顕　一九九三「東京都北区豊島馬場遺跡出土のガラス小玉鋳型」『考古学雑誌』第七八巻第四号　日本考古学会
中島広顕・保阪太一　二〇〇〇『中里貝塚』北区教育委員会
長瀬　出　二〇〇〇「東京都豊島馬場遺跡における「方形周溝墓」の再検討」『法政考古』第26集　法政考古学会
永峯光一　一九七〇「第二章六　柴又八幡神社の古墳について」『葛飾区史』上巻　葛飾区
西川修一　一九九一「関東のタタキ目」『神奈川考古』第二七号　神奈川考古同人会
野口良也・大野哲二　一九九八「千葉県松戸市栗山古墳群出土埴輪の再検討」『松戸市立博物館紀要』第五号　松戸市立博物館

パリノ・サーヴェイ　一九八九　「X自然科学分析」『柴又河川敷遺跡Ⅱ』葛飾区遺跡調査会
パリノ・サーヴェイ　二〇〇九　「Ⅳ章　自然科学分析」『柴又八幡神社古墳Ⅶ』葛飾区郷土と天文の博物館
パリノ・サーヴェイ　二〇一五　「第2章　2　柴又の古環境変遷」『葛飾・柴又地域文化的景観調査報告書』柴又地域文化的景観調査委員会・葛飾区教育委員会
比田井克仁　二〇〇一　『関東における古墳出現期の変革』雄山閣
日高　慎　二〇〇五　「松戸市行人台遺跡の鋳造鉄斧と多孔式甑—東京湾沿岸地域と渡来文化」『海と考古学』六一書房
日高　慎　二〇〇七　「行人台遺跡出土の金海系土器について」『松戸市立博物館紀要』一四　松戸市立博物館
日高　慎　二〇一三　『東国古墳時代埴輪生産組織の研究』雄山閣
日高　慎　二〇一五　『東国古墳時代の文化と交流』雄山閣
松尾昌彦　一九九七　「横穴式石室石材の交流と地域性—房州石使用古墳を中心として—」『人物埴輪の時代—埴輪から探る房総と武蔵の交流と地域性—』葛飾区郷土と天文の博物館
松尾昌彦　二〇〇八　『古代東国地域史論』雄山閣
松本太郎　一九九八　「市川市国府台遺跡の環濠集落」『史館』三〇号　史館同人会
松岡有希子・菊池　真・斉藤一真・小高敬寛・本　敦子・芝田英行　二〇〇二　『国府台遺跡—第二九地点発掘調査報告書—』国府台遺跡第二九地点調査会
三辻利一・松本太郎・松田礼子　二〇〇三　「房総における白鳳時代の新羅土器—日本列島産の可能性を探って—」『考古学雑誌』第九〇巻第一号　日本考古学会
樋上　昇　二〇〇二　「曲柄鍬の伝播と流通」『考古学ジャーナル』二〇〇〇二年四月増大号　ニューサイエンス社
森田喜久男　一九九四　「古代における山野河海—高橋氏文の分析から—」『千葉史学叢書1　古代国家と東国社会』高科書店

第四章　大嶋郷戸籍と集落

一　大嶋郷戸籍の研究

1　大嶋郷戸籍の研究の始まりとその故地

養老五年（七二一）に作成された「下総国葛飾郡大嶋郷戸籍」（正倉院古文書正集　第二十一巻）が、奈良東大寺の正倉院に保管されている。この「下総国葛飾郡大嶋郷戸籍」は、大宝二年（七〇二）に作成された「御野国加毛郡半布里戸籍」や「筑前国嶋郡川辺里戸籍」などの西海道戸籍とともに、奈良時代の戸籍制度や家族構成などを解明するための貴重な史料として知られている。

なかでも「下総国葛飾郡大嶋郷戸籍」（以下、大嶋郷戸籍と略す）は、東国における奈良時代の戸籍としては全体をうかがえる唯一まとまった史料であり、東国の古代史研究の基礎史料ともいえる存在である。この大嶋郷戸籍に関わる研究は、意外と古く幕末の国学者清宮秀堅氏が弘化二年（一八四五）にまとめた『下総旧事考』を初見とする。

今日まで多くの研究の蓄積が図られてきたが、それらを通観すると大きく三つの研究に分けることができるかと思う。ひとつは、清宮氏や明治の地理学者吉田東伍氏以来続けられている大嶋郷及び各里の位置の比定といった歴史地理的な展開。それから昭和になって石母田正氏［石母田一九八八a・b］をはじめ藤間生大氏［藤間一九四六］、門脇禎二氏［門脇一九六〇］、宮本救氏［宮本一九七〇］、岸俊男氏［岸一九七三］等が古代における家族構成や村落構成の究明を目指すための研究史料として注目する古代史学上の展開。そして和島誠一氏［和島一九六〇］、小林三郎氏［小林一九七三］による大嶋郷と遺物・遺跡との関係に着目した考古学的な展開にまとめることができよう。

大嶋郷戸籍によると、大嶋郷には甲和里、仲村里、嶋俣里の三里があり、この三里から成る大嶋郷がどこにあったのかという所在地を求めることから大嶋郷戸籍の研究は始められた。先ほど大嶋郷戸籍の研究の嚆矢として紹介した清宮秀堅は、三〇有余年を費やしたといわれる『下総旧事考』のなかで、大嶋郷の所在地を現在の埼玉県北葛飾郡杉戸町付近の大島というところを該当地に推定している。この大嶋郷を埼玉県杉戸町に求める説は、近年でも茂木和平氏によって提唱されている(1)。

しかし、現在、大嶋郷は東京都東部の隅田川から江戸川の間に広がる東京低地東部に比定する考えが支持を得ている。はじめに東京低地東部に大嶋郷の故地を求めたのは吉田東伍氏である。吉田氏は先の清宮の説に対し大著『大日本地名辞書』のなかで、「北葛飾郡杉戸の辺りに、この郷を求め難し、彼地方は古相馬郡下河辺庄にして、葛西の内にあらず」とし、さらに「後世の小岩は甲和の訛にあらずや」と述べ、甲和から小岩への転訛説を唱え、合わせて嶋俣＝柴又とし、甲和里を江戸川区小岩付近、嶋俣里を葛飾区柴又付近に求めた。

大嶋郷の所在地を考証する大きな手掛かりとして注目されたのが郷・里名であった。地名の転訛から吉田氏が指摘した甲和＝小岩以外にも、葛飾区水元の小合としたり、仲村も葛飾区水元の中村の可能性が示唆されたりするなど諸説が出されている。詳しくは後節の郷及び三里の比定のところで触れるが、地名の転訛では吉田氏が提示した甲和里を江戸川区小岩付近、嶋俣里は葛飾区柴又付近という説が妥当であるとされている。つまり大嶋郷戸籍に記されている大嶋郷は東京都の東端にあたる葛飾・江戸川区域を中心とした地域に所在していたと考えられている。

大嶋郷戸籍を検討するためにもう一つ整理しておかなくていけない問題がある。葛飾・江戸川区は、古代においては下総国葛飾郡に所属していた。平安時代の『和名類聚抄』（以下『和名抄』と略す）によると、葛飾郡内には度毛、八島、新居、桑原、栗原、豊島、余戸、駅家の八郷があったことが書かれている。困ったことに『和名抄』には、葛飾郡内に大嶋という郷名が確認できないのである。『和名抄』は承平年間（九三一〜九三七）に成立したもので、大嶋郷戸籍はそれよりも二〇〇年も前の養老五年（七二一）に書かれたものである。

解釈の仕方として三通り考えられている。ひとつは大嶋の「大」を「八」と書き損じてしまった八島誤字説。もう一つは郷名が変わってしまったとする考え。最後のひとつは、大嶋郷が消滅してしまったとする考えである。写本の際に誤写することは多く認められることで、現在では前者の説が定説化されている。また、仮に誤字でなくとも、関和彦氏が「大嶋」と「八嶋」は同郷異名であり、意味的に同じであると指摘している［関二〇一二］。これらの点から養老五年の戸籍に記されている大嶋郷は、平安時代にも存続していたという前提で論を進めて行きたいと思う。したがって、『和名抄』の段階では大嶋郷は消滅してしまったとする考えには賛同できない(2)。

2　大嶋郷戸籍と古代史研究

大嶋郷戸籍は、一里＝五〇戸からなる「里」を「郷」と改め、その「郷」の下に「里」を新設した郷里制のことで、霊亀元年（七一五）から天平一二年（七四〇）頃に廃止されるまでの施行期間に作成された戸籍である。

養老五年の郷里制施行期間に作成された大嶋郷戸籍は、大宝二年の御野国戸籍や西海道戸籍と比較して以下のような特色があると荒井秀規氏によって整理されている［荒井二〇一二］。

（1）郷戸の下に二戸～三戸（一戸・四戸もある）の房戸が置かれ、そのほとんどが孔王部姓で占められている。

（2）奴婢・寄口は稀で、兵士も少ない。

（3）郷戸の規模は比較的均一で、家族構成は戸主のイトコの家族までを含み広範である。

（4）夫婦の同籍率が低い、すなわち郷戸主・房戸主以外が妻・妾を同席させている例は少ない。

（5）女性の数が多く、幼児の数が少ない。女性は一六・二〇・三二歳が特に多い。

（6）子女の父との同籍（父貫）が多い。

（7）嫡子・嫡弟・嫡女のいる戸と、いない戸とがある。

（8）記載様式は、飛鳥浄御原令による美濃型と大宝令による西海道型が養老五年籍式によって統一されたことを反映している。

これらの戸籍の特色を踏まえ、戦前から大嶋郷戸籍に関わる研究がすすめられ、論考が発表蓄積されている。本論では、大嶋郷の故地とされる東京低地東部の奈良・平安時代の様相を考古資料から明らかにすることを目的としており、ここでは膨大な研究史から従来の論点を要約し、大嶋郷に人々の暮らしや村落景観等の復元の参考としたい。

大嶋郷戸籍をはじめ古代の戸籍について大きな論点となっているのは、戸籍が当時の家族の実態を反映している郷戸実態説と、戸籍上の擬制とみる郷戸擬制説との対立がある。(3) 郷戸実態説は、石母田正氏［石母田一九八八

a・b］、藤間生大氏［藤間一九四六］、門脇禎二氏［門脇一九六〇］らに代表されるもので、郷戸は租税や徭役負担などの実態的基礎単位としてとらえ、大嶋郷戸籍の郷戸は「家父長制的世帯共同体」と位置付けている。さらに、大宝二年の戸籍と養老五年の大嶋郷戸籍を比較すると、社会の発展段階の差が反映され、大嶋郷は八世紀初頭の日本社会では後進的な村落構成を示すものとされた。

一方、郷戸擬制説は、戦前では滝川政次郎氏［滝川一九二六］、戦後になって岡本堅二氏［岡本一九五〇］、岸俊男氏［岸一九七三］、平田耿二氏［平田一九八六］などによって、郷戸は一里五〇戸に規制されるため、大嶋郷戸籍では六九〇年の庚寅年籍から構成人員が経年によって変化し、編戸の過程で実態と歪が生じて大家族的様相を示しているとされた。また、直木孝次郎氏［直木一九五八］は、大嶋郷の住人のうち五四六名が孔王部姓を名乗り、ついで私部二九名、刑部二一名、三枝部七名、礒部二名、長谷部・小長谷部・壬生部・藤原部・日奉舎人部・中臣部・土師部・大伴部・石寸部が各一名など確認され、戸籍の八割強を占める「孔王部」姓は安康天皇の直属の部民であり、同姓という理由から同一の血縁結合（＝親族共同体）の反映を見るのは誤りであると述べている。

従来の郷戸実態説と郷戸擬制説とは異なる説も、安良城盛昭氏［安良城一九六九］、義江明子氏［浦田一九七二］、杉本一樹氏［杉本二〇〇二］らによって提示されている。編戸擬制説と呼ばれる学説で、郷戸は実態の家族を反映したものではなく、編戸当初の家族構成を系譜的に引くものでもなく、六年ごとの造籍によって戸の分割や合体などの再編を強行した結果が戸籍上の家族として現れているとする。

これからの古代戸籍や大嶋郷戸籍の研究は、郷戸実態説や郷戸擬制説のどちらかに収斂されるべき性格ではなく、これまでの研究史を踏まえつつ、「戸籍の編戸による擬制があることを認めながらも、その編戸作業の前提となった家族の実態の考察が求められている」という荒井秀規氏の言葉に集約されよう。こうした立場から南部昇氏〔南部一九九二〕、杉本一樹氏による論考が重ねられている。

また、これまでの戸籍研究には見られなかった新しい研究の視点も提示されてきている。大嶋郷住人の女性の名の分析から孔王部同姓者の婚姻に同郷者間の婚姻が認められると指摘した関和彦氏の研究〔関一九九四〕。「家族」「共同体」という近代的概念に縛られた戸籍研究のスタンス自体に問題があると、新たな方法論的視野からの問題提起を行った新川登亀男氏〔新川二〇〇一〕。古代戸籍・計帳を統計学的に分析した今津勝紀氏〔今津二〇〇五〕の研究。戸籍から人口動態のシミュレーションを行い、災害・飢饉・疾病の状況を明らかにした田中禎昭氏〔田中二〇一一・二〇一三〕の研究。大嶋郷戸籍の断簡の復原翻刻と各断簡の前後の復原を試みた荒井秀規氏〔荒井二〇〇九・二〇一二〕の研究などを挙げることができる。

3　大嶋郷戸籍と考古学

先節で記したように、大嶋郷戸籍の研究は、古代史研究における戸籍の制度的な問題や家族構成などが主流であり、また大嶋郷はどこかという故地探しが試みられていたが、フィールドを重視した研究はなかった。考古学的な資料から大嶋郷について研究が行われるようになったのは戦後になってからのことである。

例えば、昭和三〇年代に刊行された『江戸川区史』や『千代田区史』において、遺跡を紹介して各里の比定を試みるなど、考古資料を用いた大嶋郷の記述がみられるようになる。特に、昭和三五年（一九六〇）に刊行された『千代田区史』を著した和島誠一氏は、現存する地名の字名と奈良時代に該当する土器等遺物の散布状況を手掛かりに、甲和里、仲村里、嶋俣里の故地を推定している〔和島一九六〇〕。この三里を求める作業において和島氏は、微高地を表現した地図上に遺物の散布地などをプロットしており、地形的条件等をも考慮した作図を行っていることが注目される。和島氏は、古代の集落論を研究されていたので大嶋郷戸籍と遺跡など考古資料との関係についても注視していたものと推察される。しかし、昭和三〇年代は東京低地の遺跡調査件数も少なく、考古資料から大嶋郷を説明するにはまだ資料不足であった。

昭和三六年には、江戸川区に所在する上小岩遺跡の踏査結果をまとめた自費出版の報告書が中村進氏によってまとめられている［中村一九六二］。中村氏は、直接大嶋郷については言及していないが、甲和里推定地の考古学的な資料の提示は初めてであり、以後、上小岩遺跡の資料は『土師式土器集成』でも取り上げられるなど［杉原・大塚一九七二］、甲和里推定地として広く知られることとなった。

昭和四〇年代になって、考古学から大嶋郷問題について積極的に発言したのは小林三郎氏である。小林氏は、大嶋郷は「江戸川と荒川に挟まれた南北二〇キロメートルほどの範囲内に、数箇所以上の遺跡を擁して大嶋郷が存在しうるのではないだろうか」と述べ、さらに「大嶋郷推定地付近に、いくつもの住居群が密集していたのではなく、数キロメートルずつ離れて単位住居群が存在していた可能性が強い」と言及している［小林一九七三］。えてして一遺跡＝一里的な考えに陥りやすい点に着目し、考古学的にとらえている遺跡がいくつか集まって里を形作っていると指摘した上で、大嶋郷の推定範囲として東京低地という低地帯を設定し、そこに所在する遺跡の分布から郷の広がりを推定している。当時はまだひとつの遺跡がひとつの集落であるようにイメージされていた時代にあって、この論文によって古代の戸籍に記載されている里や郷と、考古学的にとらえている遺跡との関係がはじめて問題視されたといえよう。

小林氏の研究は、漠然と推定地にある遺跡だから関係があるだろうというような理解ではなく、積極的に古代の史料と考古資料との検討を行い、大嶋郷を理解しようとしたものとして大嶋郷の研究史のなかでも極めて特筆されるものであり、古代戸籍と考古学的な遺跡との関係に言及したものとしても重要な位置を占めているといえよう。

昭和五〇年代は、大嶋郷に関する考古学的な研究はあまり進展しなかった。昭和六〇年代に入ると、にわかに大嶋郷問題が考古学的に注目されてくる。葛飾区では今まで遺跡が確認されていなかった区南西部で、鬼塚遺跡、本郷遺跡、正福寺遺跡などの遺跡の発見や調査が行われ、さらに嶋俣里と目される柴又地域に所在する柴又帝釈天遺跡、古録天遺跡、古録天東遺跡の調査が行われた。また、江戸川区上小岩遺跡でも下水道工事に伴う調査などが行われ、徐々に大嶋郷推定地における奈良・平安時代の考古資料が蓄積されてきた。しかし、それは皮肉なことに葛飾・江戸川区に所在する遺跡に関わる開発が著しく増加し、それに伴って発掘調査が行われた結果であり、開発による犠牲と引き換えに、次第に大嶋郷時代の様相の一端が明らかになってきたのである［谷口一九九〇a・b・c・一九九四a・b・一九九八・二〇一二、熊野・谷口一九九四、鈴木二〇一二］。

二〇〇三年には、葛飾区郷土と天文の博物館において、博物館考古学ボランティア活動一〇周年記念シンポジウム「東京下町の古代を探る—古代大嶋郷と戸籍—」が開催され、最新の大嶋郷に関わる考古学と古代史の研究成果を提示し合い、議論が交わされた。大嶋郷を対象とした考古学と古代史による共同研究の実践として学史的にも意義深いシンポジウムであった(4)。

この他、大嶋郷という地域ではなく戸籍と考古学的なデータをつき合わせて検討を加えた研究も近年行われている。例えば、火葬墓から家族構成や集落のあり方を探った渡辺一氏の研究［渡辺一九八七］や、横穴墓の埋葬者から戸籍の家族構成を検討した鈴木敏弘氏の研究［鈴木一九八九］などが知られる。

二　大嶋郷推定地内の遺跡

1　遺跡の分布

大嶋郷の推定地とされる東京低地東部では、奈良・平安時代の遺跡が葛飾区と江戸川区で確認されている。これらの遺跡の分布を見ると、以下のようなまとまりを見せている。

①葛飾区柴又を中心とする地域

柴又地域には、柴又帝釈天遺跡、古録天遺跡、古録天東遺跡、柴又八幡神社遺跡などの遺跡が分布しており、これらの遺跡は柴又微高地と呼んでいる江戸川右岸から高砂に向かって東西方向に延びる微高地（砂洲）上に占地している。

②中川沿いの葛飾区立石・奥戸を中心とする地域

立石・奥戸地域の遺跡は、中川東岸に中川の蛇行に沿うように微高地（自然堤防）が形成されており、中川東岸の微高地上に本郷遺跡、鬼塚遺跡、正福寺遺跡、中川西岸には立石遺跡などが分布している。

③江戸川区小岩から南部の海浜部の地域

江戸川区域の奈良・平安時代の遺跡は、江戸川区小岩から南部の海浜部にかけてと、小松川境川と一之江境川流域の微高地上（自然堤防）に分布する傾向が見られる。江戸川区の場合、まだ学術的な調査が十分とは言えず、比較的遺跡の状況を把握できるのは上小岩遺跡のみで、ほかの遺跡は調査された時期が古いため詳細が不明な点が惜しまれる。

以上のように、葛飾区域で二つ、江戸川区域でひとまとまり、都合三つのグループに括ることができる。しか

表１　東京低地東部における遺跡一覧

区	番号	遺跡名	時代等
葛飾区	1	水元飯塚遺跡	弥生(後)・奈良・平安
葛飾区	2	金町浄水場内遺跡	古墳(後)
葛飾区	3	柴又帝釈天遺跡	古墳(後)・奈良・平安
葛飾区	4	柴又八幡神社遺跡	古墳(後)・奈良・平安
葛飾区	5	柴又八幡神社古墳	古墳(後)
葛飾区	6	古録天遺跡	古墳(後)・奈良・平安
葛飾区	7	古録天東遺跡	古墳(後)・奈良・平安
葛飾区	8	三ツ池古墳	奈良？火葬墳との説があるが、検討を要する
葛飾区	9	新宿町遺跡	古墳(後)
葛飾区	10	柴又河川敷遺跡	弥生(後)・古墳・奈良・平安
葛飾区	11	御殿山遺跡(葛西城)	弥生(後)・古墳(前)
葛飾区	12	立石遺跡	古墳(後)・奈良・平安
葛飾区	13	南蔵院裏古墳	古墳(後)
葛飾区	14	本郷遺跡	古墳(後)・奈良・平安
葛飾区	15	鬼塚遺跡	古墳(後)・奈良・平安
葛飾区	16	正福寺遺跡	古墳(後)・奈良・平安
江戸川区	17	鹿島貝塚	奈良・平安
江戸川区	18	香取神社(貝塚)遺跡	奈良・平安
江戸川区	19	五分一貝塚	奈良・平安
江戸川区	20	上小岩遺跡	弥生(後)・古墳・奈良・平安
江戸川区	21	勢増山遺跡	弥生(後)・奈良・平安
江戸川区	22	椿町遺跡	奈良・平安
江戸川区	23	(鹿骨4丁目)	奈良・平安
江戸川区	24	(東瑞江2丁目)	奈良・平安

＊番号は図1の番号に対応する。

し、これはあくまでも現在までに明らかとなった考古資料からの理解であり、東京低地東部の奈良・平安時代の考古資料は、遺物・遺構とも蓄積されてきたが、いずれの遺跡も面的に広範囲に調査されたケースは稀で、個人宅地・道路・下水道などの開発に伴うものが多いため、各々の遺跡の全容を把握するまでには至っていないのが現状である。

ここでは代表的な葛飾区柴又帝釈天遺跡、古録天遺跡、古録天東遺跡、鬼塚遺跡、本郷遺跡、江戸川区上小岩遺跡、勢増山遺跡を中心に紹介してみたい。ただし、どの調査も宅地・道路・下水道などの開発に伴うもので、面的に広範囲に調査された事例は極めて少なく、遺跡の全容を把握するまでには至っていないことをあらかじめお断りしておく。

柴又帝釈天遺跡（図1―3、以下同）

本遺跡は、映画で有名な帝釈天を中心に広がる遺跡で、今まで数地点の発掘を実施している。土師器や須恵器の甕・坏などの良好な遺物が発見されており、東京都でも類例の少ない奈良時代頃の水滴を出土している。このほか、遺構外から判読不明ながら平安時代の須恵器杯に文字を書いた墨書土器なども出土している［谷口一九八九a］。

遺構としては、奈良時代の井戸が発見され、スギ材を用いた木組みの井戸側が備わっているものも認められた（図11・12）。この井戸内からは須恵器壺や刀様木製品、漆器皿が出土している［谷口一九九四a］。また、奈良時代の竪穴住居に設けられたカマド痕跡も確認されており、柴又帝釈天の周辺には奈良時代の住居域が広がっていたものと想定される［谷口一九九四］。

柴又八幡神社遺跡（4）

柴又の鎮守である八幡神社の周辺に広がる遺跡で、九世紀後半から一〇世紀初頭の竪穴建物が一軒と一〇世紀中頃の井戸が発掘されている。竪穴と井戸からは当該期の良好な土器類が出土している［谷口一九九二］。

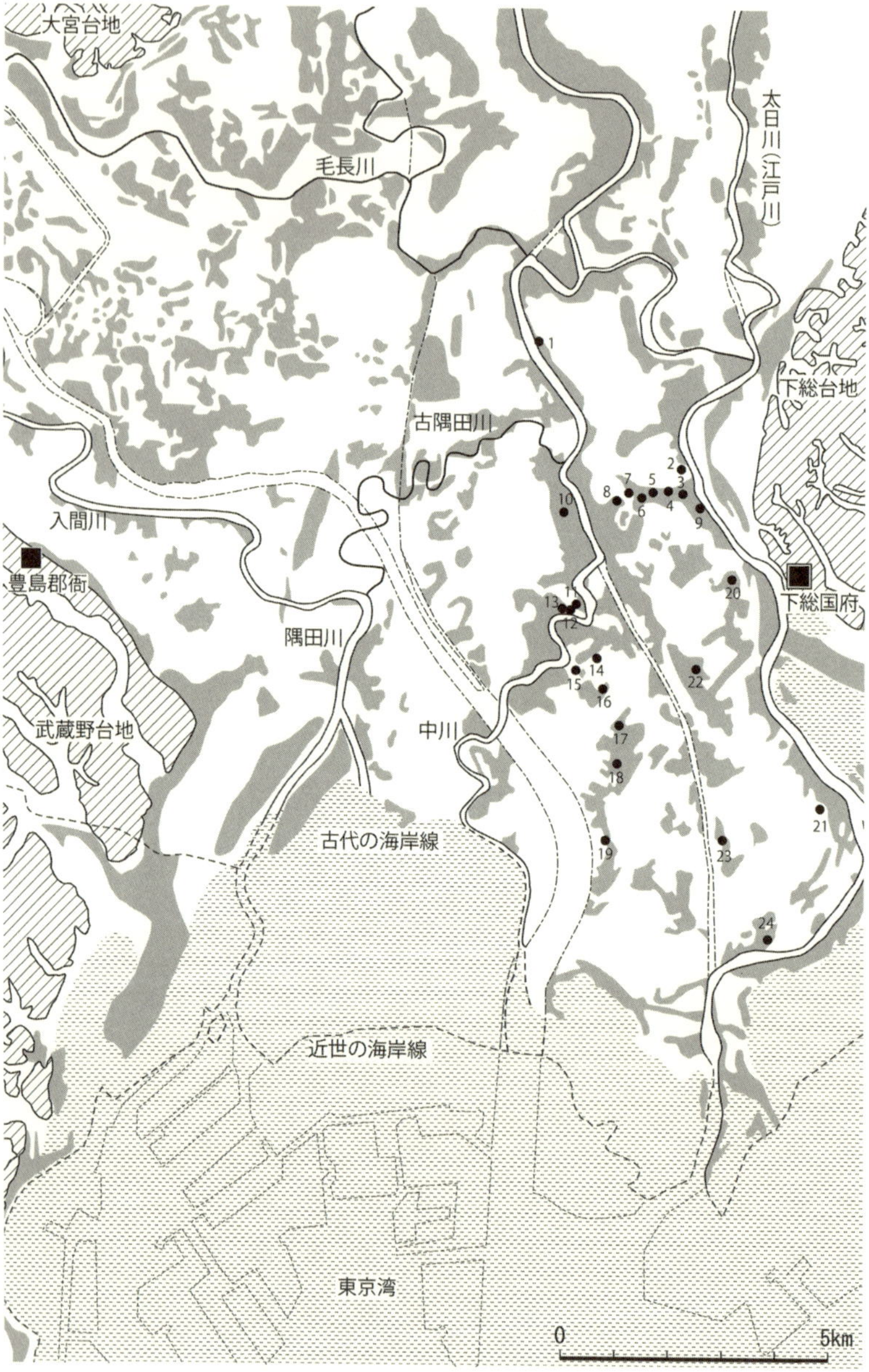

図１　東京低地東部遺跡分布図

古録天遺跡（6）**・古録天東遺跡**（7）

区道路工事に伴う調査では、この二遺跡から奈良・平安時代の良好な資料が得られている。当該期で目を引く遺構としては、掘立柱建物群をあげることができる。柱穴の大きさには、大略直径五〇センチメートル前後のものと八〇センチメートル前後の大型なものとが存在する。残念ながら調査区の幅が道路の片側車線しかなく、また古墳時代後期から奈良・平安時代までのものが重複しているために、具体的に建物を想定することは困難であった。そのほか、刀を模したと思われる刀様木製品を出土した井戸（図13）や、馬の頭を埋納した遺構（図10①）など注目すべきものもある。また、畑跡と考えられる腐蝕土の分布が認められている。遺物は、土師器・須恵器のほかに灰釉陶器などの土器類も見られるが、壺あるいは火舎と思われる緑釉陶器が一点出土している（図8左）。墨書土器も三点認められ、そのうち一点は「角」と判読できる（図9―3）。土器類以外では、奈良時代の銅製の巡方が出土している（図8左）。大規模な掘立柱建物群や緑釉陶器・巡方の出土は、この遺跡の性格を考える上で大変興味深い資料と言えよう［谷口一九九一a］。

この区道路地点の東側に隣接するところでも数箇所の調査を行っているが、奈良時代頃と思われる二間×二間の総柱の掘立柱建物［谷口一九九一b］（図4）や、土製カマドなどが発見されている［谷口一九九四］。

本郷遺跡（14）

奈良・平安時代の溝や土坑などがある。溝は北から南にかけて水が流れ、途中には木樋を設けて水量を調整している。溝は多量の炭化物などで人為的に埋め戻されており、牛歯（下顎、図10③）馬歯（図10④）と打ち砕いた須恵器が出土している。また、畑跡と考えられる腐蝕土の分布が認められている［谷口一九八九b］。近年、緑釉陶器がまとまって出土しており、どのような背景をもつものなのか、遺跡の性格が注目される。

鬼塚遺跡（15）

葛飾区奥戸一丁目二八番地には遺跡の名の起こりとなった鬼塚と呼ばれる塚があり、塚の周辺に遺跡が広がっている。奈良・平安時代の土師器・須恵器や須恵器杯を転用した硯のほか、特筆されるものとして、遺構外ではあるが平安時代の大型石製鉈尾が出土している（図8右）。遺構は、古墳時代後期末から奈良時代初頭の竪穴住居跡や奈良時代の井戸などが発見されている。発見された井戸内からは、牛と思われる下顎骨と完形に近い土師器坏などがまとまって出土している［谷口一九八七・一九九一c］。

正福寺遺跡（16）

この遺跡は仲村進氏によって確認されたもので、葛飾区東新小岩四丁目の正福寺及び周辺に所在する奈良・平安時代の遺跡である。近年の調査で九世紀代の土師器焼成窯と掘立柱建物などが発見されている［永越二〇一二］。

香取神社（貝塚）**遺跡**（18）

小松川境川右岸の微高地上に位置する。ハマグリ・シオフキ・サルボウ・マシジミを主体とする貝塚で、土師器・須恵器、小型の土錘が出土しているが詳細は不明である［大場・滝口・永峯一九七〇、別所ほか一九八〇］。

上小岩遺跡（20）

この遺跡を発見した中村進氏の採集資料の中には、量的には多くはないが、奈良時代に属する土師器や須恵器が存在する。しかし、昭和五八年（一九八三）の試掘調査を第一次調査として、第六次にわたる調査が実施されているが、下水道工事という極めて限られた範囲のためか、大嶋郷時代の遺構や遺物の発見は残念ながらなされていない［熊野一九八八・一九九〇］。今後の調査に期待したい。

勢増山遺跡（21）

昭和二八年（一九五三）、江戸川郷土研究会によって本遺跡の試掘調査が行われている［別所ほか一九八〇］。調査の結果、弥生土器のほかに、土師器・須恵器・土錘などの遺物があり、土師器のなかには、平安時代に位置付けられるものがある［秋元一九九二］。

椿町遺跡（22）

江戸川右岸の微高地上に立地する遺跡で、本地域では最南端に位置する。東京都及び江戸川区両教育委員会などによって数度の調査が行われているが、残念なことに見るべき成果は得られていないようである。平安時代頃の集落と考えられている［大場・滝口・永峯一九七〇、別所ほか一九八〇］。

江戸川区鹿骨四丁目ほか（23）

このほか、最近発見された遺跡として、江戸川区鹿骨四丁目や同区上篠崎二丁目に所在する微高地から九・

一〇世紀の遺物が採集されている［秋元一九九二］。

2　従来の説

古代史の研究者による大嶋郷に関する研究は、家族構成など戸籍の内容に関わる研究を押し進めたが、地誌学や地理学者は古くから大嶋郷と甲和・仲村・嶋俣の三里の位置についての論争を行ってきた。大嶋郷と三里の位置については、今日までいくつもの説が披露されているので代表的な説を表2に整理してみた。

大嶋郷の研究を一番初めに手掛けた幕末の国学者清宮秀堅氏は『下総旧事考』（一八四五）のなかで、大嶋郷を埼玉県北葛飾郡内に求め、現在の杉戸町付近にある大島をその遺地とした。邨岡良弼氏も自著の『日本地理志料』（一九〇三）において、清宮氏と同様な説を唱えている。一方、大正一二年（一九二三）に吉田東伍氏は『大日本地名辞書』のなかで、地名の転訛から大嶋郷戸籍に見える甲和里は江戸川区小岩、嶋俣里は葛飾区柴又に比定できると述べ、江戸川区小岩付近に大嶋郷を求めている。これらの説以外に江東区大島を大嶋郷の故地とする説も見られたが、吉田氏の説が発表されてからは、甲和里＝江戸川区小岩、嶋俣里＝葛飾区柴又はほぼ定説化し、大嶋郷は江戸川区と葛飾区付近とする説が最も有力となっている。

もうひとつの里である仲村里については、有力な説は出されていない。

従来の各里の位置を決める手立ては、地名の考証という方法がとられたが、これには物的証拠が欠落している点に問題がある。各論者とも地名の転訛を裏付けるために遺跡の所在を紹介している。

例えば、甲和里を江戸川区小岩とする根拠のひとつとして江戸川区上小岩遺跡が存在することを根拠としたり、嶋俣里を柴又とする場合も柴又八幡神社古墳の所在を指摘したりする。一見妥当な方法であるかのようであるが、

表2　大嶋郷と甲和・仲村・嶋俣里の諸説

論者（出典）	大嶋郷	甲和里	仲村里	嶋俣里
清宮秀堅（『下総旧事考』一八四五）	埼玉県北葛飾郡杉戸町付近			
吉田東伍（『大日本地名辞書』一九〇三）	江戸川区小岩付近	江戸川区小岩		葛飾区柴又
蘆田伊人（『南葛飾郡誌』一九二三）	江戸川区小岩付近	江戸川区小岩		葛飾区柴又
木下晴弘（『江戸川区史』一九五五）	柴又―小岩―篠崎を中心とし、金町・新宿・小松川境	江戸川区小岩	甲和里と嶋俣里の間	葛飾区柴又
和島誠一（『千代田区史』一九六〇）	葛飾区柴又付近	葛飾区水元小合	『江戸川区史』の説を紹介	葛飾区柴又
小林三郎（「土師時代の集落把握への小考」一九七二）	江戸川と荒川に挟まれた南北20キロメートルの範囲におさまる			
入本栄太郎（『増補葛飾区史』上巻　一九八五）	『江戸川区史』と同じ説をとる	江戸川区小岩	小岩・柴又周辺	葛飾区柴又
木村　礎（『村落景観の史的研究』一九八八）		江戸川区上小岩	葛飾区高砂	葛飾区柴又

果してこれらの事例が積極的な裏付けと言えるのであろうか。

なぜなら実際に戸籍の作成された八世紀前半、大きくとらえても奈良時代の遺跡・遺構といった考古資料を材料に言及したものは皆無に等しい。先述したように、上小岩遺跡は古墳時代前期を主体とする集落で、奈良時代の資料は現在のところ稀薄であり、柴又八幡神社古墳は古墳時代後期の構築なのであるから時間的に符号していないことは改めて述べるまでもなかろう。

3　甲和・仲村・嶋俣の三里を求めて

大嶋郷や甲和・仲村・嶋俣の三里の位置を求める作業としては、地名の転訛の考証も欠かせないが、先述したように当時の自然環境、特に陸域の分布をとらえることが重要な作業であり、大嶋郷が存在した奈良・平安時代の遺跡分布、東京低地周辺の古代の動向も加味して、それらを総合的に検討する必要があろう。以下、各里の位置や郷の範囲について検討していきたい（図2）。

甲和里

江戸川区小岩は、甲和が転訛したものだとする説が定着している。甲和は「こうわ」と読んでいるが、元の呼び方を藤岡謙二郎氏や関和彦氏は「河曲（かわわ）」［関一九九八］とし、木村礎氏も「川輪」―「甲和」―「小岩」への転訛を想定している［木村一九八三］。

里名の由来については、三氏ともおよそ「川が曲流するところ」ととらえている。現在でも江戸川（古くは太日川）が江戸川区小岩で大きく東側に膨らむように曲流している。これは縄文海進後に地下に埋没した下総台地

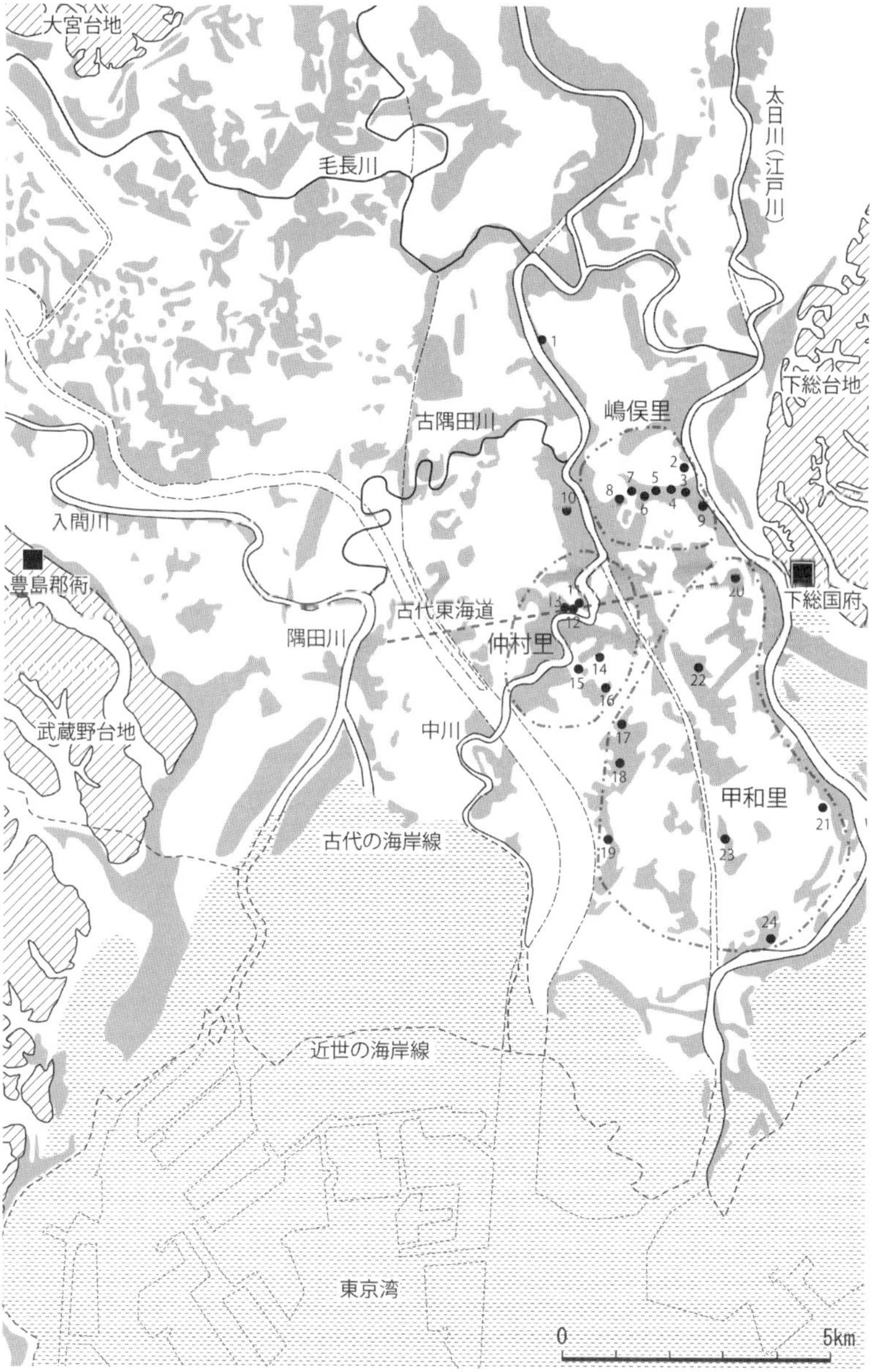

図２　大嶋郷と甲和・仲村・嶋俣の三里

の基盤層である岩盤が横たわっているために、川の流れに影響を与えているのであって、古代から同じような流れを呈していたと考えられる。つまり、地形的制約から古代から大きく曲流していた場所であったので、その河川景観から里名が付いたと考えられる。

従来、北小岩六丁目に所在する上小岩遺跡の存在が、甲和里を裏付ける考古資料として重要視されてきた。しかし、現状では奈良・平安時代の資料は稀薄であり、本遺跡の所在する小岩地域のみでひとつの里を想定するには無理がある。小林三郎氏の指摘にもあったように［小林一九七三］、周辺部の遺跡を視野に入れて甲和里を検討する必要があろう。江戸川区小岩よりも南部に位置する地域から奈良・平安時代の遺跡が発見されていることから、現状では小岩から南側の小松川境川流域から海岸線までの地域を甲和里と想定したい。

嶋俣里

戸籍の記載順でいくと、甲和・仲村・嶋俣里となるが、仲村里よりも先に嶋俣里について検討を加えたい。映画「男はつらいよ」で知られている葛飾区の柴又は、大嶋郷戸籍に記されている嶋俣（里）が転訛した地名である。古くから指摘されていることであるが、応永五年（一三九八）の「葛西御厨田数注文写」（鏑矢伊勢宮方記）に「嶋俣　七町五段」と奈良時代の地名がそのまま継承されている。戦国時代、永禄二年（一五五九）「小田原衆所領役帳」［佐脇一九九八］には「嶋俣」はなく、「柴俣」とあることから、「嶋俣（しままた）」→「柴俣（しばまた）」と表記や読みが転訛したことが確認できる。このことから嶋俣里＝柴俣地域というのが、三里中最も比定地として確実性が高い場所と考えられている。

嶋俣という地名の由来は、嶋は土地の形状を示し、俣は川が三叉状に合流分岐している様子からつけられたものと考えられる〔谷口二〇〇三〕。川の合流部は、土砂の堆積によって島状の高まりになりやすいところであり、里名の起源は「川が股状に流れ、島状に土地の高まりのある土地」という意味に由来するものであろう。

柴又地域の遺跡の分布は、先述したように江戸川西岸から西に展開する柴又微高地に、柴又帝釈天遺跡、柴又八幡神社遺跡、古録天遺跡、古録天東遺跡などが集中しており、この柴又微高地を中心とした地域が嶋俣里と想定される。

仲村里

仲村里は、三里中最も不明とされてきた。仲村里の比定地の候補としては、葛飾区水元小合や葛飾区新宿・高砂付近とする説も出されてきたが、『南葛飾郡誌』を著した蘆田伊人氏は、立石村（現在の葛飾区立石）に中原という地名があるが、これは新しい地名で仲村里とは関係ないと指摘したり、『江戸川区史』〔江戸川区一九七六〕では応永五年（一三九八）の「葛西御厨田数注文」に見える中曽禰（現在の江戸川区小岩）と仲村里を関係づけたりする説などがあるが、どこどこは位置的にも無理があるとか、該当しないというような消去法的な議論がなされてきた。それだけ仲村里の位置比定に苦慮していることがわかる。

里名の由来に注意してみると、甲和、嶋俣はすでに述べたように、川と関連する地形的なものが名の起こりとなっているのに対して、仲村は甲和と嶋俣との間に位置する村という事が里名の起りとなっている可能性が高いと思われる。おそらく、甲和、嶋俣の二里の名が先行して存在し、仲村里は戸籍作成などを契機に後から付けられた里名とも考えられる(5)。

仲村里について考古学的な視点から検討をすると、遺跡の分布状況で示した三つのグループというまとまりに注目したい。江戸川区域のグループが甲和里、葛飾区域の柴又地域が嶋俣里を構成する遺跡群と想定すると、近年発見された鬼塚遺跡、本郷遺跡、正福寺遺跡などの中川沿いの立石・奥戸地域の遺跡群の存在が注視されるのである。これらの遺跡群は、調査によって戸籍作成時期には集落が営まれていたことが明らかとなっており、考古資料の時期や地理的条件から大嶋郷を構成する集落の一部であったと考えられる。「甲和と嶋俣との間に位置する村」という里名の由来を想定すると、葛飾区水元小合や新宿付近などよりは、位置的にも甲和と嶋俣との間に位置していることから、中川沿いの葛飾区立石・奥戸地域の遺跡群をもって仲村里の有力な候補地と考えている。

4　大嶋郷の範囲

次に、三里から構成される大嶋郷について検討してみたい。大嶋郷の範囲は、前項で想定した甲和、仲村、嶋俣の三里を合わせた地域ということになろう。現状の遺跡分布からすると、北側は葛飾区柴又・金町、東側は江戸川、西側は葛飾区奥戸・立石、南側は海岸線までの地域を想定することができる。

しかし、まだ奈良時代の確実な考古資料が発見されていない中川西岸から古隅田川東岸地域の葛飾区水元・西亀有・堀切、墨田区墨田、江戸川区平井、江東区亀戸にも先の「葛西御厨田数注文写」に見られるように中世村落が営まれた微高地が広がっており、微高地の分布からも大嶋郷の範囲は更に東側に広がる可能性が高い。今後の調査の進展によっては、大嶋郷は後の時代の葛西御厨の範囲とほぼ同じ広がりを示すものと考えている(6)。

以上の見解が妥当なものかどうかは、今後、旧葛西御厨内の葛飾・江戸川・墨田・江東区に広がる微高地上を丹念に考古学的な調査を行うことが必要不可欠な作業となろう。いずれにしても、大嶋郷は里名や遺跡の分布から後の中世における葛西御厨という領域に収まることはまず間違いなかろう。この領域の中に、甲和里四四戸四五四人、仲村里四四戸三六七人、嶋俣里四二戸三七〇人、合計一三〇戸一一九一人が養老五年に暮らしていた。現在の葛飾区と江戸川区の人口を合わせただけで一〇〇万人を超える。現在とおよそ一三〇〇年前との人口の差を考えると、いかに近代以降にこの地域が急激に開発され、人口が集中しているかがわかる。

三　発掘された大嶋郷

1　ムラの景観

大嶋郷は低地帯に占地しているため、昔は一般的な台地上の集落とは異なった様相を呈しているものと考えるむきもあった。しかし、東京低地東部では、御殿山遺跡・本郷遺跡・古録天遺跡からは奈良・平安時代よりも前の古墳時代前期・後期の竪穴建物や掘立柱建物が発見されている。まだ奈良・平安時代の竪穴建物を一軒まるごと調査できた例はないが、柴又帝釈天遺跡でも奈良時代、柴又八幡神社遺跡でも平安時代の竪穴建物が各一軒と、古録天遺跡からは掘立柱建物が発掘されている。

これらの事例からも知られるように、本地域では古墳時代前期から台地上の集落と同じように、竪穴住居と掘立柱建物とを構えていたことが発掘調査の結果から明らかとなった。

現在のところ調査件数も少なく、調査した面積も限られているので、奈良・平安時代において、ひとつの微高地上に同一時期の竪穴建物や掘立柱式建物がどれだけ築かれていたかを把握することはできない。しかし、奥戸地域や柴又地域での調査状況からすると、遺構・遺物の集中する地点と稀薄な地点とが認められることと、大嶋

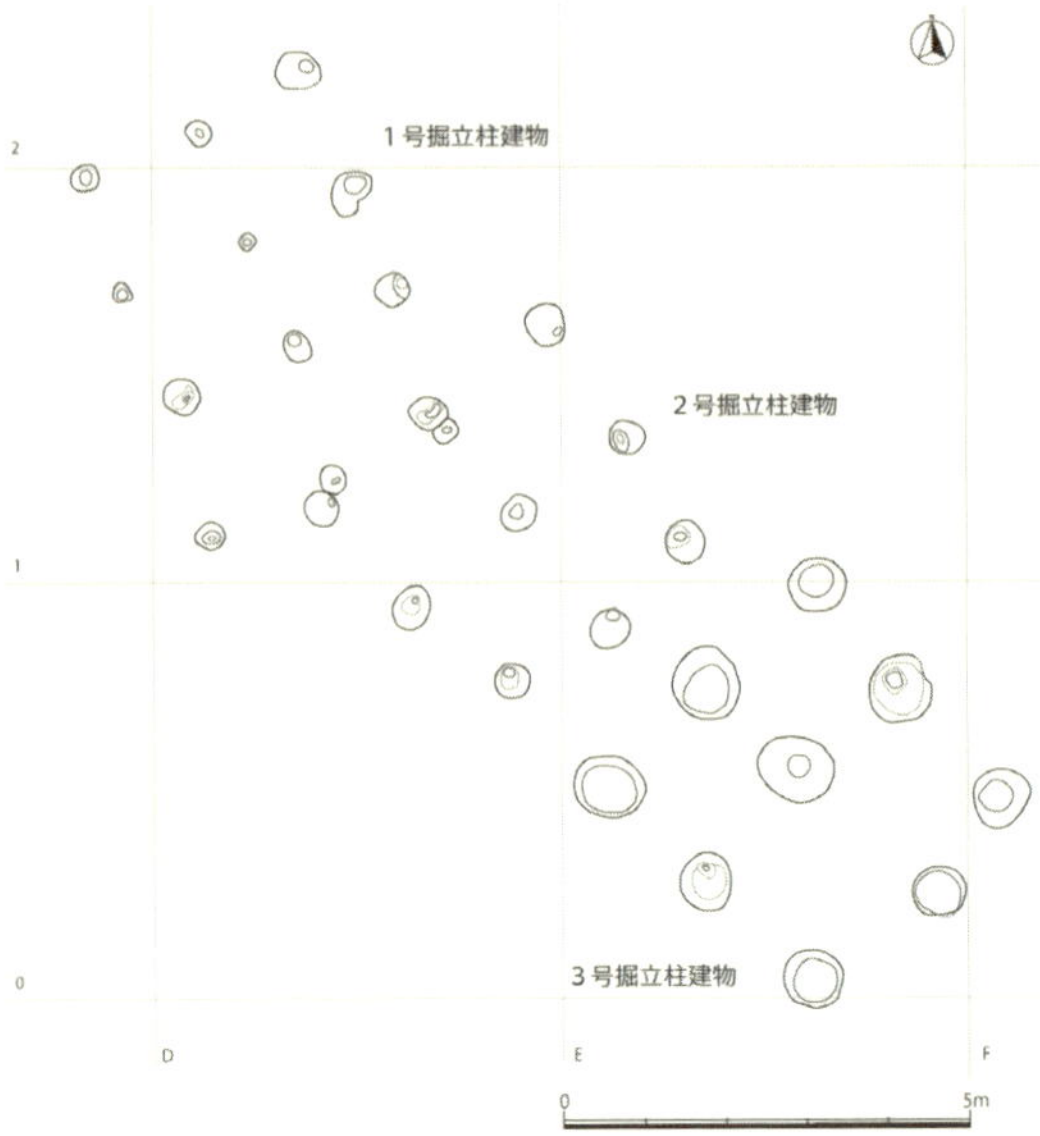

図3　柴又帝釈天遺跡の掘立柱建物跡

図4　古録天東遺跡の掘立柱建物跡

郷時代の遺跡の分布などからすると、大嶋郷は小林三郎氏が「大嶋郷推定地付近に、いくつもの住居群が密集していたのではなく、数キロメートルずつ離れて単位住居群が存在していた可能性が強くなる」と指摘されたように［小林一九七三］、ひとつの微高地に住居が集中して里を形成しているのではなく、微高地上に数軒から数一〇軒の集落が営まれ、それらの微高地上の集落がいくつか集まって里が構成されていたと考古学的な調査結果からは考えられる。

また、現在の調査状況からすると、本地域において、古録天・古録天東遺跡は、ほかの集落とは趣を異にする遺構・遺物が発見されており、大嶋郷のなかでも、里または郷の拠点的な遺跡の可能性がある。今後、郷家・館などの下級官衛との関連も注意されよう。

考古学的な成果とは別に、遺跡調査時に行っている自然科学分析によると、柴又地域には、オオバコ属・オナモミ属・ヨモギ属が生育する比較的開けた草地が広がり、湿地などにはガマ属・オモダカ属・サジオモダカ属・ミズアオイ属・ゴキズル属が生育する植生であったことがわかっており、次第に遺跡周辺の植生についても明らかになりつつある。

2　生業活動の変化

東京低地東部の生業活動は、古墳時代前期から網漁を主とする漁労が行われてきた。しかし、先述したように古墳時代後期末（七世紀後半）になると大型管状土錘は姿を消してしまい、海を舞台とした集団的漁法は姿を消してしまう。奈良時代以降には、小型の土錘が僅かに出土する程度で、集団的漁法に代わって河口部や河川・沼などで行う小規模な網漁しか行われなくなってしまう。奈良時代の東京低地東部では、もはやムラをあげて漁労

図5　出土した管状土錘
（右　古墳時代前期　左　古墳時代後期）

に勤しむ姿は見られなくなるのである。

奈良時代以降の大嶋郷では、漁労活動の衰退とは逆に、農耕が生業活動のなかで大きな比重を占めていたと考えられる。しかし、大嶋郷全体で農耕を主体的に行っていたとすることは早計と思われる。詳細は不明ながら、江戸川区香取神社遺跡には奈良・平安時代の可能性のある貝塚が確認されており、大嶋郷南部の甲和里の集落のなかには、網漁のほか、貝の捕獲も行っていたことが考えられるからである。もちろん微高地上では農耕を行っていただろうが、付近の水域には潟が広がり海の影響を受けやすく、塩害などにも悩まされ水稲には適さない環境だったと思われる。海岸線に近い大嶋郷南部のムラでは、海岸線から離れた北側に分布する仲村・嶋俣里に比べ、生業活動の場は海や河口や海部を舞台として活動していた可能性もあることを想定しておきたい。

生業活動で問題なのは、農耕と漁労の比重の度合いであろう。大野左千代氏の指摘によれば、瀬戸内海地域を例にあげ、「土錘を用いる漁業は基本的には農耕に生産基盤を持つ」と述べ、千葉県上の台遺跡・鬼高遺跡・須和田遺跡では、高桑守氏が類型化した、「地先海域を漁場とする網漁業を専らとする農民漁業」が展開したと説明している［大野一九九一］。また、関東平野の土錘の総量が多くとも比較的小型のものが多く、各住居址からまんべんなく出土することから見て小集団単位の操業を主とすることが考えられるとも述べている［大野一九九一］。

大嶋郷での漁労活動に関連して、関和彦氏は、本地域から出土する土錘から、大嶋郷ではある程度漁業に比重をおいた生活を送っていたと指摘している［関一九九〇］。しかし関氏が注目した土錘は古墳時代後期の所産であり、漁業に比重をおいた生活とした時代は大嶋郷の時代ではなく、古墳時代後期ということになろう。

管状土錘を用いた集団的漁法が行われなくなる背景には、環境的な面だけでなく、政策的意図がはたらいているのではないかと、第三章でも少し触れたが、東京低地と同じ大型環状土錘を用いた集団漁法を展開した千葉県上ノ台遺跡で奈良時代に突然集落がなくなってしまうことについて、倉田芳郎氏は、海岸線の後退によって漁場が失われたためで、集団的移動には政治的な力が働いているとの意見を述べられている［倉田一九八一ほか］。

国家が律令の制定や戸籍の作成など人民を把握し、新たな租税を課すようになる。集団的網漁の解体には、海岸線が後退するなどの漁場の変化という自然的な要因だけでなく、松村恵司氏が述べているように奈良時代には百万町開墾計画、三世一身法、永年私財法などの一連の開墾奨励策が打ち出されており［松村一九九二］、生業活動の転換の背景にはこのような政策的な意図が働いていた可能性が高いと考えている。

東京低地東部の古墳時代後期は、漁労具の出土からイメージ的には漁村的な色合いを強く受けるが、これが専業的な漁民集団だったのかどうかは問題を残そう。なぜならば､本地域では古墳時代前期から農耕も行っており、後期には少なくとも柴又周辺では稲作を行っていた可能性が高いからである［谷口一九九一a］。農耕と漁労のどちらに生産基盤が置かれていたのかは、現状の成果からでは判断は難しい。この問題を解決するためには、該期の貝塚などから得られる漁獲物を基に、漁期の検討を行うことが必要な作業であるが、残念ながら現在のところ良好な資料は得られておらず、今後の検討課題と言えよう。ただし、大嶋郷を一つの村落風景としてとらえるべきではなく、集落を取り巻く河川や海などの環境と生業活動のあり方によって、大嶋郷内でも地域的に異なった風景があったはずである。ここでは、七世紀後半以降になると海を舞台とした集団的な漁労活動は姿を消してしまうが、漁労活動そのものがなくなってしまったわけではなく、大嶋郷でも内陸部では漁労よりも農耕を主とする生業活動を展開するようになったものと考えられる。

3　大嶋郷内の牛馬

東京低地東部の古代の遺跡から出土する動物遺存体のなかでは、牛馬の出土が目立つ。周辺地域と具体的に比較したわけではないが、本地域の出土量は多いように感じる。牛馬といっても、量的には馬のほうが多いようである。時期的には、古墳時代後期から見られるが、最近の調査では奈良・平安時代の資料のほうが増加している。このように牛馬が多く出土するということは、本地域において牛馬が常に供給できる状態、つまり飼育されていたことを示しているのではないだろうか。

古来より馬の利用は、乗馬と駄馬とがあると説かれてきた。柴又八幡神社古墳からは馬具が出土しており、本地域では古墳時代後期に乗馬が行われていたことが知られるが、本地域においては、官道との関係が注目される［谷口一九九三・一九九八ａ］。大嶋郷の中央を横断するように東西に古代東海道が貫通し、南北には河川が流れる陸路と水運の交差する地域であり、輸送手段としての牛馬の使用があったと見るのは自然であろう。この駄馬による運送手段が、九世紀末には東海道・東山道を舞台として登場する「僦馬の党」へと発展することはよく知られているところである。

馬を使った乗馬と駄馬以外の利用は、農作業への使役が考えられる。もっとも一般的には農耕への牛馬の利用が当時の普遍的な在り方ではなかったと考えられているが［山口一九三二］、後述する古録天東遺跡で確認された馬の頭を供えた儀礼行為は、農耕を背景とした儀礼といわれており、古墳時代後期以降に牛や馬を使役して田畑を耕す牛馬耕が導入されていた可能性を示唆するものとして注目したい。

また、牛馬の飼育は、牧との関連も注意されよう〔谷口一九九〇a〕。本地域のような中小河川に区画された土地は、牧経営の適地として古くから利用されており、牧経営の可能性も十分考慮すべき点である。

『延喜式』兵部省式諸国馬牛牧の項によれば、奈良時代の下総国には高津馬牧、大結馬牧、木嶋馬牧、長州馬牧、浮嶋牛牧が所在していたとされている。いずれの名前も津・島・州など地形的な名称が付けられており、牧の設置する場所をうかがわせている。下総五牧のうち浮嶋牛牧については、浮嶋が牛島に転訛したという説があり、『墨田区史』では墨田区向島・本所一帯をその比定地とされている〔墨田区一九七八〕。今回示した大嶋郷の一部が該当することになる。田中禎昭氏も浮嶋牛牧を大嶋郷内に比定している〔田中一九九五〕。大嶋郷と浮嶋牛牧との関係が注目されよう。

4　土器は語る

ここでは大嶋郷が所属していた下総国葛飾郡内を中心とした土師器・須恵器について、酒井和子・酒井清治氏が行った先行研究を基に、大嶋郷推定地から出土した土師器・須恵器について概観してみたい（図6・7）。

下総国葛飾郡内の土師器・須恵器などの供給は、七世紀から八世紀前半にかけて土師器に常総型甕が一部みられるものの、坏・甕は武蔵型のものが主体となっている。須恵器は常陸産の坏・蓋、東海産の坏・壺が出土し、量的には東海産須恵器が多い。

八世紀後半は、土師器甕は引き続き武蔵型のものが中心となる。ロクロ使用の坏が多くみられるようになり、

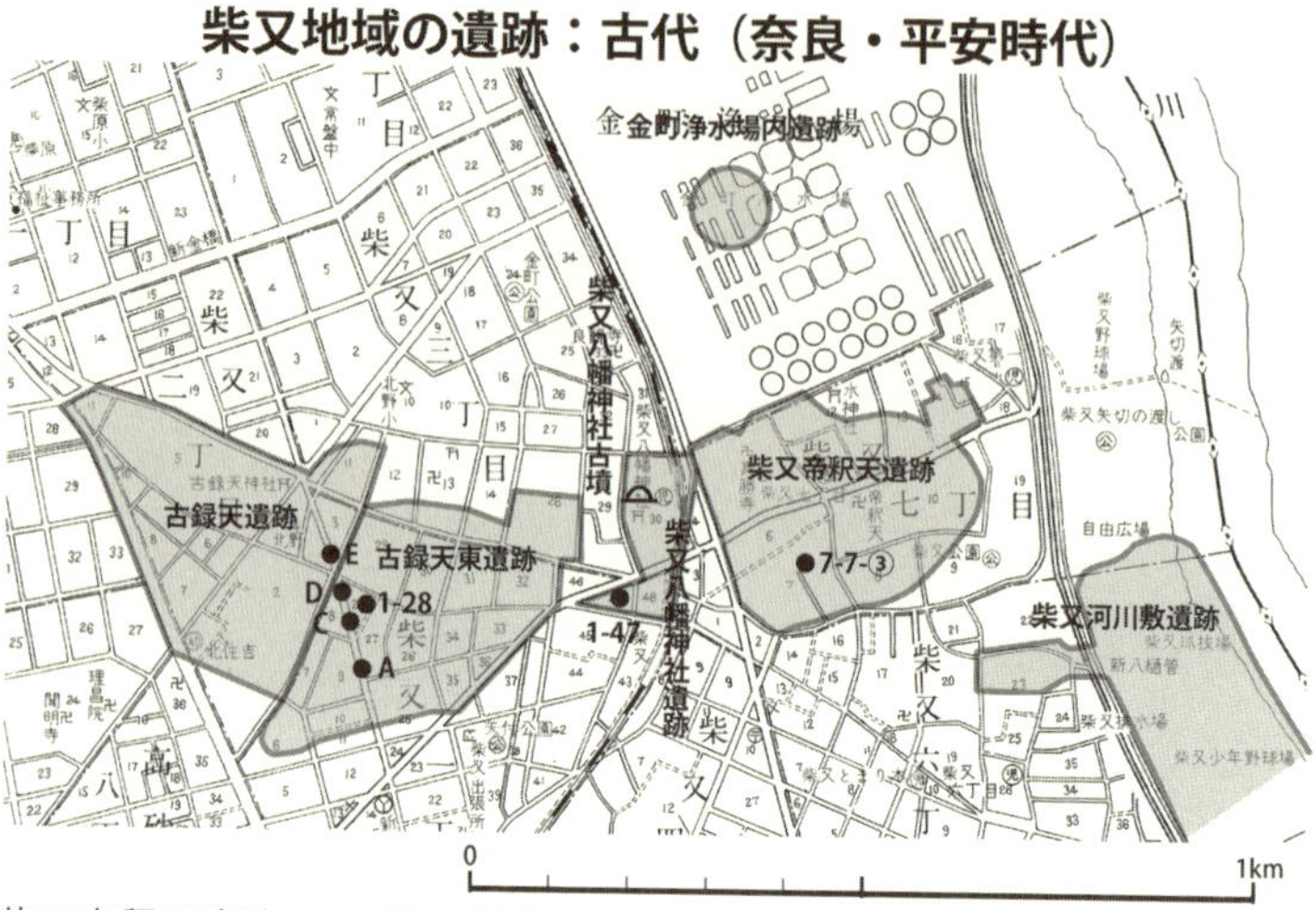

柴又帝釈天遺跡　7-7 第 3 地点

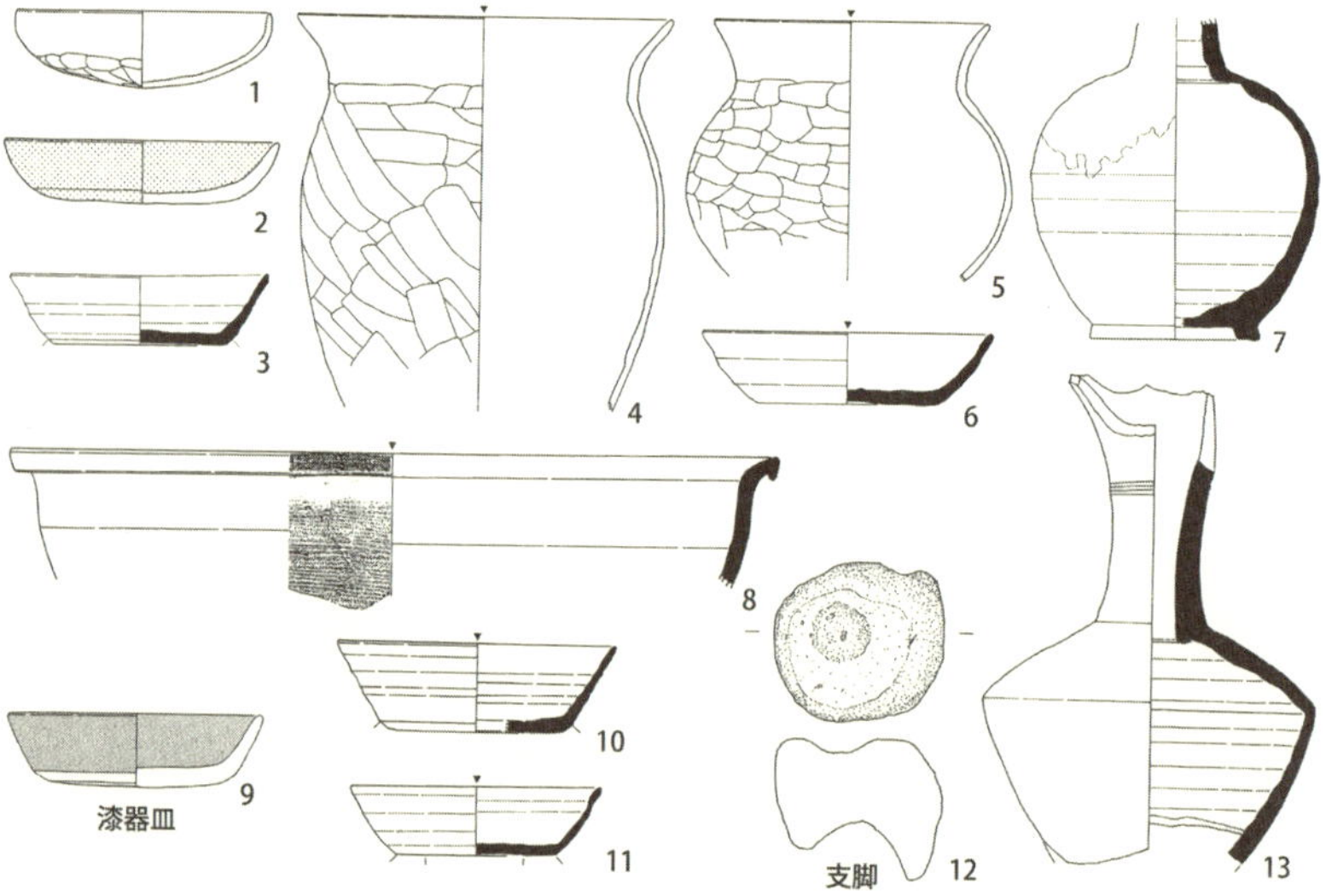

図 6　柴又地域の奈良・平安時代の遺跡と遺物（1）

柴又帝釈天遺跡 7－7 第 3 地点（1～13）　1～7 は 8 世紀前半の 1 号井戸出土資料。1･2･4･5 は土師器、3･6･7 は須恵器。3 が常滑産、6･7 は南比企産と思われる須恵器、10 は常陸産の須恵器、9 は漆器皿、12 は竈の支脚。

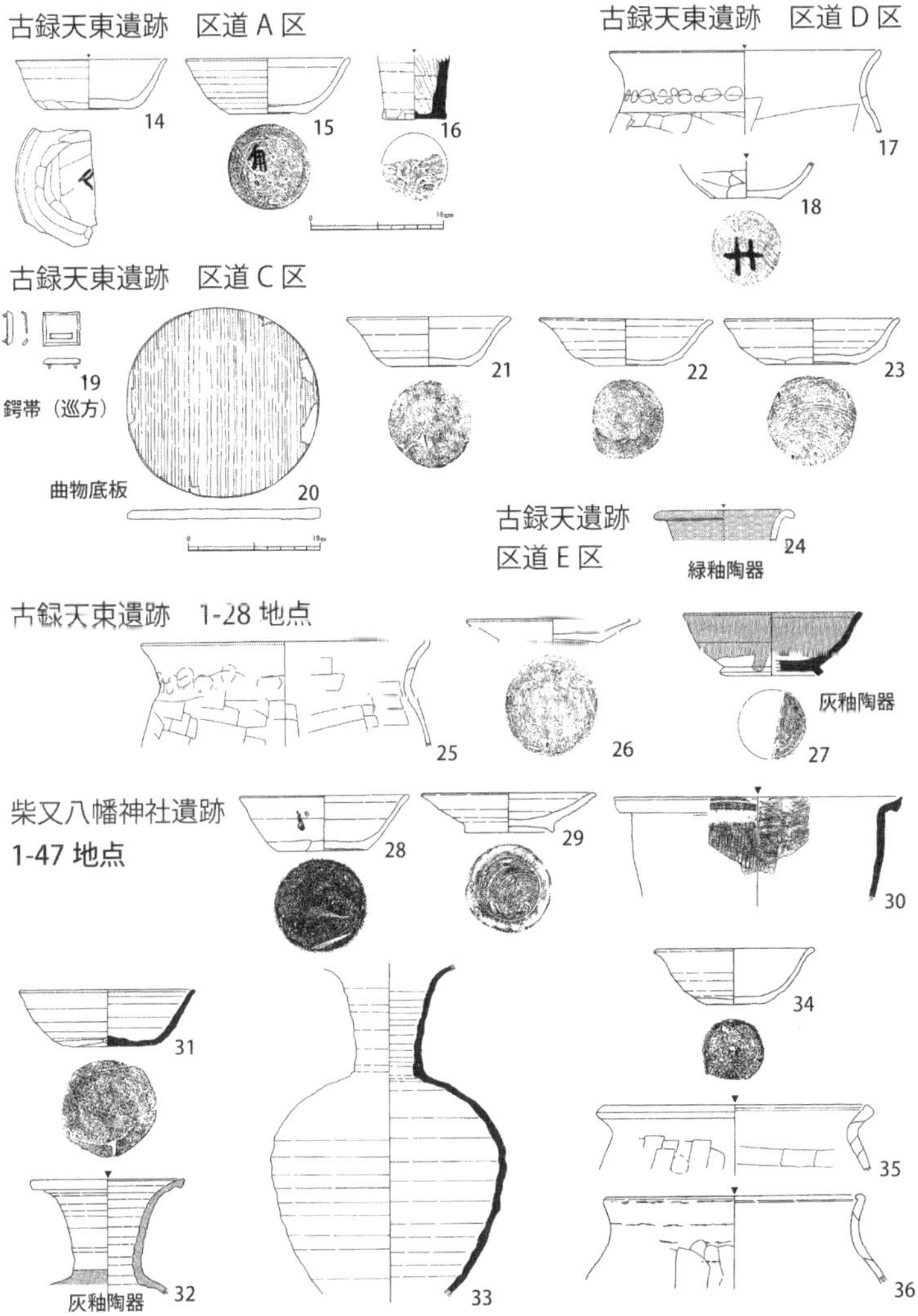

図7　柴又地域の奈良・平安時代の遺物（2）

古録天東遺跡　区道A区（14〜16）・C区（19〜23）・D区（17・18）・E区（24）　14〜16は1号溝出土資料で、14・15は9世紀前半の土師器、16は8世紀頃の須恵器（壺G）。17・18は20号柱穴出土資料で、17は8世紀後半の土師器、18は9世紀の墨書土師器。19・20は1号井戸出土資料で、19は巡方、20は曲物の底板、8世紀頃と思われる。21〜23は2号溝出土の9世紀後半の土師器。24は1号堀出土の緑釉陶器で、壺の口縁と思われるが、火舎の可能性もある。9〜10世紀のものであろう。

古録天東遺跡1－28地点（25〜27）　25は1号堀立柱建物出土の8世紀後半の土師器。26は8号土坑出土の10世紀の土師器。27は38号小穴出土の9世紀後半の灰釉陶器。

柴又八幡神社遺跡1－47地点（28〜36）　28〜33は1号竪穴建物出土の9世紀後半の資料。28・29は土師器で、28は墨書。30・31は上総産の須恵器、32は灰釉陶器、33は南比企産の須恵器。34〜36は1号井戸出土資料の10世紀前半の土師器。

須恵器は東海産、武蔵産、常陸産が出土するが、常陸産が主体的に供給されている。

九世紀にはいると、九世紀前半までは、土師器甕は前時期同様に武蔵型が主流であったが、九世紀後半以降になると武蔵型から常総型甕の影響を受けた甕が見られるようになる。須恵器も九世紀前半までは常陸産が多いが、九世紀後半以降になると、前時代に比べ次第に少なくなり、変わって東海産の灰釉陶器が目立つようになる。

葛飾郡内の流山地域では、酒井氏によると、八世紀後半から九世紀前半は常陸産と武蔵産の須恵器の割合について九対一もしくは八対二程度で、主体的に常陸産が供給され、一部に武蔵産が供給されているという。大嶋郷内では、細かいデータはまだ集計していないが、流山地域に比べ武蔵産の出土が目立っており、葛飾郡内であっても流山地域とは異なった傾向が認められる。

最近、大嶋郷内で九世紀頃の土師器焼成窯が確認され、大嶋郷では農耕と漁労だけでなく、土器生産も行っていた［永越二〇一二］。須恵器については、東海・武蔵・常陸産が持ち込まれ、土師器については武蔵などの地域からも持ち込まれるが、在地でも生産していたのである。

5　特異な遺物

今日までの大嶋郷推定地の発掘調査から出土した考古資料からは、まだそこで暮らした人々の生活をこと細かく描写するまでには至っていない。また、大嶋郷戸籍に記載されている人名を確認できる資料も得られていない。しかし、人物を特定することはできなくても、銙帯・墨書土器・文房具・緑釉陶器・漆器皿など、一般的に保有できない特異な遺物の出土は、それを持っていた人の集落内での立場を示す資料となる。今のところこのような遺物は、柴又地域に集中している。

図８ 出土した巡方（左 古録天東遺跡）と鉈尾（右 鬼塚遺跡）

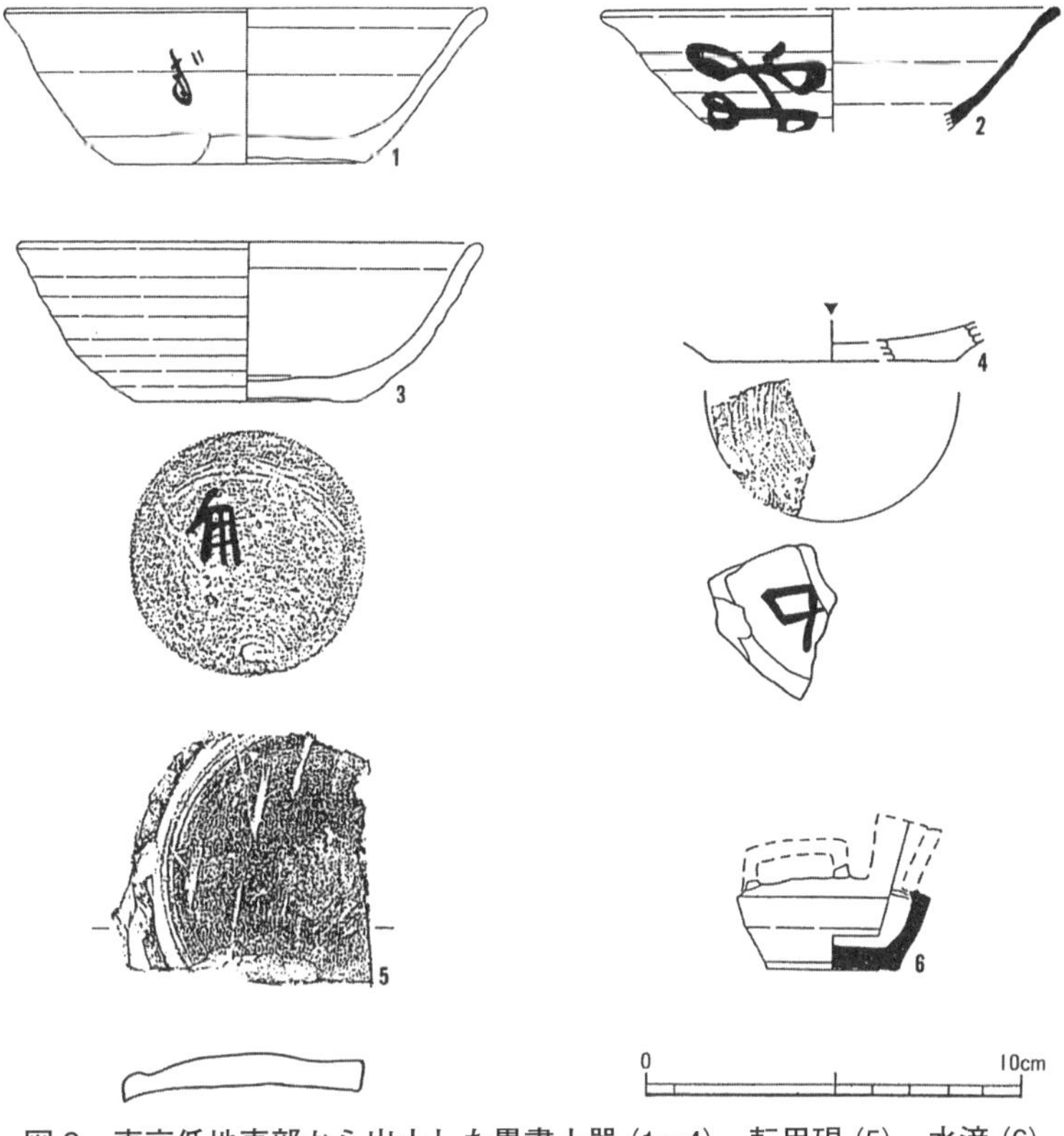

図９ 東京低地東部から出土した墨書土器（1～4）、転用硯（5）、水滴（6）

1 柴又八幡神社遺跡 2・6 柴又帝釈天遺跡
3 古録天東遺跡 4 本郷遺跡 5 鬼塚遺跡

古録天東遺跡と鬼塚遺跡から一点ずつ、都合二点の銙帯が出土している（図8）。このうち古録天遺跡出土のものは、鋼製の巡方で、器面は擦れて素地が見えているが、もとは黒漆を塗った烏油腰帯と思われる［谷口一九九一a］。もう一つの鬼塚遺跡出土のものは、石製の鉈尾で、都内の類例に比べても大型な部類である［谷口一九九一c］。周知のように、銙帯は官位を表すもので、素材・規格はその位に応じて律令で厳しく規定されており、だれもが身に付けられるものではなかった。

墨書土器は、古録天東遺跡、柴又帝釈天遺跡、本郷遺跡、柴又八幡神社遺跡などで出土している。古録天東遺跡から出土したものは「角」と判読できるが、それが何を意味するかは今のところ不明である［谷口一九九一a］。柴又帝釈天遺跡からは硯に水を差す須恵器製の水滴［谷口一九八九c］や、鬼塚遺跡からは須恵器の底部を利用した転用硯［谷口・三宅一九九二］などの文房具が出土している（図9―5・6）。

緑釉陶器と呼ばれる銅を釉薬として用いた非日常的な陶器も古録天東遺跡［谷口一九九一a］や柴又帝釈天遺跡［江上一九九二］などから出土している。

当時としては漢字の読み書きができる人は極めて限られていたといわれており、文房具の出土は墨書土器がどこからか持ち込まれたのではなく、大嶋郷内に識字者が居住していたことを裏付けている。柴又帝釈天遺跡から出土した漆器皿も、帯飾りと並んで日常的に使用できるものではない貴重なものであった。銙帯を腰に着け、文字の知識があり、緑釉陶器・漆器皿を保有できた人物が、大嶋郷や里において具体的にどのような位置にあって、大嶋郷内の組織とどのように関わっていたのかは明確ではないが興味深い問題である。里長や郷長、あるいは葛飾郡衙・下総国府などの役所に勤務していた可能性も考えられる。いずれにしても、大嶋郷内において官位を有した人物が、嶋俣里と目される地域に居たことを物語っている。

四　大嶋郷内の儀礼

1　供えられた牛馬

大嶋郷を構成すると思われる遺跡からは、郷内で行われた儀礼行為を示す資料もいくつか見つかっている。

儀礼行為と思われるものには、溝・井戸を儀礼の場とする例や、牛馬を供えるものなどがある。古録天東遺跡では、大きさが幅約〇・八～一メートル程の奈良時代頃の土坑で、中央部から馬の歯が並んで出土した(7)。出土時には馬歯だけで、骨質部は馬歯の周りに若干残る程度で頭部以外の骨などの残存は認められなかった（図10①）。下顎の歯の列と上顎の歯の列が天地逆になっていることから、馬の頭は頭頂を下に向けて埋められたようである。遺構の大きさなどから馬の頭のみを埋納したものと判断される［谷口一九九一a］。

柴又帝釈天遺構では、平安時代の土坑の中央部から馬の歯が一点だけ出土している。土坑内に故意に納めたものと思われる（図10②）［谷口一九八九a］。

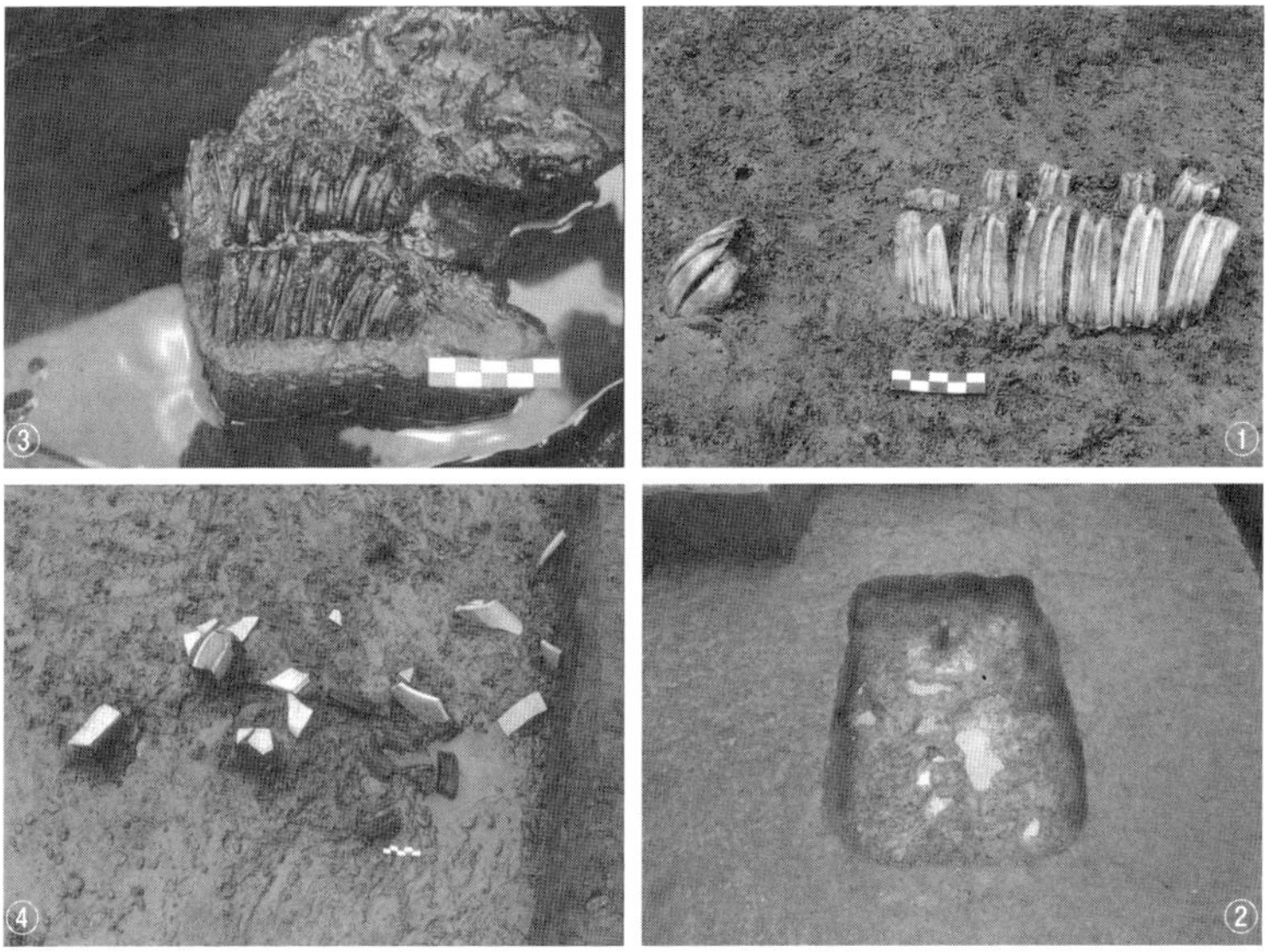

図10　馬歯・牛歯出土状況

①古録天東遺跡　②柴又帝釈天遺跡　③・④本郷遺跡

本郷遺跡では、溝の中から馬歯と歯の付いた顎骨が出土している。この溝は人為的に埋め戻されているもので、埋め戻し行為に伴って須恵器を故意に打ち割り、馬を埋めたようである。溝埋めの際に行われた儀礼行為と判断される［谷口一九八九b］。

鬼塚遺跡の奈良時代の井戸からも、井戸埋めの際に土師器の坏などと共に牛の下顎骨が出土している事例があるが［谷口一九九一c］、後項で取り上げることにする。

牛馬を供えた儀礼は、いままで雨乞いなどの祭礼と考えられてきたが、最近の研究では必ずしも祈雨に限られるものでないことが言われてきている［荒木一九九二］。しかし、大きくは農耕を背景とした祭礼であることでは変わらないようであり、これらの大嶋郷内で確認された牛馬を用いた儀礼行為は、奈良時代以降の生業活動において、農耕の占める割合が高くなってきた状況を物語るものと思われる。

2　井戸埋めの事例

大嶋郷推定地の奈良・平安時代の井戸には埋め戻す際に、儀礼行為を行った痕跡が数例認められる。ここでは特徴的な事例を紹介しておきたい。

柴又帝釈天遺跡（図11・12）

井戸の平面形は、長軸を東西方面にとり南北面がほぼ直線状に伸び、東西方向が弧を描く隅丸方形に近い楕円形をしている。規模は一三二×一一八センチメートル、深さは一五三センチまで確認できたが、それ以下は不明である。中央には平面が四八×六二センチメートルの木枠の井戸側が備わっている。覆土は地山ブロックを多量

図11　井戸埋め儀礼が行われた井戸（柴又帝釈天遺跡）

に含んでおり、人為的に埋め戻された様相を呈していた。遺物は、土師器や須恵器のほか、モモ、ウメまたはスモモの核（図12―6～8）、発掘時には分からなかったが、刀の形代（図12―5）と思われるものや、漆器皿（図12―4）も出土している。

本井戸跡の井戸側内からは、口縁部と底部を故意に打ち欠いた須恵器の長頸壺（図12―1）が出土しており、埋め戻しの状況から井戸埋め儀礼を行ったものと判断した。須恵器壺の底部付近に支脚（図12―2）が出土していることを報告書刊行時には注目しなかったが、支脚はカマドの用具であり、火に関わる物であるということを強調したいと思う。漆器皿も含め井戸埋め儀礼の供え物として用いられたのであろう［谷口一九九四］。

鬼塚遺跡

円形を呈する井戸で井戸側などの施設は認められなかった。規模は、南北一三五センチメートル、東西一四〇センチメートル、深さは湧水が著しく底面を見極めることはで

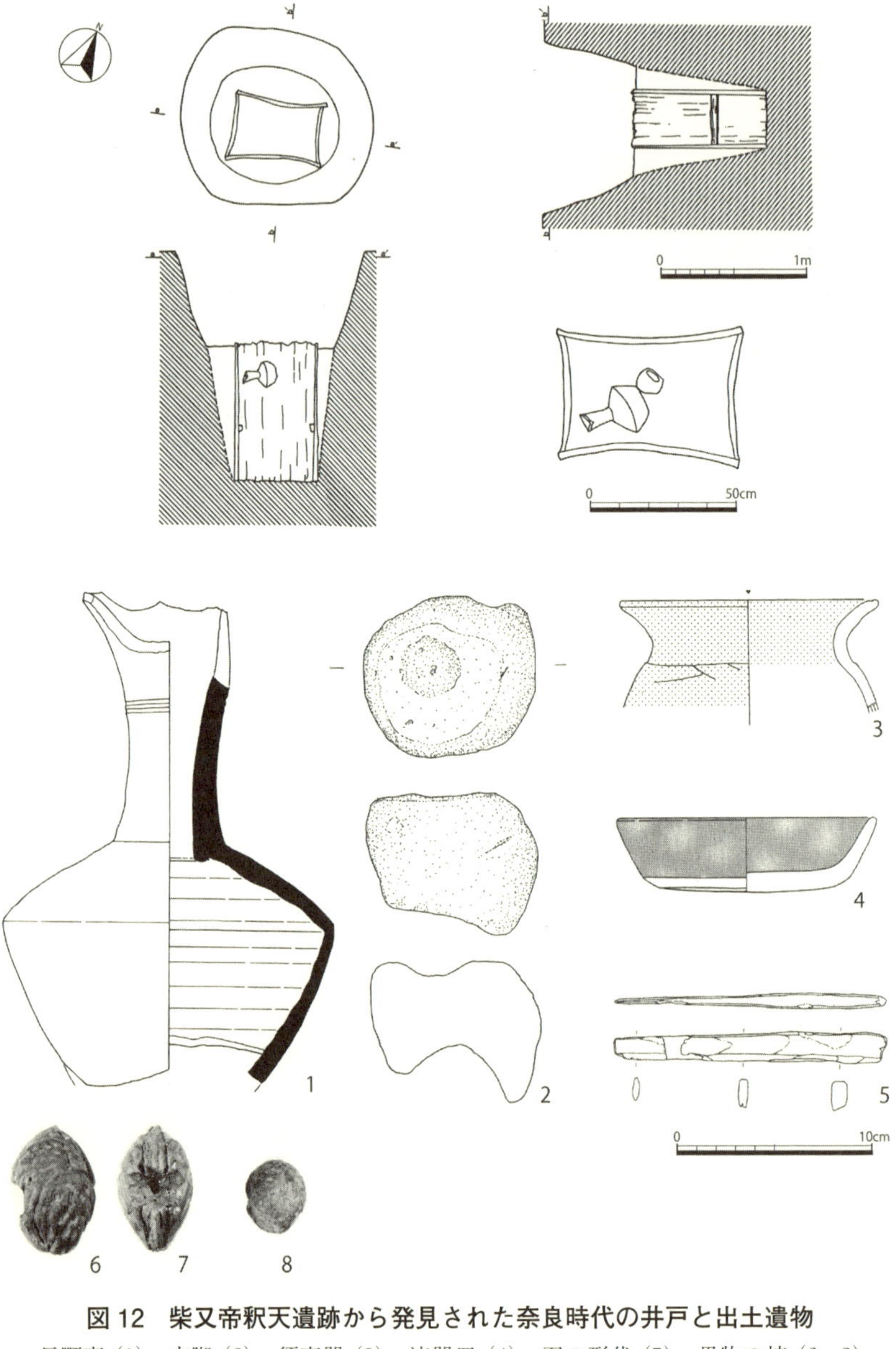

図12　柴又帝釈天遺跡から発見された奈良時代の井戸と出土遺物

長頸壺（1）　支脚（2）　須恵器（3）　漆器皿（4）　刀の形代（5）　果物の核（6～8）

きなかったが、確認面から一メートル以上を有する。覆土は七層に区分され、上部に炭化物の薄い層が二枚認められた。遺物はその覆土上部から復元可能な杯などの土師器とともに、ウシの下顎骨も出土している。出土遺物から奈良時代初頭に井戸埋め儀礼の行為によって廃棄されたものと考えられる［谷口・三宅一九九二］。

古録天東遺跡（図13）

C区と呼ばれるところから発見された。調査区中央部の西寄に位置し、二号溝と命名した古墳時代後期から平安時代頃までの溝状遺構を切って構築されている。井戸の西側は調査区外に遺存しており、正確な形状や規模は不明であるが、確認された状況からすると、平面形はほぼ円形を呈し、直径は一四五センチメートル、深さ一六〇センチメートルを測る。壁面の下部は急角度で立ち上がるが、上部は緩やかになる。覆土は四層に分かれ、褐色粘土質が主体となり、最下層には黒灰色へドロが厚く堆積していた。

この井戸から出土した遺物は、総数二二六点で、内訳は土師器一二八点、須恵器六三点、土製品二点、使用痕の有る石（叩き石）二点、井戸枠材及び加工木一三点（このうち刀の形代と思われるもの一点）、曲げ物一点、銅製銙帯金具（巡方）一点、瓢箪一点、不明二点であった。

出土した井戸枠の部材から、本来は井桁の井戸側が設けられた井戸で、曲げ物を底に設置していた可能性も考えられる。出土した遺物から九世紀頃に廃棄されたもので、瓢箪や刀の形代と思われる木製品、また巡方も含め、出土した遺物の多くは井戸埋めに伴う遺物の可能性があると思われる［谷口一九九一a］。

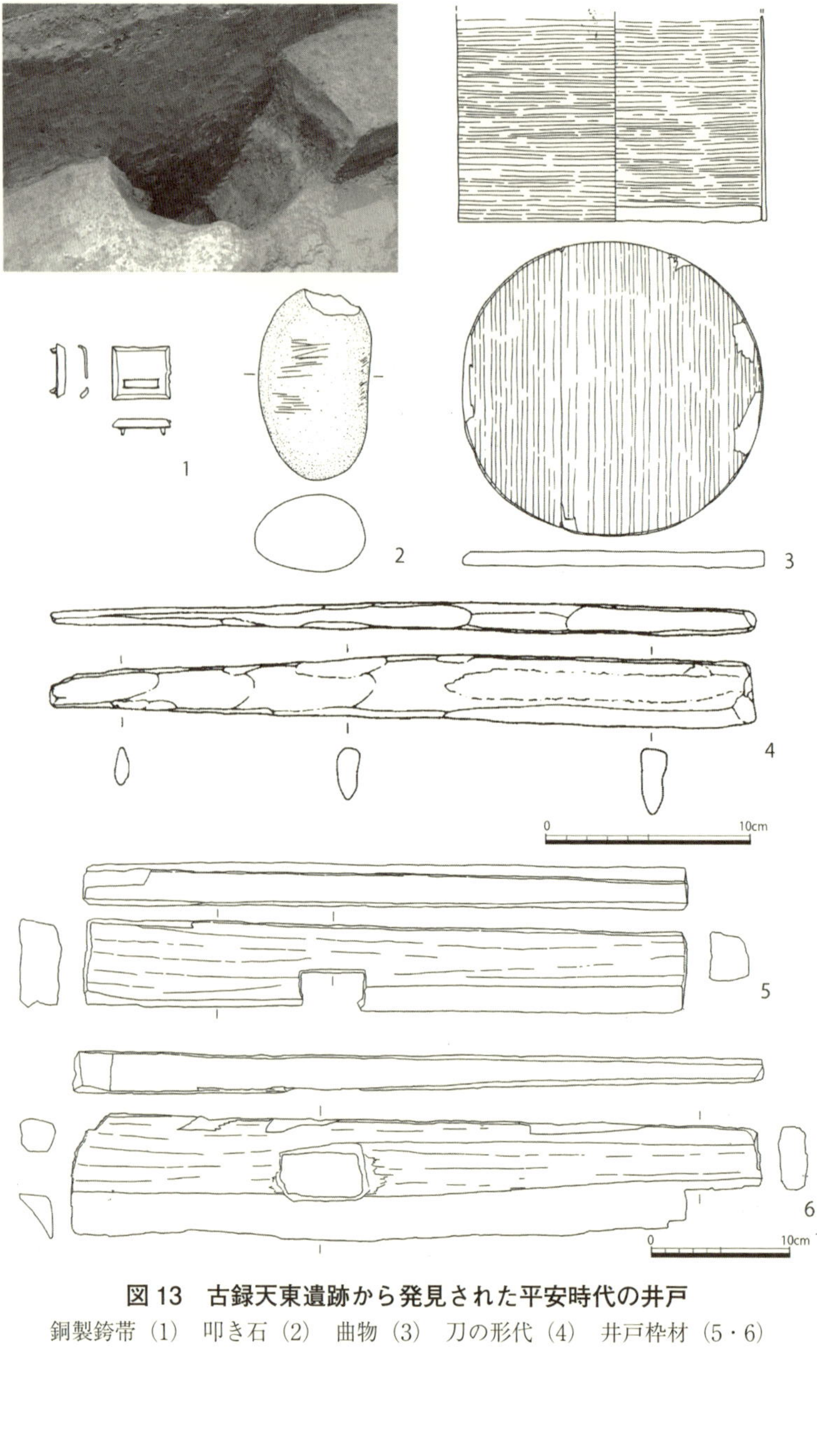

図 13　古録天東遺跡から発見された平安時代の井戸
銅製銙帯（1）　叩き石（2）　曲物（3）　刀の形代（4）　井戸枠材（5・6）

3　井戸埋めの祭祀

井戸埋めの儀礼が認められた井戸のうち、古録天東遺跡と柴又帝釈天遺跡で刀の形代と思われる木製品が出土している。古録天東遺跡例は平安時代（九世紀）、柴又帝釈天遺跡例は奈良時代（八世紀）と時期が異なるが、刀の形代を井戸に納める行為が継続していることに注目したい。刀の形代はどのような目的・意味を持っていたのであろうか。鎮魂祭の採り物に剣や鉾などの武器が登場するが、刀には瓢箪と同じような悪霊払い、邪気を清める武具としての呪力があったのではないだろうか。水神あるいは地霊を祝い鎮めるために供えられたものと考えられる。井戸から出土する瓢箪やモモなどの植物も注目すべき資料である。瓢箪は、容器として利用されるばかりでなく、古くから神霊や霊魂の宿るものとして神霊視され、様々な儀礼や呪術に使用され［飯島一九九一］、モモも中国では古くから霊木として崇拝され、邪気を祓うための呪具として用いられていた［斎藤二〇〇二］。瓢箪やモモなどの果実も井戸埋めの儀礼と密接な関係があるものと思われる。

鬼塚遺跡例では、ウシの下顎骨を伴う井戸埋め祭祀が認められている。大嶋郷内では古墳時代後期から奈良・平安時代にかけて、古録天東遺跡の馬頭埋納土坑のように、井戸以外にも土坑や溝を儀礼の場として牛馬を供える事例がいくつも確認されている。牛馬を供える牛馬行為は雨乞いなどの祭祀と考えられてきたが、最近の研究では必ずしも祈雨に限られるものではなく、農耕を背景とした祭祀とされていることは先述したとおりである。

鬼塚遺跡例が井戸廃棄に伴う儀礼行為なのか、それとも農耕を背景とした儀礼行為なのか、もしくは両方を兼ねそなえたものなのかは、現段階では判断できない。井戸を祭祀の場とした儀礼行為の背景については、井戸廃棄に伴う儀礼行為という見方だけでなく、さらに発掘調査による類例を求め、故事を参照し、民俗事例などの多角的な検討が必要であろう。今後の課題としたい(8)。

五　大嶋郷と古代東海道

1　大嶋郷を横断する東海道

東京低地の東側にそびえる下総台地上には、古代下総国の政治の中核下総国府（千葉県市川市国府台付近）が置かれていた。古代東海道がこの下総国府へ武蔵国豊島駅から本地域を通過して連絡するであろうことは坂本太郎氏をはじめ、研究者の間や東京低地を控えた自治体史などでは、古くから文章や図で紹介されてきた。しかし、図示されたルートは関東平野を範囲とした大きな縮尺の地図上に下総国府と豊島郡衙あるいは豊島駅推定地を印し、両者の区間を直線で結んだだけのものであった。記述も含めどのような根拠に基づいてそのルートを採用したのかという説明もなければ、具体的に東京低地のどこを通っていたかを示した研究は皆無といってよい状況であった。

昭和五八年（一九八三）、東京の古代史を研究する上で重要な発見がなされた。豊島郡衙と推定される北区御殿前遺跡の発見［中島一九九五］である。御殿前遺跡はＪＲ上中里駅の西側にそびえる武蔵野台地上に在り、下総台地上の下総国府と対峙する位置関係にある。両者は直線距離で約一五キロメートルを測り、その間には広大な東京低地が広がり、紀行文などに登場する武蔵・下総の国境となる隅田川（住田川・角田川）や江戸川（太日川・大井川）などが流れていた。先に述べたように、古代において隅田川以東の東京低地東部には、下総国葛飾郡に所属する大嶋郷が置かれていた。豊島郡衙の発見は、ほかの平野部での直線的計画道のあり方からしても、古代官道が武蔵国から下総国府を目指して東京低地を横切ることがほぼ確実となった。つまり大嶋郷内を通過することになるのである。

明治一三年（一八八〇）に陸軍測量部が測量した地図をみると、約六キロメートルにわたって墨田区墨田から葛飾区立石を通って江戸川区小岩に直線的に通じる道が認められる。『大日本地名辞書』を著した吉田東伍氏が「隅田村より立石、奥戸を経、中小岩に至り下総府へ達する一経在り。今も直状糸の如し」と指摘されているルートである。このルートについては木下良氏も「立石考」のなかで、武蔵と下総国府を結ぶ駅路ではないかと想定され、葛飾区立石に所在する立石様についても官道に関係する標識的なものではないかと注目している［木下一九七六］。

そのような先学の研究に触れ、この墨田区墨田から葛飾区立石を通って江戸川区小岩へ通じる直線的な道に注目していたところ、古代官道の遺地によく残るといわれている「大道」という字名が、先の直線的な道沿いに三地点遺存していることを確認することができた。「大道」という字名は墨田区墨田四丁目と葛飾区四つ木三丁目の二地点、「大道下」というのが江戸川区小岩一丁目である。

木下良氏が注目した立石も古代東海道のルートを考える上で重要な存在である。立石地名の由来となった葛飾区立石八丁目の児童遊園内に所在する「立石様」は、古くから奇石として名が知られ江戸近郊の名所のひとつとして江戸時代の地誌類などに「活蘇石」あるいは「根有り石」と呼ばれていたことが記されている。「立石様」と同様の石材が葛飾区内の柴又八幡神社古墳の石室の石材として使用されており、東京低地やその周辺部にも同じ石材を使った石室を備えた古墳時代後期の古墳が分布している。それらの石室石材は磯石と呼ばれるものであることはすでに述べたとおりである。「立石様」周辺にも古墳の存在が確認されており、時期的に南蔵院裏古墳の石室石材として運搬してきた可能性が高いと考えられる［谷口一九九八ａ・ｂ、谷二〇一〇］。

先の木下氏の論考にもあるように、古代において官道の分岐点などに石を道しるべとして設置することがあり、その所を「立石」と呼ぶ例がある。「立石様」も、古墳時代後期に石室の石材としてこの地に持ち込まれ、古墳が構築されたが、その後、古墳の石室の石材を奈良・平安時代になって古代東海道の道しるべとして転用されたものと考えられるのである［谷口一九九八ａ・ｂ］。

このように地元で「立石道」(9)と称する墨田から小岩へ至る直線的な道沿いに、「大道」地名や「立石」地名や立石の存在など、いずれも官道に関わる諸事例が確認できることは無視できないことであり、この立石通が武蔵から下総へ至る古代東海道の推定路として具体的に提示したことがある［谷口一九九〇ａ］（図14）。

この墨田区墨田から江戸川区小岩に至る直線的なルートについては、佐々木一氏も「すみだ川と古代東国の交通路」のなかで、字堺や村堺と合改していることから官道推定路として指摘するに至り［佐々木一九九〇］、このルートが古代官道、つまり古代東海道の幹線であることがほぼ識者の一致するところとなった。

問題は、この墨田から小岩に至る古代東海道の推定ルートの年代である。かかる事柄は、宝亀二年（七七一）の駅路線と『延喜式』の駅路線が、同じルートであったたか、異なっていたのかという評価とも関わってくる。平成四年（一九九二）、中村太一氏によってⅠ期（七世紀後半）、Ⅱ期（八世紀第一～三四半期）、Ⅲ期（八世紀第四半期～?）、Ⅳ期（『延喜式』）の四期に分けた東海道の駅路線の変遷案が発表［中村一九九二］された。中村氏はその論文のなかで、宝亀二年の条と『延喜式』では時期に大きな隔たりがあり、八世紀末から九世紀前半にかけて、駅路の廃止・新設・移転・統合が史料上からもうかがえることから、駅家数が一致するだけで同一のルート

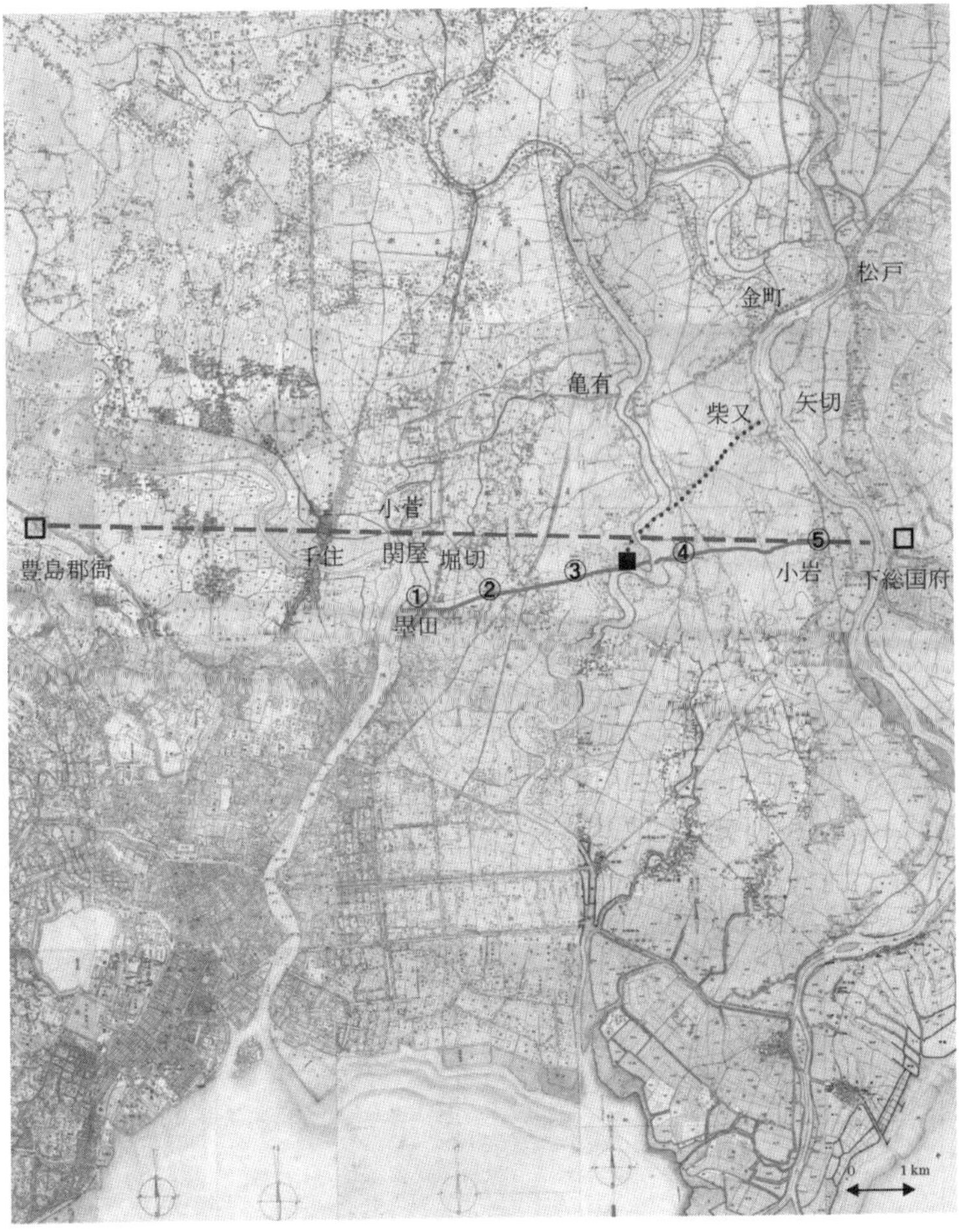

図 14　東京低地を通る古代東海道推定ルート図

破線は中島広顕氏が想定した８世紀中頃の古代東海道ルート。下の実線は『延喜式』段階の想定ルートで、①（墨田区墨田）②（葛飾区若宮）④（葛飾区奥戸）⑤（江戸川区小岩）は「大道」字名遺称地、③は「大道橋」、■は「立石様」（左写真）、立石から柴又にかけての●線は帝釈道（下手道）、図示していないが柴又から亀有を結ぶひと筋の道も帝釈道（上手道）で「国府道」「国府台道」或いは「コウジ道」とも呼ばれている。

を通ったとは簡単にいえないと指摘した。

そこで中村氏は、豊島駅〜下総国府間もしくは下総国府付近に想定される井上駅の駅路について、Ⅱ・Ⅲ期の豊島駅から井上駅を結ぶルートとⅣ期段階のルートでは異なったルートをとったと想定し、豊島駅の位置もⅡ・Ⅲ期とⅣ期では移動しているとした。さらに、先に古代東海道と考えた墨田区墨田から葛飾区立石を通って江戸川区小岩に通じる直線的なルートはⅣ期『延喜式』の所産で、八世紀段階のルートは別に存在するという見解を示している。ただし、八世紀段階のルートについては、それらしいものがいくつか見受けられるが、河川の氾濫や近代以降の工事によって決定的な痕跡を見出だせないとした。

2　もう一つの大嶋郷を横断するルート

官道の推定路を検討するには、駅の位置が重要な問題であり、今までの古代交通路研究は駅の比定が重要な作業でもあった。武蔵国豊島郡から下総国府へ至る駅路に設置された駅については、武蔵国豊島駅をはじめ、下総国井上・浮島・河曲駅などを想定し、その比定について検討が従来からなされてきた。

豊島郡衙の発見は、武蔵国豊島郡から下総国府へ至る駅路の問題についても大きな前進を促した。調査を担当された中島広顕氏は、豊島郡衙に関わる遺構などの検討から豊島駅が八世紀中頃から九世紀代に豊島郡衙に併設されていたという見解を示した〔中島一九九六〕。中島氏は、豊島駅から下総国府へのルートについても、中村太一氏が提示した豊島駅移転説を支持し、評制施行以降八世紀中頃の律令期は、豊島駅（豊島郡衙）から荒川区町屋―足立区千住―葛飾区堀切〜葛飾区青戸〜江戸川区小岩を経て下総国府へ至るルートを想定し、先の立石道は中村氏と同様に『延喜式』以降であるとした〔中島一九九七〕（図14）。この豊島郡衙に併設された豊島駅から下総国府へ至る新たな想定ルート案が提示されたことにより、東京低地、つまり大嶋郷を東西に横断する二つの駅路推定ルートが示されることになったのである。

武蔵国から下総国府までの下総国内の井上駅については、最近になって山路直充氏が下総国府の南側に隣接する市川砂州上に比定する考えを示され、注目されている〔山路一九九二、山路・北島一一九四〕。大嶋郷を横断する二つの駅路推定ルートはともに小岩に至るが、この小岩辺りで江戸川を渡河する場合、対岸の上流側には下総国府が置かれた台地との境界となる比高差二〇メートルもの崖線がそびえており、人を寄せ付けない自然の要害となっている。

奈良・平安時代には、真間の入江が下総国府の比定地である国府台と市川砂州の間に入っていたものと想定されているが、下総国府南側の市川砂州周辺は、河川や海を使った水上交通の要所となっていた〔駒見二〇一二〕。武蔵国豊島駅から東に向かい、下総国へ入って一番目の井上駅が市川砂州上にあるとすると、市川砂州から北へ向かえば下総国府に至り、そのまま東へルートをとれば上総国に至ることになる。井上駅や大嶋郷と交通の問題は後項でさらに展開してみたい。

3　承和二年太政官符と大嶋郷

東京低地を東西に横断する二本の駅路は、当然のことながら低地を南流する河川を渡河することになる。前章でも触れたように、東京低地の舟を使った交通が盛んであったことが知られており、河川の渡河地点は自ずと陸上交通と水上交通の交わる交通の要衝ととらえることができる。承和二年（八三五）の「太政官符」（『類聚三代格巻十六　船瀬幷浮橋布施屋事』）は、東京低地の渡河地点の様子を知ることのできる貴重な史料である。東海道筋に

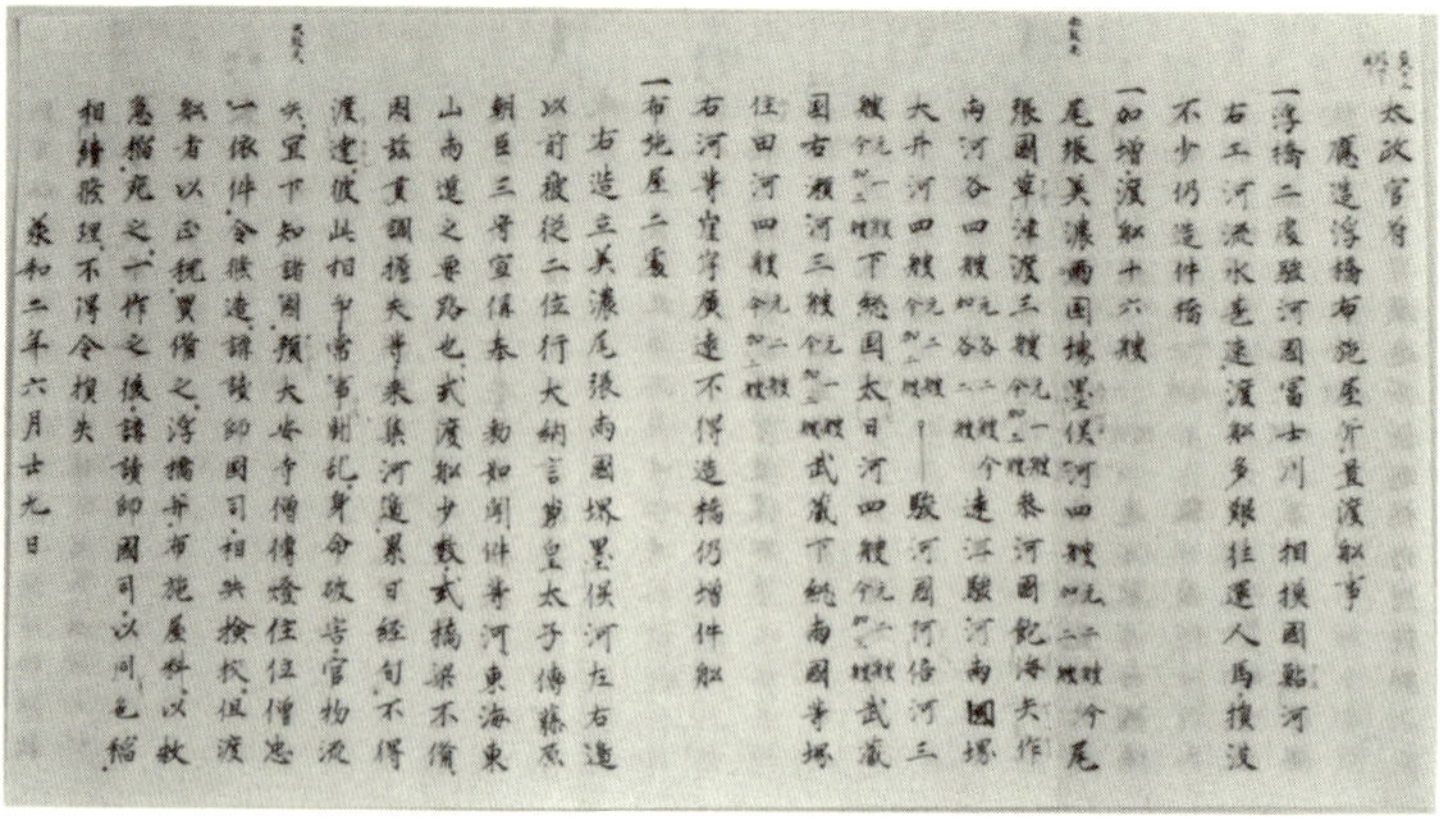
太政官符
應造浮橋布施屋并置渡船事
一浮橋二處　駿河國富士河　相摸國鮎河
右二河流水甚速渡船多艱往還人馬損没
不少仍造件橋
一加増渡船十六艘
尾張美濃両國堺墨俣河四艘 元二艘今加二艘 尾
張國草津渡三艘 元一艘今加二艘 参河國飽海矢作
両河各四艘 元各二艘今加二艘 遠江駿河両國堺
大井河四艘 元二艘今加二艘 駿河國阿倍河三
艘 元一艘今加二艘 下総國太日河四艘 元二艘今加二艘 武蔵
國石瀬河三艘 元一艘今加二艘 武蔵下総両國等堺
住田河四艘 元二艘今加二艘
右河等崖岸廣遠不得造橋仍増件船
一布施屋二處
右造立美濃尾張両國堺墨俣河左右邊
以前被従二位行大納言兼皇太子傅藤原
朝臣三守宣偁奉勅如聞件等河東海東
山両道之要路也或渡船少數或橋梁不備
因茲貢調擔夫来集河邊累日經旬不得
渡達彼此相爭常事闘乱身命破害官物流
失宜下知諸國預大安寺僧傳燈住位僧忠
一依件令修造講讀師國司相共檢校但渡
船者以正税買備之浮橋并布施屋料以救
急稲充之一作之後講讀師國司以同色稲
相續修理不得令損失
承和二年六月廿九日

図 15　承和二年太政官符

おける渡し場の渡船の数が少なく、交通に支障を来しているので、渡船の増置などを大安寺へ指示しているもので、この太政官符によると「下総国太日河（江戸川筋）」と、「武蔵・下総両国等堺住田河（隅田川）」の渡し場の船を「元二艘、加二艘」の都合「四艘」に増設を命じている。この史料によって、現在の隅田川、江戸川に渡船を置いた渡河施設が存在していたことが確認できるのである。

では隅田川、江戸川のどこに渡河施設が設置されたのであろうか。拙稿でも私案を示したが〔熊野・谷口一九九四〕、承和二年段階のルートを墨田区墨田から葛飾区立石を通って江戸川区小岩に直線的に通じる立石道とすると、隅田川は墨田、江戸川は小岩、そしてそれらの対岸も含めて渡河施設が設けられていたのであろう[10]。

改めて承和二年の太政官符に注目してみると、大嶋郷が現在の葛飾・江戸川・墨田・江東区の範囲に広がっていたとすると、墨田と小岩は陸上交通と水上交通の交わる交通の要衝として、大嶋郷の東西の端に一般的な集落とは趣の異なる特異な地域が存在していたとみることができる。それらの両岸を含めた地域が、中世において都市的な場へと発展することは興味深い。墨田（隅田川神社・木母寺界隈）の対岸には石浜（石浜神社界隈）、小岩の対岸には市川と、中世において両岸地域には都市的な場が形成されていたことがすでに明らかにされているが［山路・湯浅一九九三］、その下地は少なくとも承和二年の九世紀中頃まで遡ることが可能であろう[11]。

承和二年の「太政官符」に記されている「住田河（隅田川）」の渡し場は、『伊勢物語[12]』の東下りに登場する「すみだ河」の渡しの場所である。『伊勢物語』のなかで業平と目される主人公は、渡船で渡ろうとした時に、「名にし負はばいざ事とはむ宮こ鳥わが思ふ人はありやなしやと」、詠んだ。業平の東下りを史実か否かという議論もあるが、仮に架空の物語だとしても、物語の中では業平一行は隅田川の渡しで対岸に広がる大嶋郷の景観を望み、渡河して大嶋郷に足を踏み入れたことになる。

この業平ゆかりのすみだの渡しを寛仁四年（一〇二〇）に訪れたのが『更級日記[13]』の作者上総介菅原孝標の女である。孝標の女一行は「太井川」を渡って西に進み、「すみだ河」まで来たときに、孝標の女は「在五中将の「いざこと問はむ」とよみけるわたりなり」と記し、すでに「すみだの渡し」という場と「いざ言わむ」という歌が登場する『伊勢物語』もしくは同様の物語の内容を熟知していたことがわかる。大嶋郷は、『更級日記』の作者が通過したところとしても注目されるのである

『更級日記』によると、孝標の女が車で「まつさと」から江戸川、隅田川の順に渡河して武蔵国に入る。そのルートは明確ではないが、「まつさと」を千葉県松戸とする定説に従えば、墨田区墨田―江戸川区小岩間のルートでは、松戸と小岩が離れ過ぎていて不都合と思われる。そこで別のルートを想定してみたい。まず、渡河地点であるが、近世の関所が置かれた松戸だとすると対岸である葛飾区金町に渡った後、江戸時代の水戸街道（小戸佐倉道）と同じようなルートを通ったものと考えられる。しかし、その場合は亀有から小菅さらに北千住へ抜けるのではなく、旧上千葉・下千葉、堀切を経て墨田へ至るルートも想定される。なぜならば、江戸時代の水戸街道は小菅

付近では旧河道上を通っているが、かつての武蔵・下総の国境であった古隅田川は大河で蛇行していた。旧河道を横切るような整備が可能となったのは、中世以降に水量が絶えたためである。古代においては地形の発達からして、亀有から墨田に向かって隅田川左岸の微高地上を通っていたとするのが妥当であろう。

また、江戸川の渡河地点を少し南に下った矢切の渡し付近に想定すると、嶋俣里推定地の柴又遺跡群が分布する柴又微高地へ出てから、北へ上ると少し遠回りであるが新宿～亀有～上千葉・下千葉～堀切～墨田へたどり着く。一方、南に下ると立石に抜け『延喜式』段階の駅路と連絡できる。

ここで注目されるのは、帝釈道と呼ばれる道の存在である。帝釈道は、立石から柴又を結ぶ道（下手道）と柴又と新宿・亀有を結ぶ道（上手道）の二本あり、後者は「国府道」「国府台道」或いは「コウジ道」とも呼ばれていた［谷口二〇一一］。帝釈道という名からして帝釈天題経寺との関連がすぐに想起されるが、江戸時代に帝釈天題経寺が伽藍を構える前から存在する要路であったと思われる。それは柴又の有する歴史的特性である。柴又河川敷遺跡から縄文海進によって形成された波食台が確認されたことはすでに触れたとおりである。この波食台は「がらめきの瀬」とも呼ばれる浅瀬となっており、河口堰が出来るまでは引き潮の時には柴又と矢切の間は江戸川を徒歩で渡河することができた。このような容易に渡河できる浅瀬は、江戸川下流域にはほかに存在しない。帝釈天題経寺創建前の柴又・矢切はかつての太日川の渡河地点として重要な場所だったと捉えることができ、柴又の歴史的特性のひとつとして交通の要衝であることが指摘できる［谷口二〇一一］。現在観光名所となっている矢切の渡しは、その記憶がすり込まれているのである。

二本の帝釈道は、立石方面と新宿・亀有方面と柴又を結び、さらに対岸の矢切を経て市川方面へと連絡できる重要な道であり、「国府」を冠する名称もそのことを物語るものではないだろうか。二本の帝釈道の遡源は、古代に求めることができ、そしてその道は、古代・中世とこの地域の下総と武蔵を結ぶ要路であったと想定されるのである。新宿・亀有を結ぶ帝釈道については、源頼朝の武蔵国入りと絡めて後章で詳しく述べることにし、ここでは立石と柴又を結ぶ帝釈道について今少し触れておきたい。

立石と柴又を結ぶ帝釈道は、『延喜式』以降の古代東海道のルートを西から東に向かい立石で分岐しており、分岐点には「帝釈天王」と刻む文政三年（一八二〇）銘の道標が建っている（立石八丁目三八番地先）。この分岐点は、立石様に近接している。古代東海道の道しるべとして立石が設けられたとすれば、太日川の渡河地点である柴又方面へ誘うことが目的だったのではないだろうか。第一章で述べたように、柴又河川敷遺跡で露呈された波食台の表面には下刻作用が認められることから、平安海進に伴ってこの辺りまで海岸線が入り込んでいた可能性がある。そのような場所は、太日川を往来する船の航行にとっても重要な潮待ちなどの場所であったものと思われる。平安時代の木杭列など水際の営為も柴又河川敷遺跡では確認［谷口一九八九］されていることもあわせ、平安時代の柴又は渡河地点とともに、太日川を航行して海と内陸を結ぶ交通の要衝としての歴史風景を描くことができよう。孝標の女一行が太日川を渡河した候補地として、現在の矢切の渡しのある矢切・柴又が筆者としては有力視している。古代東海東海道の小岩と市川の渡河施設を否定するものではなく、柴又・矢切も古代からの渡河地点のひとつとして存在していた可能性を指摘しておきたい。

大嶋郷には二本の推定された官道以外にも古代まで遡れそうな道が帝釈道など幾筋か想定される。大嶋郷よりも上流を渡河して武蔵国足立郡に入ったとする説も提示され［宮瀧一九九七］、孝標の女が実際にどこを通ったかはいまだに確定できないが、「濱も砂白くなどもなく、こひぢのようにて」と海浜部を行く様子が記されており、孝標の女一行の牛車の轍が大嶋郷内に刻まれた可能性は極めて高いと考えられる。

六　古代葛飾郡の地形と空間領域

1　郡域と地形的な特徴

「かつしか」という地名は、古代から使われた呼び名で、奈良正倉院に保管されている養老五年（七二一）の大嶋郷戸籍に、すでにその名を認めることができる。延暦八年（七八九）頃、自家の古い家伝をまとめて朝廷に提出した「高橋氏文」のなかにも、景行天皇が「葛飾野」で狩りをしたことが伝えられている。また、奈良時代に編纂された『万葉集』のなかの東歌にも、「かつしか」を詠み込んだ歌数首が載っているなど、奈良時代の史料に確認される古い地名であり、大化の改新以降、下総国の郡名とし冠された領域名でもある。

名称の語意については、「かづら」の繁茂する地とする説、また、「狩り場」という意味だという説、アイヌ語説など、諸説が披瀝されてきたが定説はなかったが、どちらかというとあれは違うこれは違うという消去法的なアプローチしかされていなかった〔葛飾区一九八五〕。

「かつしか」を分解すると、「かつ」と「しか」から構成されている地名であることがわかる。つまり「かつしか」とは、「かつ」と「しか」が合わさって出来た地名で、この「かつ」と「しか」の意味を『古代地名語源辞典』（楠原一九八一）には、「カツはカテ、カトと同じく「崖地」、あるいは「砂州」の称、シカもスカの転で「砂州」のことと思われる」とある。他の辞典にも「シカ」を「スカ（渚・須賀）と同義の砂地の意かもしれない」としたものがある。

古代の「かつしか」という領域は、広大であった。古代の葛飾郡は、渡良瀬川の下流の太日（井）川（現在の江戸川筋）の両岸を括るように形成された郡域で、東京都葛飾・江戸川・墨田・江東区と千葉県市川・松戸・流山・

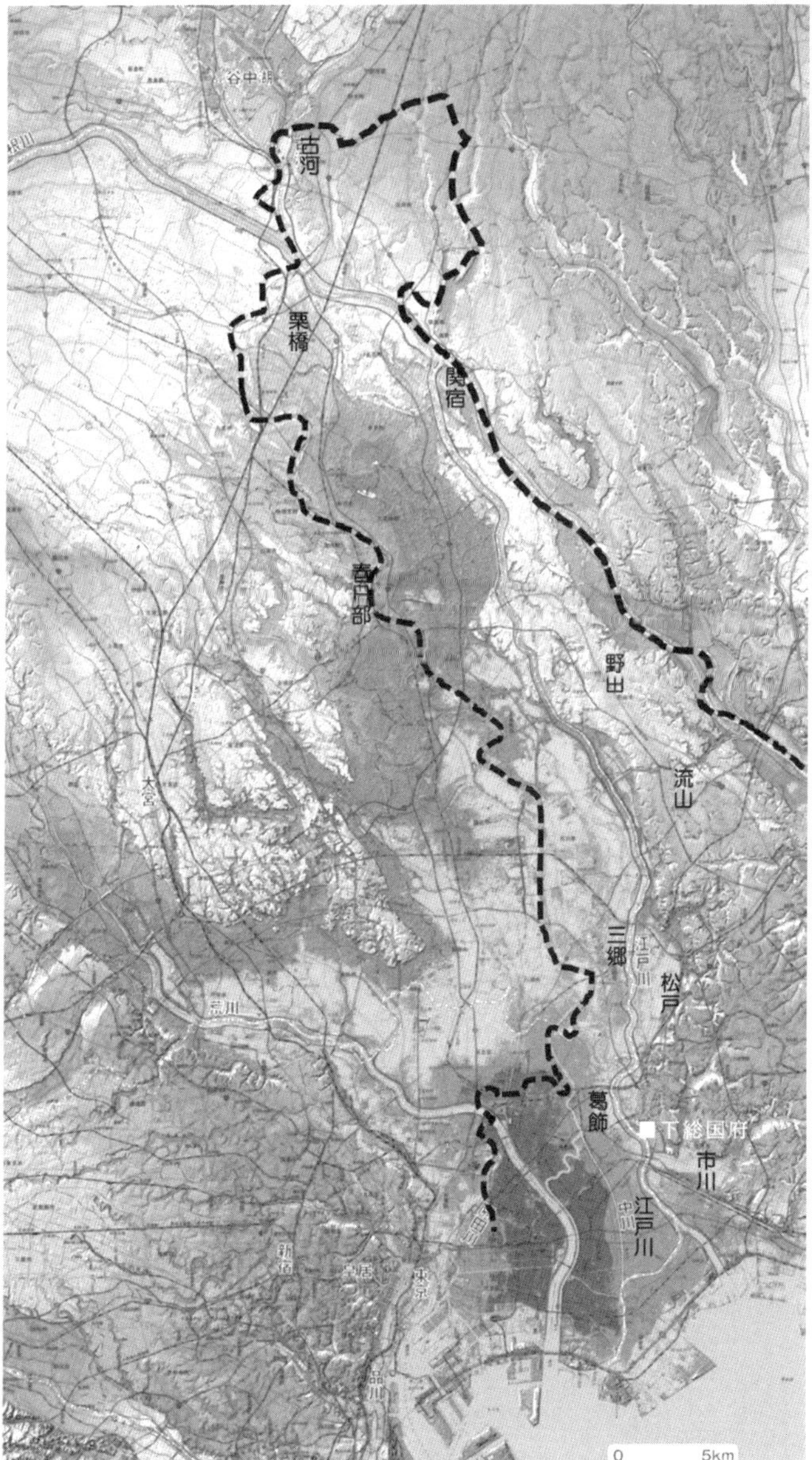

図 16　古代下総国葛飾郡範囲と地形段彩図

野田・柏・船橋市や埼玉県三郷・吉川・幸手・越谷・春日部・久喜市や松伏・杉戸町および茨城県古河・板東市や五霞・境町までおよぶ広い地域がその範囲とされている。

「かつしか」の地名の由来を探るには、この古代の葛飾郡の領域を念頭において考えねばならない。つまり、「かつしか」の「かつ」は丘陵や崖などを表し、「しか」には砂州などの低地を意味する地形的特徴を示す語意は、まさに古代葛飾郡の領域の地形的特徴と合致しているからである。「かつしか」とは、太日川を背骨にして右岸に低地、左岸に下総台地が広がる地形的な景観から名付けられたと考えるのが、最も葛飾らしい語源と考えられるのである（谷口一九九三）。

2　野と原

『続日本紀』和銅六年五月二日条に、「畿内七道諸国。郡郷の名に好字を著けよ。其の郡内に生ずる所の銀銅彩色草木禽獣魚虫等の物、具さに色目を録し、及土地沃塉、山川原野（著者傍線、以下同じ）の名号の所由、又古老相伝ふる旧聞異事、史蹟に載せて言上せよ。」と『風土記』撰進の詔が記されている。この「山川原野の名号」とは、「山川・原野の名号」ではなく、「山・川・原・野の名号」と理解したい。

この点にこだわるのは、『常陸国風土記』(14)「一　総記」に記されている「原野」に注目したいからである。総記には、「それ常陸の国は、堺は是れ広大《ひろ》く、地《くに》も亦緬邈《またはろか》にして、土壌《つち》沃墳《うる》ひ、原野肥衍《つちこえ》たり。墾発《ひら》きたる処、海山の利《さち》ありて、人々自得《ゆたか》に、家々足饒《にぎは》へり。」とあり、この「原野」を「はら」と読ませて「げんや」と解し、「そもそも常陸国は、その領域は極めて広大で、他国との境界もはるかに遠く、耕地という耕地はすべて良く肥えており、未開墾の原野も耕地に劣らず豊かである。開墾された土地と山海の幸に恵まれて、人々は心やすらかで満ち足りていて、家々は裕福でにぎわっている。」と訳されている〔秋本一九九三〕。

前との繋がりからして、「未開墾の原野も耕地に劣らず豊かである。」とはいかにも奇妙である。前記した『常陸國風土記』「多珂《たか》郡」にも、「野の上《ほとり》に群れたる鹿、数無く甚多《いとさは》なり。其の聳《そび》ゆる角は、蘆枯の原の如く」とあり、「葛飾野」の「野」と同じく、「野」や「原」は明確に識別されていたはずである。「原野肥衍たり」を「原も野も肥衍たり」と読んで、「土地は潤っており、原も野も肥え、開墾された山海の幸…」とした方が穏当であろう。つまり、「山」と「海」の幸に、対比されるのが肥沃な「原」と「野」という関係で理解すべきなのである。

古代の空間及び領域認識として、「原」と「野」と区別することも『続日本紀』や『常陸国風土記』からは読み取ることができることに注意したい。なぜならば、冒頭で記した「かつしか」地名は、まさに「葛飾野」と「(葛飾)原」から構成されているからである。

3　万葉集や風土記的な世界

『常陸国風土記』「一　総記」

(前略) 然号《しかなづ》くる所以《ゆえ》は、往来《ゆきき》の道、江海《うみ》の津済《わたり》を隔てず、郡郷《くにこおり》の境堺《さかい》、山河の峰谷《をたに》を相続けば、直道《ひたみち》の義《こころ》を取りて、名称《な》と為せり。或るもの曰へらく、倭武の天皇《すめらみこと》、東の夷《えみし》の国を巡狩《みそなは》して、新治の県に幸過《いでま》ししに、国造・毗那良珠命《ひならすのみこと》を遣はして、新たに井を掘らしむるに、流泉《いずみきよく》浄く澄み、尤好愛《いとうるは》しかりき。時に、乗輿《みこし》を停めて、水を翫《め》で、手を洗ひたまひしに、御衣《みけし》の袖、泉に垂《た》りて沾《ひ》ぢぬ。便《すなわ》ち、袖を漬《ひた》す義《こころ》に依りて、此の国の名と為《な》せり。風俗《くにぶり》の諺に、筑波岳《ね》に黒雲挂り、衣袖漬《ころもでひたち》の国と云ふは是なり。

『常陸国風土記』に曰く、「常陸」の国の名は、「直道（ひたみち）」とするが、異なる説として、「倭武の天皇」を登場させて「漬（ひたす）」からくるとする説も紹介する。この『常陸国風土記』から知れるのは、地名の由来は、本来の意味とは別に、著名な人物を登場させ物語風に伝説化するものであることがわかる。

関和彦氏は、「かつしか」の語源を、「潜ぐ鹿」からきていると説明している〔関一九九六〕。『万葉集』では、「かつしか」は「葛餝」「勝鹿」「勝牡鹿」「可都思加」「可豆思賀」「可豆思加」と表記されている。「葛餝」「勝鹿」は、『続日本紀』和銅六年五月二日条の「制、畿内七道諸国郡郷名着好字」や、『延喜式』民部省に「凡諸国部内郡里等名、並用二字、必取嘉名」とあるように、好字二字表記に従ったもので、いずれも「カツシカ」と読むとされる。しかし、『万葉集』巻三の「過勝鹿真間娘子墓時、山部宿禰赤人作歌一首　并短歌」（四三一）のところに「東俗語云、可豆思賀能麻末乃弖胡」と書かれていることに注意したい。地元では下線で示したように「カヅシカ」と濁るが、都では「カツシカ」と発音していたのである。

鳰鳥の葛飾早稲を饗すとも　そのかなしきを外に立てめやも（三三八六）

「鳰鳥の葛飾」は「鳰鳥の潜く」に掛かり、カイツブリが水中に潜る様を表現しているといわれている〔田辺一九八七〕。また、『播磨国風土記』に「餝磨の郡」の名の起こりが、「壮鹿《しか》鳴くかも」と記されていることも参考にすると、本来の地名の由来とは異なる風土記や万葉集的な地名譚として「潜く鹿」はとても魅力的な説である。『万葉集』に「鳰鳥の葛飾早稲」と詠われていることから、『万葉集』の頃にはそのように伝説化されていた可能性が高いのではないだろうか。

4　渡河施設と古代の景観

前節で取り上げた古代の東海道は、『延喜式』民部省によると伊賀・伊勢・志摩・尾張・三河・遠江・駿河・伊豆・甲斐・相模・武蔵（後に東山道より編入）・安房・上総・下総・常陸の十五カ国で構成され、これらの国府間を結ぶ幹線道路が通っていた。東山道とともに東北へと通じる東海道は中路に区分され、『延喜式』によると駅家十五ヶ所、駅馬四百六十五疋、伝馬百七十疋が配備されていた。

東山道の「やまつみち」に対して東海道は「うみつみち」と呼ばれ、太平洋沿いの国々を結び、宝亀二年（七七一）に武蔵国が東山道から編入されるまで、東京湾を横断するルートであった。宝亀二年以降、東海道を西から東へ下り、武蔵国から下総国へ入る玄関口として国府の置かれている葛飾郡となる。古代東海道が大嶋郷を東西に貫いていることは、大嶋郷内の歴史風景を考える上でとても重要な問題を提起してくれる。

例えば、先ほどの『万葉集』に詠われていた「葛飾早稲」を取り上げたが、『万葉集』の葛飾の歌は、下総国府が置かれた市川の真間周辺を舞台としている。

巻三に収められている高橋虫麻呂と巻九の赤部赤人のみ、手児奈の奥津城が詠われ（四三一・四三三・一八〇七）、国府のある台地上にも目線が及んでいるが、高橋虫麻呂の反歌には井（一八〇八）、他の葛飾の歌は、入江（四三三）・浦廻《うらま》（三三四九）・磯辺《おすひ》（三三八五）・早稲（三三八六）・継橋（三三八七）が登場し、いずれも手児奈の奥津城のみ台地上で、他はすべて台地下の世界を舞台としている。

その前提に立って葛飾早稲を考えると、新嘗の神事に供えられた早稲は、国府周辺で台風などによる影響を受けやすく、早稲を栽培する稲作地帯は大嶋郷が最も適地だと思われる。「かつしか」の風土記的な地名譚として

「潜ぐ鹿」を想定し、葛飾早稲の枕詞として「鳰鳥」が葛飾に掛かることに注目すると、葛飾郡の領域形成の核となる太日川という水環境にカイツブリの姿をトレースできるのではないかと思う。

この歌の葛飾早稲の地を、あえて千葉県船橋市や大嶋郷のさらに上流部の流山市や埼玉県三郷市辺りに想定しなくとも良いのではないかと思う。万葉歌人は、東海道を武蔵国豊島郡から下総国葛飾郡に入り、大嶋郷内を通り、太日川を渡河して下総国府へ至っており、早稲田の広がりを見ているはずである。東海道との関連から大嶋郷に求めたいと思う。

次に、渡し場の風景について考えたい。

『常陸国風土記』「茨城郡」には、「社郎《むらおとこ》と漁嬢《あまをとめ》と、浜洲《はま》を逐《お》ひて輻奏《あつま》り、商豎《あきひと》と農夫《たひと》とこぶねに棹さして往来す。」とあり、農夫と対比する形で商人の存在が確認できる。

また、『出雲国風土記』「嶋根郡」⑮では「朝酌の促戸の渡。東に通道有り、西に平原在り、中央は渡なり。則ち筌《うへ》を東西に亙《わた》し、秋春に入れ出だす。大き小き雑《くさぐさ》の魚、時に来湊《きあつま》りて、筌の辺《ほとり》にはせおどろき、風を圧し水を衝く。或は筌を破壊り、或いは麗《あみ》を裂破く。是《ここ》に捕らゆる大き小き雑の魚に、浜譟《さわが》しく家闐《にぎわ》ひ、市人四《よも》より集ひて、自然に鄽《いちくら》を成せり。」とある。つまり最後の「市人四より集ひて、自然に鄽を成せり」とは、市を開いて商売をする人が色々なところから集まり、商品を並べ店を構えると記されている。

『常陸国風土記』では商人の存在、『出雲国風土記』では「朝酌の促戸の渡」という水上交通の要所に商人が集い、店が構えられた市が出来ている風景が確認できる。

大嶋郷の西端の「すみだの渡し」、東端の「太日河の渡し」の風景も同じような商人が集い市が立つ経済活動の場として機能していた可能性がある。大嶋郷の故地で出土する北武蔵や常陸、東海地方の須恵器等もこれらの市で購入されて生活に使われたのかもしれない。大嶋郷を横断する古代東海道の両端にある渡し場は、承和二年の太政官符からしても『伊勢物語』に描かれているようなうら寂しい場ではなく、水陸交通の交わる交通の要衝で、経済活動の場としても機能する繁華な場であったのである。

もうひとつ交通に関して注目される問題がある。『常陸国風土記』「信太郡」に、「榎《え》の浦に津あり。便《すなわ》ち、駅家を置けり。東海の大道にして、常陸路の頭《はじめ》なり。所以《このゆえ》に、伝馬使等《はゆまつかい》、初めて国に臨《のぞ》まとしては、先づ口と手とを洗ひ、東に向きて香島《かしま》の大神を拝みて、然《しか》して後に入ることを得ることなり。」とある。

下総国に入り口にあたる大嶋郷内の東海道をイメージすると、まさに東海道下総路のはじまりの地点であり、「すみだの渡し」辺りに下総一宮である香取の神を遥拝する場があったかもしれない。

次に、下総国最初の駅家である「井上駅」の問題である。その所在地については、市川市内ということでほぼ肯定されている。問題は、その場所である。現在、「井上駅」の比定地は、山路直充氏によって、「国府台を南北に通る道と砂州上を東西に通る道を、『延喜式』段階の東海道本道と支道にそれぞれ想定すれば、その分岐点は市川砂州先端であり、太日川（江戸川）渡河や国府との距離も考慮に入れれば、井上駅を市川砂州上に想定されているのが妥当といえよう。」［山路一九九二］と、井上駅は市川砂州先端に推定されている。その傍証として、台地上の市川市営運動場内遺跡から出土した「井上」の墨書土器などを挙げている。

一方、武部健一氏などは台地上に「井上駅」を想定している。

筆者は、『万葉集』に歌われている「葛飾の真間の井」（一八〇八）に注目したいと思う。「井上」という地名の由来を考えると、この「葛飾の真間の井」との関係性を看過することができないのではないか。『万葉集』にも詠われた葛飾の真間の世界は、先に記したような奥津城のみ台地上であるものの、他の歌は台地の下の風景であり、井戸もそのように理解される。つまり『万葉集』を手掛かりにすると、「井の上」が「井上」と想起されるのである。[16]

武蔵国豊島郡に置かれた「豊島駅」ははじめ豊島郡衙のところに併設されていたことが中島広顕氏によって指摘されている。下総国葛飾郡衙の位置は確認されていないが、下総国府と同じ台地上に所在した可能性が高いといわれている。この郡衙と駅との関係、さらに『万葉集』の「葛飾の真間の井」に注目すると、少なくとも『延喜式』以前の「井上駅」は台地上に所在していた可能性が高いものと考えられる。その後、「豊島駅」が移ったように、「井上駅」も移動したことも想定されるのである。

5　下総国の玄関口としての大嶋郷

大嶋郷が所属した葛飾郡は、下総国の西端に位置し、西側に武蔵国、北側には下野国と接する国境地域であるとともに、葛飾郡は国府、国分寺が所在する下総国の政治・文化の中心地であった。そして、大嶋郷は、葛飾郡のなかでも最南端に位置し、郷の西側に国境を有するとともに、下総と武蔵を繋ぐいわゆる境界地域に位置していた。

大嶋郷内を貫く東海道を東に進むと常陸、さらに東北地方へ至り、南下すると上総、安房へ至り、逆に東北、常陸方面や上総、安房方面から都へ目指して東海道を上ると、必ず下総国府のある葛飾郡に至り、大嶋郷を抜けなくては武蔵国には出られない。つまり大嶋郷は下総国の西の玄関口的な役割をもった重要な位置にあるといえる。

また、大嶋郷は、東西に官道が貫き、南北に河川が流れる水陸交通の結節点でもあった。承和二年の太政官符に見られる現在の隅田川、江戸川に設けられた公設の渡し場は、単なる対岸への渡河施設ということだけではなく、水上交通と陸上交通が結節する交通の要衝でもあったと考えられる。おそらく、他国の『風土記』などを参考にすると、渡し場には市が立ち、様々な商品が売り買いされていたことであろう。大嶋郷推定地の遺跡から出土した須恵器などもそこで入手されていたのかもしれない。

このように大嶋郷が「下総国の玄関口」であり、「水陸交通の要衝」ということは、従来の戸籍研究からは導き出せなかった歴史風景であり、古代東海道の存在によって大嶋郷の新たなイメージが提示されたものといえよう。今後、大嶋郷問題を研究する上で「交通」は重要なキーワードとなろう。

〈註〉

（1）茂木氏によると、大嶋郷は埼玉県幸手市（旧・上高野村）の甲和里、杉戸町（旧・下高野村及び大島村）の仲村里、久喜市（旧・鷲宮村）字穴辺の嶋俣里の地域に比定できるという。その根拠は、応永五年（一三九八）の「葛西御厨田数注文」（鏑矢伊勢宮方記）に郷村記載が「嶋俣」の次が『今井』となっており、七キロも離れているとする。下高野村（埼玉県杉戸町）の「永福寺龍燈山伝燈記」に戸籍の仲村里の戸主孔王部堅の伝承があることをあげている［茂木二〇〇四］。しかし、そもそもこの縁起の成立がいつなのか明確にしなければ、この縁起をもって仲村里を比定することはできないであろう。

（2）田中広明氏は「古代集落の再編と終焉」［田中二〇〇三］のなかで、『和名抄』に大嶋郷が確認できないのは平安海進によって消滅したという考えを示している。しかし、大嶋郷推定地からは平安時代の考古資料が出土しており、平安海進によって生活の舞台が水没したような状況は確認できない。本文でも述べたように、『和名抄』の段階で大嶋郷が消滅していたとする意見には賛同できない。

（3）大嶋郷戸籍を含め古代の戸籍研究を整理したものとして、三舟隆之氏［三舟一九九一］、田中禎昭氏［田中二〇一二］、荒井秀規氏［荒井二〇一二］の仕事がある。

（4）このシンポジウムの記録は、二〇一二年に『東京低地と古代大嶋郷―古代戸籍・考古学の成果から―』と題して名著出版から刊行されている。

（5）村と里が重複することも興味深い。養老五年の大嶋郷戸籍以前の戸籍作成時に嶋俣村と甲和村との間に位置することから中村が設けられ、その後、和銅六年の「好字令」に見られるような好字二字化もあって戸籍作成に里を付して里名としたのだろうか。考古資料からは、第三章で述べたように、仲村里の故地と想定される立石・奥戸地域の方が、嶋俣里と想定される柴又地域よりも早く古墳が築かれるなど、開発が早かったと想定される。一見、仲村里の里名由来と矛盾するかのようであるが、古墳時代後期から律令体制にかわる時期に、それまでの集団的漁労活動が姿を消すなど生業に変化が見られるだけでなく、柴又地域や立石・奥戸地域の古墳時代後期の集落が、それ以降の大嶋郷の時代にも時期的に移行しているように見えるが、遺跡内であっても移動したりして同じ空間利用がされているわけではないなど、古墳時代後期の空間利用や暮らしなどの集落景観が律令期にそのままの移行したようには思えない。このような事象を律令体制による地域の再編成ととらえた場合、戸籍作成に伴い、柴又地域や立石・奥戸地域の一部を組み込んで仲村を編成した可能性はないだろうか。

ちなみに戸籍の里名は、甲和・仲村・嶋俣の順となっており、宝亀二年の武蔵国東海道編入前の房総を南から北上するルートに沿って都に近い順に記載されているものと判断される。

想定される仲村里は大嶋郷西部、武蔵国と接する最西端にあり、下総国と武蔵国との往来の玄関口的な位置にある。宝亀二年以降、その重要さが増すものと考えられ、律令期の地域の再編成にあたり交通網の整備などの視点も加えながら今後とも検討を行っていきたい。

（6）行政区画としては葛飾・江戸川・墨田区を含む旧南葛飾郡と呼ばれる地域内に、大嶋郷がおさまるものと思われる。ただし、注意すべきことは、古代・中世には下総と武蔵の国境であり、現在の葛飾区と足立区の境界となっている古隅田川は、微高地の発達の状況からすると古代の頃は現在の位置ではなく、今よりも東側の亀有・堀切の微高地の西側付近を蛇行して流れていたと考えられる。よって大嶋郷の範囲は現在の古隅田川までは広がらない可能性もある。

（7）馬の頭を埋納したものと判断される遺構は、古録天遺跡区道地点D区八号土坑と呼ばれるもので、周辺には古代から中世の溝、土坑、井戸や、大きな掘り方を有する古代の掘立柱建物の柱穴が集中して検出されている［谷口一九九一a］。

（8）特に井戸祭祀については、別稿「下総国葛飾郡大嶋郷における井戸祭祀」〔谷口二〇一六〕を著わし、大嶋郷の故地における発掘された井戸祭祀の事例について、先学による井戸祭祀の研究を踏まえ、郷内の井戸祭祀に用いられた遺物や出土状況などの検討を加え、郷内での井戸をめぐる祭祀儀礼のあり方とその背景、そして郷に暮らす人々の井戸をめぐる心象についても探っているのでご参照いただきたい。

（9）明治三八年の「東京府南葛飾郡全図」にも古代東海道と推定される墨田・立石・小岩に通じる直線的な道に「立石道」と記している。

（10）佐々木氏も渡河地点を墨田と小岩に想定している〔佐々木一九九〇〕。

（11）これら交通の要衝を国とともに権益を大安寺が掌握している点は注意されよう。古代におけるこのような構図が、中世における都市的な場の形成や領主の権限とどのように関わるのか注目される。

（12）大津有一・築島 裕校注「伊勢物語」『古典文学大系 竹取物語 伊勢物語 大和物語』（岩波書店一九五七）

（13）西下經一校注「更級日記」『古典文学大系 土佐日記 かげろふ日記 和泉式部日記 更級日記』（岩波書店一九五七）

（14）秋本吉徳『風土記（一）―常陸国風土記―』（講談社一九九三 一二刷）からルビ一部削除して引用。以下同じ。

（15）荻原千鶴『出雲国風土記』（講談社二〇〇四 九刷）からルビ一部削除して引用。以下同じ。

（16）『常陸国風土記』「総記」の「井を掘らしむ」や、「新治郡」の「新しき井を穿りしに」など、井を掘ることは土地の開発を象徴する行為であり、その後の管理も重要であった。「真間の井」は、古代の葛飾にあってまさに神聖な象徴的な井戸であり、古代の葛飾真間の風景を構成する要素のひとつだったのではなだろうか。その「真間の井」との場の関係性から「井上」が生じたものと想定される。

参考文献

秋元智也子 一九九二 『勢増山遺跡試掘調査報告書』勢増山遺跡調査会
荒木敏夫 一九九一 「二 古代の祭りと遊び」『日本村落史講座6 生活Ⅰ原始・古代・中世』雄山閣
安良城盛昭 一九六九 「班田農民の存在形態と古代籍帳の分析方法」『歴史学研究』三四五 歴史学研究会

荒井秀規　二〇〇九　「大嶋郷戸籍復原考―擦消・書き直しの考察と剥離紙片からの復元―」『古代学研究紀要』一一　明治大学
荒井秀規　二〇一二　「古代戸籍研究と大嶋郷戸籍」『東京低地と古代大嶋郷―古代戸籍・考古学の成果から―』名著出版
飯島吉晴　一九九一　「瓢箪の民俗学―あわいをめぐって」『大系　日本歴史と芸能　第5巻　踊る人々』平凡社
石母田正　一九八八a　「古代家族の形成過程」『石母田正著作集』第一巻　岩波書店（初出一九四二年）
石母田正　一九八八b　「養老五年下総国戸籍残簡について」『石母田正著作集』第二巻　岩波書店
今津勝紀　二〇〇五　「古代史研究におけるGIS・シミュレーションの可能性―家族・村落・地域社会・日本古代社会の基本構造」『科学研究費補助金萌芽研究成果報告書　シミュレーションによる人口変動と村落形成過程の研究』
永越信吾　二〇一二　「最近の調査から」『東京低地と古代大嶋郷―古代戸籍・考古学の成果から―』名著出版
江上智恵編　一九九三　『柴又帝釈天遺跡Ⅳ』葛飾区遺跡調査会
大場磐雄・滝口　宏・永峯光一　一九七〇　「葛西地区における考古学的調査」『北東低地帯文化財総合調査報告』第一分冊　東京都教育委員会
大野左千代　一九九一　「六漁撈」『古墳時代の研究4　生産と流通』雄山閣
岡本堅二　一九五〇　「古代籍帳の郷戸と房戸について」『山形大学紀要（人文科学）』一―二　山形大学
葛飾区　一九八五　『増補　葛飾区史』上巻
門脇禎二　一九六〇　『日本古代共同体の研究』東京大学出版会
岸　俊男　一九七三　『日本古代籍帳の研究』塙書房
北区　一九九四　『北区史』資料編　古代中世1
木下　良　一九七六　「立石考―古駅跡の想定に関して―」『諫早史談』四　諫早史談会
木村　礎　一九八三　『そしえて文庫　村の語る日本の歴史　古代中世編』そしえて
木村　礎編　一九八八　『村落景観の史的研究』
熊野正也・谷口　榮　一九九四　「古代における小地域と生活―下総国葛飾郡大嶋郷を中心に―」『村落生活の史的研究』八木書店
熊野正也編　一九八八　『上小岩遺跡Ⅰ』上小岩遺跡調査会

熊野正也編　一九九〇　『上小岩遺跡Ⅱ』上小岩遺跡調査会
倉田義郎　一九八一～八三『千葉・上ノ台遺跡』本文・図版・付編　倉田義郎・千葉市教育委員会
小林三郎　一九七三「土師時代集落把握への小考」『駿台史学』三号　駿台史学会
駒見和夫　二〇一二「下総国府と大嶋郷」『東京低地と古代大嶋郷―古代戸籍・考古学の成果から―』名著出版
斎藤正二　二〇〇二『植物と日本文化』八坂書房
酒井和子・酒井清治　一九九五「川の生活」『三郷市史』第六巻通史1　三郷市
酒井清治　二〇〇二『古代関東の須恵器と瓦』同成社
佐々木虔一　一九九〇「すみだ川と古代東国の交通路」『都立隅田川高等学校堤校舎五周年記念紀要』都立隅田川高等学校堤校舎
佐脇栄智校注　一九九八『戦国遺文後北条氏編別巻　小田原衆所領役帳』東京堂出版
新川登亀男　二〇〇一「日本古代史学の「実験」課題」『歴史評論』六〇九　校倉書房
杉原荘介・大塚初重　一九七一『土師式土器集成』本編一　東京堂出版
杉本一樹　二〇〇一『日本古代文書の研究』吉川弘文館
鈴木敏弘　一九八九『赤羽台遺跡―赤羽台横穴墓群―』東北新幹線赤羽地区遺跡調査会・東日本旅客鉄道株式会社
鈴木直人　二〇一二「大嶋郷の故地における研究略史」『東京低地と古代大嶋郷―古代戸籍・考古学の成果から―』名著出版
墨田区　一九七八『墨田区史　前史』
関　和彦　一九九〇「三山村と漁村」『日本村落史講座2―景観―Ⅰ原始・古代・中世』雄山閣
関　和彦　一九九四『風土記と古代社会』塙書房
関　和彦　一九九六「古代葛飾・原風景―葛飾『真間』と手児名―」『高岡市万葉歴史館紀要』第六号　高岡市万葉歴史館
関　和彦　一九九八『古代農民忍羽を訪ねて―奈良時代東国人の暮らしと社会―』中央公論社
関　和彦　二〇一二「大嶋郷と村落」『東京低地と古代大嶋郷―古代戸籍・考古学の成果から―』名著出版
滝川政次郎　一九二六『法制史上より観たる日本農民の生活　律令時代』同人社書店
田中広明　二〇〇三「古代集落の再編と終焉」『中世東国の世界　1北関東』高志書店

田中禎昭　一九九五「中世以前の東京低地」『東京低地の中世を考える』名著出版
田中禎昭　二〇一二「大嶋郷の人々―個人別データベースの分析による地域秩序の再検討―」『東京低地と古代大嶋郷―古代戸籍・考古学の成果から―』名著出版
田中禎昭　二〇一三「古代戸籍にみる人口変動と災害・飢餓・疫病―八世紀初頭のクライシス―」『環境の日本史2　古代の暮らしと祈り』吉川弘文館
田辺幸雄　一九八七『萬葉集東歌』（七刷）塙書房
谷口　榮　一九八七「葛飾区鬼塚遺跡の奈良時代井戸跡と出土遺物」『竹篦』五号　たけべら研究会
谷口　榮編　一九八九a『柴又帝釈天遺跡』葛飾区遺跡調査会
谷口　榮編　一九八九b『本郷遺跡Ⅱ』葛飾区遺跡調査会
谷口　榮編　一九八九c『柴又帝釈天遺跡』葛飾区遺跡調査会
谷口　榮　一九九〇a「下総国葛飾郡大嶋郷の故地」『東京考古』八　東京考古談話会
谷口　榮　一九九〇b「大嶋郷の復原と住人の生業活動」『古代王権と交流二　古代東国の民衆と社会』名著出版
谷口　榮　一九九〇c「大嶋郷を掘る」『東京低地の古代』崙書房
谷口　榮　一九九一a『古録天東遺跡・古録天遺跡Ⅱ』葛飾区遺跡調査会
谷口　榮　一九九一b『古録天遺跡Ⅲ』葛飾区遺跡調査会
谷口　榮編　一九九一c『鬼塚遺跡』葛飾区教育委員会
谷口　榮・三宅俊彦編　一九九二『鬼塚・鬼塚遺跡』葛飾区郷土と天文の博物館
谷口　榮編　一九九二『柴又八幡神社遺跡Ⅱ・古録天東遺跡Ⅱ』葛飾区遺跡調査会
谷口　榮　一九九三「東京低地と古代の道」『葛飾区文化財専門調査報告かつしかの道　総合調査報告書』葛飾区教育委員会
谷口　榮　一九九三『かつしかブックレット2　葛飾遺跡探訪』葛飾区郷土と天文の博物館
谷口　榮編　一九九四a『平成元・二年度葛飾区埋蔵文化財調査年報』葛飾区遺跡調査会
谷口　榮　一九九四b「大嶋郷の住人と生業活動」『古代王権と交流2　古代東国の民衆と社会』名著出版

谷口　榮　一九九八ａ　「大嶋郷と交通」『古代交通研究』八　八木書店
谷口　榮　一九九八ｂ　「立石様研究ノート」『博物館研究紀要』第五号　葛飾区郷土と天文の博物館
谷口　榮　二〇〇三　『かつしかの地名と歴史』葛飾区郷土と天文の博物館
谷口　榮　二〇一〇「Ⅴまとめと今後の課題」『立石遺跡Ⅳ』葛飾区郷土と天文の博物館
谷口　榮　二〇一一「しばまた拾遺一〇　二本の帝釈道（二）」『柴又』通巻一七五号　帝釈天題経寺
谷口　榮　二〇一二「大嶋郷故地の調査」『東京低地と古代大嶋郷—古代戸籍・考古学の成果から—』名著出版
谷口　榮　二〇一六「下総国葛飾郡における井戸祭祀」『古代考古学論集』同成社
谷口　榮　二〇一七「歴史舞台地図追跡二四　閑話　からめきの瀬と葛飾柴又」『地図中心』通巻七三七号　一般財団法人日本地図センター
直木孝次郎　一九五八　『日本古代国家の構造』青木書店
中島広顕編　一九九五　『御殿前遺跡』北区教育委員会
中島広顕　一九九六　「律令期における東京低地の様相」『武蔵野』第七四巻第二号　武蔵野文化協会
中島広顕　一九九七　「武蔵国豊島郡衙と豊島駅」『古代交通研究』第七号　古代交通研究会
中村　進　一九六一　『上小岩遺跡の研究』私家版
中村太一　一九九二　「武蔵国豊島郡における古代駅路の歴史地理学的考察」『北区史研究』第一号　北区教育委員会
南部　昇　一九九二　『日本古代戸籍の研究』吉川弘文館
三舟隆之　一九九一　「『下総国葛飾郡大嶋郷戸籍』の研究と展望」『律令国家の展開過程』名著出版
宮瀧交二　一九九七　「古代東国における物流と河川交通」『古代交通研究』第七号　古代交通研究会
宮本　救　一九七〇　「編成される郷里」『古代の日本７　関東』角川書店
茂木和平　二〇〇四　『埼玉苗字辞典』第一巻　批評社
平田耿二　一九八六　『日本古代籍帳制度論』吉川弘文館
藤間生大　一九四六　『日本古代家族』伊藤書店

別所光一ほか　一九八〇『江戸川区の歴史』名著出版
松村恵司　一九九二「古代のムラを掘る」『考古学ゼミナール　古代を発掘する』六興出版
渡辺　一　一九八七「叺原遺跡火葬墓群の検討」『叺原遺跡（考察編）』川口市教育委員会
山口英男　一九九三「12農耕生活と馬の飼育」『新版古代の日本八関東』角川書店
山路直充　一九九二「下総国井上駅について（上）」『市立市川考古博物館年報』第二〇号　市立市川考古博物館
山路直充・湯浅治久　一九九三「もうひとつの〝国府から宿町へ〟『平成五年特別展　下町・中世再発見』葛飾区郷土と天文の博物館
山路直充・北島大輔　一九九四「第三章第一節文字資料」『下総国分寺平成元年～五年度発掘調査報告書』市立市川考古博物館
義江（浦田）明子　一九七二「編戸制の意義」『史学雑誌』八一―二
和島誠一　一九六〇『千代田区史』千代田区

挿図出典　一覧

はじめに

養老五年下総国葛飾郡大嶋郷戸籍（部分）　葛飾区郷土と天文の博物館提供

第一章

図1　関東地方の地形区分と名称　堀口万吉　一九八六「第四系　概説」『日本の地質3　関東地方』共立出版株式会社

図2　東京湾岸の沖積層基底の埋没地形図　貝塚爽平　一九九二『平野と海岸を読む』岩波書店

図3　関東平野の変貌を示す立体模型図　貝塚爽平　一九八五『日本の平野と海岸』岩波書店

図4　江戸川区興宮から出土した縄文土器と自然遺物　原資料中村進コレクション　筆者撮影

図5　柴又河川敷遺跡で露呈した波食台　谷口　榮　一九八九『柴又河川敷遺跡Ⅱ　北総鉄道建設に伴う埋蔵文化財調査報告書』葛飾区遺跡調査会

図6　中里遺跡の波食崖　東京都教育委員会提供

図7　汐留遺跡の波食台　東京都教育委員会提供

図8　東京低地の地形分類図　谷口榮　二〇一二「大嶋郷故地の調査」『東京低地と古代大嶋郷─古代戸籍・考古学の成果から─』名著出版

図9　柴又河川敷遺跡の波食台の表面に認められる下刻作用　谷口　榮　一九八九『柴又河川敷遺跡Ⅱ　北総鉄道建設に伴う埋蔵文化財調査報告書』葛飾区遺跡調査会

図10　東京低地周辺の地形段彩図　小林政能氏提供

図11　歌川広重『絵本江戸土産』「堀切の里花菖蒲」　国立公文書館所蔵

図12『江戸名所図会』「新宿渡口」　個人所蔵

第二章

図1『天野政徳随筆』所載の板碑　墨田区役所　一九七八『墨田区史　前史』

図2　『新編武蔵風土記稿』「古城蹟目撃図」　国立公文書館所蔵
図3　『上代の東京と其周圍』に掲載された立石熊野神社の石棒の図　鳥居龍蔵　一九二七　『上代の東京と其周圍』磯部甲陽堂
図4　『上代の東京と其周圍』の震災後の将軍門の様子　鳥居龍蔵　一九二七　『上代の東京と其周圍』磯部甲陽堂
図5　葛西城第1次調査　古泉弘氏提供

第三章

図1　中里遺跡で露呈された縄文時代の渚跡　東京都教育委員会提供
図2　足立区内出土の縄文土器　佐々木　彰　二〇〇三「東京低地の形成を考える　第四回　古代毛長川の変遷と遺跡の動態」『地理』四八―九　古今書院
図3　江戸川区上小岩遺跡で採集された宮ノ台式土器　原資料中村進コレクション　筆者撮影
図4　御殿山遺跡古墳時代前期遺構配置図　谷口　榮　二〇一四「東京低地の様相」『地域史フォーラム資料集　古代国家形成期の東京低地』葛飾区郷土と天文の博物館
図5　御殿山遺跡出土の外来系土器（1）　谷口　榮　二〇一四「東京低地の様相」『地域史フォーラム資料集　古代国家形成期の東京低地』葛飾区郷土と天文の博物館
図6　御殿山遺跡出土の外来系土器（2）　谷口　榮　二〇一四「東京低地の様相」『地域史フォーラム資料集　古代国家形成期の東京低地』葛飾区郷土と天文の博物館
図7　御殿山遺跡出土の外来系土器（3）　谷口　榮　二〇一四「東京低地の様相」『地域史フォーラム資料集　古代国家形成期の東京低地』葛飾区郷土と天文の博物館
図8　鬼塚遺跡古墳時代後期遺構配置図　谷口榮編　二〇〇八『鬼塚遺跡Ⅶ』葛飾区郷土と天文の博物館
図9　柴又地域の古墳時代後期の出土遺物（1）　谷口　榮　二〇一二「大嶋郷故地の調査」『東京低地と古代大嶋郷―古代戸籍・考古学の成果から―』名著出版
図10　柴又地域の古墳時代後期の出土遺物（2）　谷口　榮　二〇一二「大嶋郷故地の調査」『東京低地と古代大嶋郷―古代戸籍・

考古学の成果から―』名著出版

図11 東京低地及び周辺の主な古墳等分布図 谷口 榮 二〇〇六「プレ講演 東京低地の古墳」『東京の古墳を考える』雄山閣

図12 武蔵野台地東端の古墳群 鈴木直人 一九九六「第三章 第三節豪族の眠る丘」『北区史 通史編原始古代』北区

図13 田端西台通遺跡の古墳 鈴木直人 二〇一二『赤羽台古墳群に眠る人々―石と埴輪から探る東国古墳文化―』北区飛鳥山博物館

図14 赤羽台古墳群と横穴式石室 鈴木直人 一九九六「第三章 第三節豪族の眠る丘」『北区史 通史編原始古代』北区

図15 栗山古墳出土の埴輪 野口良也・大野哲二 一九九八「千葉県松戸市栗山古墳群出土埴輪の再検討」『松戸市立博物館紀要』第五号 松戸市立博物館（3）のみ松戸市立博物館作成の絵はがきより転載

図16 法皇塚古墳の測量図（上）と石室（左下）・出土副葬品（1） 小林三郎・熊野正也 一九七六『法皇塚古墳』市立市川博物館

図17 法皇塚古墳出土の副葬品（2） 小林三郎・熊野正也 一九七六『法皇塚古墳』市立市川博物館

図18 法皇塚古墳出土の埴輪 小林三郎・熊野正也 一九七六『法皇塚古墳』市立市川博物館

図19 伝摺鉢塚古墳出土の人物埴輪 浅香美智子 一九九八「ノート 伝摺鉢塚古墳出土の埴輪資料紹介」『足立区北部の遺跡群』足立区伊興遺跡調査会

図20 伝摺鉢塚古墳出土の埴輪 浅香美智子 九九八「ノート 伝摺鉢塚古墳出土の埴輪資料紹介」『足立区北部の遺跡群』足立区伊興遺跡調査会

図21 南蔵院裏古墳出土の埴輪 谷口 榮 一九八九『立石遺跡 立石八丁目四三番地点発掘調査報告書』葛飾区遺跡調査会 江上智恵 一九九四『立石遺跡Ⅲ 立石八丁目区道地点発掘調査報告書』葛飾区遺跡調査会

図22 柴又八幡神社古墳の墳丘推定復元図 五十嵐聡江編 二〇一一『柴又八幡神社古墳Ⅷ（第2分冊考察編）』葛飾区郷土と天文の博物館

図23 柴又八幡神社古墳出土の埴輪（1） 谷口 榮・五十嵐聡江・石塚宇紀編 二〇〇九『柴又八幡神社古Ⅶ（第1分冊古墳編）』葛飾区郷土と天文の博物館

図24 柴又八幡神社古墳出土の埴輪（2） 谷口 榮・五十嵐聡江・石塚宇紀編 二〇〇九『柴又八幡神社古Ⅶ（第1分冊古墳編）』

葛飾区郷土と天文の博物館

図25　柴又八幡神社古墳出土の土師器・須恵器　谷口　榮・五十嵐聡江・石塚宇紀編　二〇〇九『柴又八幡神社古Ⅶ（第1分冊古墳編）』葛飾区郷土と天文の博物館

図26　柴又八幡神社古墳出土の副葬品　谷口　榮・五十嵐聡江・石塚宇紀編　二〇〇九『柴又八幡神社古Ⅶ（第1分冊古墳編）』葛飾区郷土と天文の博物館

図27　立石熊野神社古墳平面図と周溝内遺物出土状況　江上智恵　一九九三『立石遺跡Ⅲ　葛飾区立石八丁目四三番地第三地点発掘調査報告書』葛飾区遺跡調査会

図28　赤羽台古墳群3号墳（中）・4号墳（右）と復元保存された柴又八幡神社古墳の石室（左）　鈴木直人　二〇一二『赤羽台古墳群に眠る人々―石と埴輪から探る東国古墳文化―』北区飛鳥山博物館より転載、柴又八幡神社古墳復元石室　筆者撮影

図29　柴又八幡神社古墳の立地　明治一三年　二万分の一迅速測図「東京府武蔵国南葛飾郡新宿町近傍村落」を使用

図30　柴又微高地と柴又八幡神社古墳の位置図　大正二年　二万分の一東京近傍第六号「千住」を使用

図31　石室・石棺石材と埴輪の移動　石橋　宏　二〇一一「Ⅲ章　2．柴又八幡神社古墳の基礎的検討」『柴又八幡神社古墳Ⅷ（第2分冊考察編）』葛飾区郷土と天文の博物館

図32　総の国造と房総とその周辺の主な古墳群　千葉県文化財センター　一九九二『房総考古学ライブラリー6（古墳時代2）』千葉県文化財センター

第四章

図1　東京低地東部遺跡分布図　谷口　榮　二〇一二「大嶋郷故地の調査」『東京低地と古代大嶋郷―古代戸籍・考古学の成果から―』名著出版

図2　大嶋郷と甲和・仲村・嶋俣の三里　谷口　榮　二〇一二「大嶋郷故地の調査」『東京低地と古代大嶋郷―古代戸籍・考古学の成果から―』名著出版

図3　柴又帝釈天遺跡の掘立柱建物跡　永越信吾・岡田千波　一九九六『柴又帝釈天遺跡Ⅶ　葛飾区柴又七丁目都営住宅建替工

事に伴う埋蔵文化財発掘調査報告書』葛飾区遺跡調査会

図4 古録天東遺跡の掘立柱建物跡 葛飾区郷土と天文の博物館提供

図5 出土した管状土錘 葛飾区郷土と天文の博物館提供

図6 柴又地域の奈良・平安時代の遺跡と遺物（1）名著出版

図7 柴又地域の奈良・平安時代の遺物（2）谷口 榮 二〇一二「大嶋郷故地の調査」『東京低地と古代大嶋郷―古代戸籍・考古学の成果から―」名著出版

図8 出土した巡方（左 古録天東遺跡）と鉈尾（右 鬼塚遺跡）葛飾区郷土と天文の博物館提供

図9 東京低地東部から出土した墨書土器（1～4）、転用硯（5）、水滴（6）谷口 榮編 一九九四『平成元・二年度葛飾区埋蔵文化財調査年報』葛飾区遺跡調査会

図10 馬歯・牛歯出土状況 葛飾区郷土と天文の博物館提供

図11 井戸埋め儀礼が行われた井戸（柴又帝釈天遺跡）葛飾区郷土と天文の博物館提供

図12 柴又帝釈天遺跡から発見された奈良時代の井戸と出土遺物 谷口 榮 二〇一二「大嶋郷故地の調査」『東京低地と古代大嶋郷―古代戸籍・考古学の成果から―」名著出版

図13 古録天東遺跡から発見された平安時代の井戸 谷口 榮 一九九一『古録天東遺跡・古録天遺跡Ⅱ 葛飾区柴又1・3丁目歩道建設及び道路改良工事に伴う埋蔵文化財発掘調査報告書』葛飾区遺跡調査会

図14 東京低地を通る古代東海道推定ルート図 明治一三年 二万分の一迅速測図を使用

図15 承和二年太政官符 国立公文書館所蔵

図16 古代下総国葛飾郡範囲と地形段彩図 地形段彩図小林政能氏提供

■著者略歴

谷口　榮（たにぐち　さかえ）

1961年東京都葛飾区生まれ

国士舘大学文学部史学地理学科卒業

博士（駒澤大学　歴史学）

現在、葛飾区産業観光部観光課　主査学芸員

立正大学・明治大学・國學院大學・和洋女子大学　兼任講師

ＮＨＫ教育テレビ「高校講座　日本史」講師を歴任

日本考古学協会会員　日本歴史学協会会員（文化財保護特別委員）

東京考古談話会会員　東京中世史研究会会員　境界協会顧問ほか

〈主要編著・著書〉

『江戸東京の下町と考古学―地域考古学のすすめ―』『歴史考古学を知る事典』『遺跡が語る東京の歴史』『東京下町に眠る戦国の城　葛西城』『吾妻鏡事典』『人物伝承事典』ほか多数

2018年5月25日　初版発行

東京下町《とうきょうしたまち》の開発《かいはつ》と景観《けいかん》　古代編《こだいへん》

著　者　谷口　榮

発行者　宮田哲男

発行所　株式会社 雄山閣

〒102-0071　東京都千代田区富士見2-6-9

ＴＥＬ　03-3262-3231 / ＦＡＸ　03-3262-6938

ＵＲＬ　http://www.yuzankaku.co.jp

e-mail　info@yuzankaku.co.jp

振　替：00130-5-1685

印刷・製本　株式会社ティーケー出版印刷

ISBN978-4-639-02586-3 C3021

N.D.C.210　229p　23.4cm